人与情境

（原书第 2 版）

[美]

李·罗斯
Lee Ross

[美]

理查德·E. 尼斯贝特
Richard E. Nisbett

著

蒋奖

等译

THE PERSON
AND
THE SITUATION

Perspectives of Social Psychology

机械工业出版社
China Machine Press

图书在版编目（CIP）数据

人与情境：原书第 2 版 /（美）李·罗斯（Lee Ross），（美）理查德·E. 尼斯贝特（Richard E. Nisbett）著；蒋奖等译 . -- 北京：机械工业出版社，2022.8

书名原文：The Person and the Situation: Perspectives of Social Psychology, 2nd Edition

ISBN 978-7-111-71140-7

I. ①人… II. ①李… ②理… ③蒋… III. ①社会心理学 IV. ① C912.6-0

中国版本图书馆 CIP 数据核字（2022）第 122824 号

北京市版权局著作权合同登记 图字：01-2021-4749 号。

Lee Ross and Richard E. Nisbett. The Person and the Situation: Perspectives of Social Psychology, 2nd Edition.

First published by McGraw-Hill 1991.

This edition first published in Great Britain by Pinter & Martin Ltd 2011, reprinted 2017, 2020.

Copyright © Lee Ross and Richard E. Nisbett 1991, 2011.

Foreword © Malcolm Gladwell 2011.

Simplified Chinese Translation Copyright © 2022 by China Machine Press. This edition is authorized for sale in the Chinese mainland (excluding Hong Kong SAR, Macao SAR and Taiwan).

人与情境（原书第 2 版）

出版发行：机械工业出版社（北京市西城区百万庄大街 22 号　邮政编码：100037）

责任编辑：彭　箫　　　　　　　　　　　　责任校对：付方敏

印　　刷：河北宝昌佳彩印刷有限公司　　　版　　次：2022 年 10 月第 1 版第 1 次印刷

开　　本：170mm×230mm　1/16　　　　　印　　张：20.75

书　　号：ISBN 978-7-111-71140-7　　　　定　　价：99.00 元

客服电话：（010）88361066　68326294

推荐序

　　犹记得我第一次读到《人与情境》是在 1996 年。由于在大学里从未修过任何一门心理学课程，故而我对尼斯贝特（Nisbett）和罗斯（Ross）这两个名字毫无感觉，更不必提库尔特·勒温（Kurt Lewin）与所罗门·阿希（Solomon Asch）了。我不知道基本归因错误（fundamental attribution error）是什么。在《华盛顿邮报》（*Washington Post*）当科学撰稿人时，我对《人格与社会心理学杂志》（*Journal of Personality and Social Psychology*）也只是略知一二，仅此而已。在 1996 年夏天，由于一系列机缘巧合，我爱上了心理学，开始在纽约大学图书馆翻阅学术期刊，借此度过漫长的下午时光。我会找一篇自己真心喜欢的文章，并尽可能多地阅读文章的参考文献中最有趣的部分，接着读这些参考文献的参考文献中最有趣的部分，就像情报界推演事件的真相一样，追本溯源地读下去（你可以用这种方式在纽约大学图书馆消磨很多个下午）。不管怎样，追溯到最后，我发现了这本书。于是有一天，我坐在博斯特图书馆的一把羊角椅上，一口气看完了这本书。因为没有借阅权，所以我把它从头到尾复印了一遍，这么做完全违反了版权保护规则，我到现在都羞于承认此事。这本盗版书目前还放在我的书架上。希望罗斯教授和尼斯贝特教授能把这篇序言看作我的部分赔偿。

这本书有什么特别之处呢？你很快就能自己找到答案，我并不想故意破坏这种乐趣，但请允许我简单谈谈个人的思考。这是一本雄心勃勃的书。事实上，它可能是我（或我认为你）读过的最具雄心的书之一。这是它众多优点中的第一点。这本书提供了一种重组日常经验的方式，认为我们在感知他人的行为和意图时往往会犯错误。我们看到了并不存在的东西，做出了不应该做出的预测：我们赋予了"人"（person）特权，同时低估了"情境"（situation）的作用。简而言之，这本书涉及人类知觉中最基本的问题。

上述观点是如此令人不安和具有颠覆性，以至于我认为自己一直在与它搏斗。例如，就在前几天，我在一次体育集会上做了一场简短的演讲，主题是我最喜欢的话题之一——职业橄榄球的四分卫。我认为，四分卫是可以排名的这种观点（存在好的四分卫和较差的四分卫，我们可以肯定地说佩顿·曼宁（Peyton Manning）比布雷特·法弗（Brett Farve）优秀几分）实属无稽之谈。一个四分卫的表现与他所处的情境（他身边球员的素质、教练的水平、接球手的技术、比赛局势对他的要求等）密不可分。试图从这些芜杂的因素中抽取某个名为"四分卫质量"的概念是一个错误。（实际上，这是一个基本归因错误。）一旦读了本书，人们就会自然而然地领悟到我所说的这个观点。当演讲进行到一半时，我意识到自己没有取得任何进展，听众不太同意我的观点，我怀疑这是因为他们中的大多数人从未阅读过本书。（下次我会建议活动组织者邀请尼斯贝特和罗斯来演讲。）我知道四分卫的例子很简单，但这体现了我的观点。这本书的绝妙之处在于它会潜移默化地影响你对几乎所有事情的看法，甚至是对佩顿·曼宁和布雷特·法弗的看法。（顺便说一下，如果你非常关心你喜爱的职业运动队，我建议你多买一本《人与情境》(原书第 2 版)并把它送给球队总经理。我是认真的。)

《人与情境》(原书第 2 版)是一本什么样的书呢？我觉得它像一本学术性教材。它有 20 多页的参考文献。(在这种情况下，追本溯源需要花很长时间。)它在正文中嵌入了数字、图表和参考文献，俨然是一本严谨的书。我猜大部分读者都是大学生，这本书是老师布置给你们的阅读任务。然而，把这本书严格地归入学术著作范畴是错误的。人们总是根据出处对思想和书籍进行分类，这在我看来是一个错误。那天在图书馆给我留下深刻印象（希望也会给你留下深刻印象）的是，这本书更像一本冒险故事书，而不是教科书。在它的每一页上，都有让你大吃一惊的深刻见解、研究精髓或观察结果。我敢说，你无法准确地预测任何一章的最终走向。这种阅读体验彰显了尼斯贝特教授和罗斯教授的才华与智慧，也致敬了这本书所承袭的领域。社会心理学伫立在我们的视线和面前世界的交会处，帮助我们理解所见世界和现实世界之间的区别。如果你曾感受过第一次戴上眼镜后，眼前的世界突然变清晰的兴奋，那么你即将读到的内容也会给你带来同样的感受。你肯定会欣喜不已的。

马尔科姆·格拉德威尔（Malcolm Gladwell）

2011 年 3 月

译者序

　　准确理解、预测和判断他人的行为和表现，不仅是普通大众的期望，更是心理学家的追求，尤其是社会心理学家和人格心理学家关心的议题。在日常生活中，我们有时能根据人们在一个特定情境中的表现预测出他们在另一个情境中的行为，有时却出现偏差，这时常让我们感到困惑。为什么会出现这一现象呢？跨情境的行为一致性是真实的存在还是一种错觉？

　　《人与情境》（原书第 2 版）正是这样一本致力于行为的可预测性和一致性的书，它紧密围绕这一核心议题，基于现代实验社会心理学和认知社会心理学的视角，以三大原理——情境主义、主观主义和紧张系统的动态性为基石，充分利用实验和应用两方面的证据，阐述了人与情境的作用，即个体差异和社会情境在影响人们行为中所起的作用，以及社会心理学领域的研究结果如何帮助人们理解并影响人类行为，并重点揭示了心理学家和普通大众在预测行为这件事上的认识和理解有何不同。

　　行为既受个体的人格特质也受社会情境的影响，正如勒温所言，行为是人与情境的函数。实证研究表明，情境具有更强大的力量，往往是行为的决定性因素，尤其是一些渠道因素更是在其中起着微妙的作用。但人们极易犯"基本归因错误"，过度自信地认为人格特质对行为具有重要作用而忽略了情境因素的影响，从而高估"人"的作用而低估"情境"的影响。另外，不容忽视的是，个体对于所处情境的主观解释也是影响行为的真正因素。人们通常未能充分考虑到解释在决定个体行为时所起的作用，而快速地将行为归因于个人特质。由此，人们在感知和预测他人的行为与意图时容易判断失误，降低了行为预测的准确性。上述这些观点与普通大众的日常生活经验有所不同，看起来让人大跌眼镜，但实际上这正是社会心理学领域的知识贡献，也是本书希望传递给读者的。

除了抽丝剥茧般层层厘清个体差异与情境因素对行为的相对影响，本书还用不小的篇幅阐述了社会心理学的应用性研究，用大量实际案例不仅表明了干预成功的缘由，也深入剖析了干预失败的原因。无论是成功还是失败的案例，尤其是被寄予厚望的"大型"干预失败的案例，都将有助于人们从中获得深刻的启示，更加严谨地设计与实施未来的社会干预项目。

相较于传统内容浩繁的社会心理学教材，本书是一本简明却特色鲜明、主题具有高度选择性的社会心理学著作，深入浅出，兼具很强的可读性和实用性。本书既适合专业人士和研究者参考，也适合心理学专业学生作为教材之外的进阶阅读材料，同时还适合心理学爱好者，尤其是社会心理学知识的应用者和实践者，例如政策制定者、教育工作者、医学工作者和企业管理者等，他们可以从书中看到鲜活的现实明证，汲取深刻的实践经验与教训。

我的研究生董艺佳、蒋文、刘子双、孙颖、喻绘先和张玥参与了本书的翻译，由我对整个译稿进行了修改并统稿。感谢李雪、李逊、叶思浩和王雅琴在本书初译阶段提供的帮助。特别感谢远在大洋彼岸的 Bill，每当在翻译过程中遇到疑难问题时，总能得到你及时、有力的帮助，你深刻的理解和精准的表达为译稿增色不少。最后，感谢机械工业出版社华章分社的朱婧琬编辑，在她的精心策划和组织下，这本经典隽永、历久弥新的书终得出版。

本书虽然属于学术著作，但写作风格上并非严肃死板、枯燥乏味，相反其材料信手拈来，精彩纷呈，语言简洁凝练又不乏生动形象。由于本书运用了诸多俚语和谚语，修辞手法多样化，因此翻译难度不可谓不大，有些地方难免不够精准到位，如有纰漏，敬请读者不吝指正。

总之，非常荣幸将《人与情境》（原书第2版）这本由当代认知社会心理学领域两位大家——罗斯教授和尼斯贝特教授联袂撰写的具有深刻洞见的著作介绍给读者。相信读者阅读本书时会不时发出"啊哈，原来如此"的惊呼并不忍释卷。诺贝尔奖获得者、心理学家卡尼曼教授曾言，检验社会心理学学习成果的标准是对所遇到的社会情境的理解是否发生了变化。当阅读完本书后，相信你对这一点会有深切的体会，本书确实在不知不觉中影响着你对周围世界的看法。

蒋奖

2022年1月20日于博雅西园

前　言

　　自我们撰写《人与情境》以来的 20 年里，社会心理学领域发生了很大变化。通过马尔科姆·格拉德威尔等有经验的记者与丹·吉尔伯特（Dan Gilbert）等熟谙科普写作的著名学者的作品，社会心理学的见解越来越能被普通大众理解和欣赏。我们还看到人们对行为经济学产生了浓厚的兴趣，这一学科明显承袭了丹尼尔·卡尼曼（Daniel Kahneman）与阿莫斯·特沃斯基（Amos Tversky）开创的判断和决策心理学，而对社会心理学的主观主义传统承袭得并不那么明显。事实上，行为经济学挑战了传统经济学的理性市场模型，更具体地说，它解释了在不确定情境下，人们对预期收益和损失的反应取决于描述二者的"框架"。在此意义上，我们可以说行为经济学其实是心理学，只是"出于商业原因而被改了名"。

　　还有一个值得注意的发展和变化是文化心理学的繁荣，它迫使我们重新思考社会知觉和互动中什么是自然的或必然的，什么是特定文化背景的产物。在应用社会心理学方面也有鼓舞人心的发展，包括给污名化和弱势学生提供了基于理论的有效干预措施。一个令人意想不到的理论发展重新唤起了人们对无意识或内隐过程影响的兴趣。或许最重要的发展是经典的"单次"实验逐渐式微，人们对行为和结果的长期、动态影响因素越来越感兴趣，并且这些因素都无法由单个实验捕捉到。

我们抵制住了根据这些新发展修改原有章节的诱惑。(关于社会心理学的新发现和新方向的全面综述可以在 2010 版《社会心理学手册》(*The Handbook of Social Psychology*) 的介绍性文章中找到，该文由罗斯、莱珀 (Lepper) 和沃德 (Ward) 合著。) 然而我们认为，增加一个简短的"后记"会对读者有所帮助，在"后记"中，我们评述了这些新发展与我们原有观点 (关于人、情境，以及社会心理学中不断累积的证据如何帮助我们理解并影响人类行为) 的联系，以及它们给我们原有观点带来的挑战。

我们要感谢出版人马丁·瓦格纳 (Martin Wagner)，感谢他给本书带来了新生命[⊖]，也感谢他给了我们这次机会，不仅使本书能够面向新读者，而且也让我们对本书初版以来本领域的发展提出了一些思考。

最后，我们非常感谢马尔科姆·格拉德威尔，感谢他妙趣横生的推荐序，也感谢他对《人与情境》以及此书在他的职业生涯中所起作用的赞美之词，我们备感荣幸。他的写作技巧和他对我们这个领域的洞察力，既成就了他个人，也使公众重新燃起了对社会心理学领域的兴趣。他确实是一位"异类"(outlier) [⊜]，他的努力为社会心理学创造了一个"引爆点"(tipping point) [⊜]。

李·罗斯 (Lee Ross)，理查德·E. 尼斯贝特 (Richard E. Nisbett)

2011 年 7 月

⊖ 《人与情境》英文版初版于 1991 年，再版于 2011 年。——译者注
⊜⊜ 马尔科姆·格拉德威尔著有《异类》(*Outliers*) 和《引爆点》(*The Tipping Point*)。——译者注

初版前言

几年前，当我们俩花费大量的时间试图解释为什么社会心理学值得政府资助时，我们开始考虑将自己对该领域的认识及本领域最重要的知识贡献凝练成一本教科书。事实上，我们讨论了围绕这些贡献来组织教科书的可能性，而不是围绕诸如攻击性、吸引力和偏见等内容，或者围绕诸如社会知觉、社会影响和群际关系等传统主题。然而，当我们与一些成功的出版商和作者交谈，了解了市场对教科书的组织、覆盖面和表达水平方面的要求后，我们很快就灰心丧气了。

尽管如此，我们仍继续思考如何写一本不同于以往的社会心理学教科书。所罗门·阿希1952年的经典之作也许是个范例，这是一本既适合学生也适合同行的书，适合那些不仅想知道社会心理学是什么，而且想知道为什么它在解决当代社会、政治和智识问题时可能很重要的读者。我们预期自己要写的是一本薄薄的、严格筛选主题并具有高度聚焦性的书，它能阐明具有一般性、累积性和重要性的主题，即使这么做意味着忽略一些通常包含在传统社会心理学教科书里的主题，并增加一些长期以来我们认为重要，但通常只被人格理论学家、社会人类学家和社会学家关注的主题。

大约在同一时间，我们考虑了另外两种可能的写作方案，其主题所关注的方面都比较窄。一种方案是解释我们的学科，即源自库尔特·勒温的认知社会心理学（cognitive social psychology）是如何与人格心理学以及行为一致性和可预测性问题相关联的。常人信念（lay belief）认为人格特质的可预测性是广泛适用且稳定的（每个人都能从自己的日常生活经验中为这种信念找到支持性证据），然而，从控制良好的实证研究中得到的冰冷但确凿的统计结果表明，行为的跨情境一致性在很大程度上是一种错觉。上述两种观点间的差异让我们备感兴趣。另一种方案试图将社会心理学中的实验传统和应用传统联系起来，以解释两者之间的连续性，并且探讨了我们所认为的实验社会心理学中最精华的部分[⊖]对研究者的启示，这些研究者愿意进行唐纳德·坎贝尔（Donald Campbell, 1969）所称的"实验式改革"[⊜]（reform as experiments）。我们希望不仅写出引人注目、意义重大且成功的应用性案例，还能写出一些著名的"失败"案例（善意的甚至是精心设计的社会干预（social intervention）却未能起作用，或者干预结果远逊色于干预倡导者所预期或承诺的情况）。我们希望表明，成功和失败的应用性案例同样（事实上二者互补地）有助于人们深刻理解来自主流理论与实证社会心理学的一些最重要的启示。

经过几年的持续讨论，我们越来越清楚地意识到，我们一直在讨论的不同方案是密切关联的，可以呈现在同一本为"严肃"的社会心理学学生编写

⊖ 作者用"最精华的部分"指代实验社会心理学中的研究设计，表达了作者对实验的推崇。——译者注

⊜ 坎贝尔提出应该用实验的方法来解决社会问题，进行社会改革，评估政策效果。参考自 Campell, D. T.（1969）. Reforms as experiments. *American Psychology*, 24（4），409-429.——译者注

的书中。因为我们越来越坚信，社会心理学有三大重要贡献。第一个也是最基本的贡献涉及情境对行为影响的力量和微妙性。特别地，一系列著名的实验研究和现场研究已经表明，当下社会情境的重要性已经超过了个人特质与性格这种个体差异（individual difference），而人们通常认为后者是社会行为的决定因素。第二个贡献是对第一个贡献的改进，在某种意义上也是第一个贡献的局限所在。它需要考虑到情境影响的主观性，即认识到人们的行为在多大程度上其实是在回应自己对情境的"定义"或"解释"，这种主观解释激发了个体行为，并为行为提供了背景。第三个贡献涉及勒温场论里的紧张系统（tension systems）和准静态平衡（quasistationary equilibria）概念。这些概念既强调限制变化的动态过程，也强调变化在社会系统和个体认知系统中的动态结果。旨在改变系统中某一成分或关系的压力通常被稳态过程（homeostatic processes）所抵消；当改变确实发生时，其结果无明显特征，并且这种结果通常在整个系统中都普遍存在，存续至整个系统达到平衡。

上述每一项贡献都让我们认识到关于行为的常人直觉（lay intuition）是多么容易偏离事实，有时还会让个人和社会付出巨大代价。每一项贡献都明确指出了一组社会行为的决定因素，行动者和观察者在处理其事务时往往低估这些因素或未能考虑这些因素并进行充分推断。理解这三个贡献对于处理我们最初考虑撰写的两个较窄的主题至关重要。通过这些贡献，我们对真实和虚幻的社会行为一致性来源有了新的、更深刻的认识。也是通过它们，我们得以领会情境主义（situationism）实验研究取得的卓越成就和大型社会干预项目往往令人失望的历史之间的关系。

一旦我们意识到三种酝酿已久的写作方案已经融合在一起，写作的诱惑就变得不可抗拒。在写作的过程中，我们有一个意外收获——我们重新焕发出了对社会心理学领域的自豪感。我们对勒温、阿希，以及其他秉承情境主义、主观主义和场论传统的伟大的社会心理学家备感尊敬。在为学科的成就和前景辩护时，我们也感到更多的自信与更少的歉意[⊖]。

在审视由我们的辛勤努力凝聚而成的这本书时，我们承认多少有些遗憾，甚至有些惶恐。本书更多地围绕情境主义、主观主义和紧张系统的动力学等主题进行组织，我们不得不抛开或以粗略的方式处理大量值得称道的研究：其中值得注意的是有关态度和社会关系等主题的经典研究，这类研究在社会心理学的发展历史中扮演了重要角色；还有当代的司法心理学、健康心理学和商业心理学等几个方面的研究，这些领域的研究表明，社会心理学在应用方面能够持续地做出有价值的贡献。我们冒昧地猜测，如果你乐于审慎求知，对行为背后个人或情境相关决定因素的复杂观点非常好奇，并且对社会心理学与重要的政治、社会，甚至是哲学问题之间的联系很感兴趣，那么你就是本书的潜在读者。对于那些严肃且具有批判性的学生（他们常常问"我们从社会心理学中真正学到了什么"），我们终于写出了能满足他们需求的书——这带来的满足是我们当下最强烈的感受。

本书是我们对黄金时代的回溯和对知识前辈的致敬；是我们为同行，特别是为年轻同行准备的鼓舞士气的讲话——"挺起胸膛，豪情满怀"（stand tall and be proud）；是橄榄枝，邀请人格研究领域的朋友（以及在人类学和社会学领域，曾不无道理地指出我们狭隘之处的朋友）进行更富有成效的学术对话；是给非心理学家的简明指南，向他们展示我们专业的核心和主干内容。最后，我们把本书视作一份邀请，来致敬库尔特·勒温开创的伟大传统——他开创性地将基础理论应用于分析有重要社会意义的真实世界现象，并最终应用于完成实际且有效的社会革新任务。

⊖ 作者在最初计划写一本社会心理学教材时，曾因感到写作设想与市场对教科书的要求相距较远而心生沮丧，歉意也由此而生。但是在构思并融合了三种写作方案后，这种歉意因书中呈现出的独特内容而有所减少。——译者注

目　录

推荐序

译者序

前言

初版前言

引言 / 1

社会心理学的启示和挑战　/ 2

个体差异的缺陷　/ 2

情境的影响　/ 3

情境的微妙性　/ 5

人类行为的可预测性　/ 7

社会心理学启示与日常生活经验之间的冲突　/ 8

社会心理学的三大基石　/ 10

情境主义原理　/ 10

解释原理　/ 13

紧张系统的概念 / 15

可预测性和不确定性 / 20

社会科学家的预测 / 20

普通大众的预测 / 21

效应量问题 / 24

量的统计标准 / 24

量的实用标准 / 25

量的期望标准 / 26

本书概览 / 28

第 1 章 情境的影响 / 31

社会影响和群体过程 / 32

实验室中的从众压力：谢里夫的似动研究和阿希范式 / 32

本宁顿研究 / 40

谢里夫的群际竞争和冲突研究 / 43

旁观者干预的抑制 / 46

为什么社会影响的作用如此强大 / 50

渠道因素 / 53

出售战争债券 / 54

是时候做一个"善良的撒玛利亚人"了 / 55

最小顺从效应 / 57

总结：斯坦利·米尔格拉姆与平庸之恶 / 59

第 2 章 解释社会世界 / 67

客观行为主义中的主观主义考量 / 68

判断和动机现象中的相对性 / 71

奖励的非显性动机后果 / 75

社会心理学中的解释问题 / 77

所罗门·阿希和"判断目标" / 79

立场之争和认知 / 82

解释的工具 / 86

归因过程 / 88

因果性归因的规范性和描述性原则 / 89

自我归因 / 90

对解释不确定性的忽视 / 94

虚假共识效应 / 94

过度自信的社会和个人预测 / 97

情境解释和基本归因错误 / 99

第3章　寻找个人的一致性 / 102

传统人格理论概述 / 104

科学的发现和争论 / 106

1968 年的挑战 / 107

跨情境一致性的实证研究 / 109

实证挑战的意义 / 113

专业领域对 1968 年挑战的回应 / 115

贝姆重提普遍化 - 个体化方法的区分 / 115

方法上的质疑以及另一种实证方法 / 119

爱泼斯坦提倡聚合测量 / 120

理解"一致性"相关 / 123

基于单一观察的预测 / 125

基于多次观察的预测 / 127

极端行为的相对可能性 / 129

第4章　常人人格学和常人社会心理学 / 132

常人人格理论的定性特征 / 133

常人人格理论的定量特征 / 135

常人特质主义与基本归因错误 / 139

从情境产生的行为中推断特质 / 140

忽略情境背景而重视特质 / 143

对特质归因的过度自信 / 149

特质主义与面试错觉 / 151

特质数据何时有用 / 154

常人特质主义的来源 / 155

知觉与特质归因偏差 / 155

行动者和观察者不同的因果性归因 / 157

解释与特质归因偏差 / 158

统计学与特质归因偏差 / 159

我们怎么会错得这么离谱呢 / 160

第5章　日常社会经验的连贯性 / 162

科学的分解与现实世界的混杂 / 164

个人和情境的科学分解 / 165

个人和情境的现实混杂 / 166

观众引起的一致性和可预测性 / 168

当人们创造自己的环境时 / 172

选择和改变情境 / 172

对他人可预测性需要的响应能力 / 174

毕生行为的连续性 / 176

情境、解释和人格 / 179

　　重新审视常人人格学的效用 / 179

　　寻求更强大的人格概念 / 181

第6章　文化的社会心理学 / 189

文化的情境决定因素 / 191

　　生态、经济和技术的影响 / 191

　　"中间"少数族裔的境遇 / 195

文化、意识形态与建构 / 197

　　新教的愿景和资本主义的发展 / 198

　　联想主义与经济发展 / 201

　　集体主义与个人主义 / 203

　　东西方社会背景与归因 / 206

　　社会阶层和控制点 / 209

　　体现文化差异的美国地域差异 / 211

　　文化规范的实施 / 216

作为紧张系统的文化 / 217

　　美国的文化变迁 / 217

　　美国南部的黑人和白人 / 221

　　日本传统文化和资本主义 / 224

特质、族群和个体差异的调和 / 225

　　族群能否代替特质 / 226

　　为什么族群在现代生活中越来越重要 / 228

第7章　应用社会心理学 / 229

给研究者和普通读者的方法学启示 / 230

"真实验"的价值 / 232

霍桑传奇 / 235

当"大型"干预失败时 / 238

情境主义、自由主义和干预政策 / 239

一个历史案例: 剑桥 - 萨默维尔青少年研究 / 240

当"小型"干预成功时 / 246

勒温的讨论小组和民主程序 / 246

亲社会行为的"榜样"效应 / 249

激励少数族裔学生取得成就的干预项目 / 251

远端与近端干预 / 253

教室中的贴标签和归因效应 / 255

社会标签和自我实现期望 / 255

用标签或劝诫来实现行为改变 / 257

多余诱因的动机性后果 / 258

课堂成败的归因 / 261

主观知觉和客观健康结果 / 264

安慰剂效应和反安慰剂效应 / 264

预警和应对信息的益处 / 267

效能感和控制感对健康的影响 / 270

社会心理学的日常应用 / 273

后记 / 277

致谢 / 286

参考文献 / 288

引　言

　　第一次学习社会心理学课程的本科生，通常期待的是它的趣味性，社会心理学课程也的确很少让他们感到失望。他们会了解到很多与人类行为有关的、极为有趣的知识，其中一些与常识相符，另一些则驳斥了常识。这些内容就像有关人和社会情境的"高级八卦"，自然而然地引起人们的兴趣，因此这些学生通常都对社会心理学课程感到满意。

　　那些"严肃"的研究生对社会心理学的感受就相当不同了。他们会四五年都沉浸在这个领域的某个研究问题和研究方向上。对他们而言，这种体验是一种脑力上的折磨。他们关于人类行为的本质和原因，以及对外在社会可预测性的大部分基本假设都受到了挑战，因此在学生生涯末期，他们关于人类行为和人类社会的看法会和他们所处文化中的其他人非常不同。对于一些自己的新观点，他们会暂时持有，并且只选择性地将其应用于理解自己遇到的社会事件；对于另一些自己的新观点，他们会十分确信并且信心十足地加以应用。出乎意料的是，即使是那些他们最为确信的观点，也会让他们在预测社会行为和对某些个体或群体做出推断时，比同龄人更加犹疑。从这一角度看，社会心理学与哲学一样，都在教导人们"你们并没有真正理解这个世界的本质"。本书就是阐述这种来之不易的无知及其所揭示的人类境况的。

社会心理学的启示和挑战

20世纪60年代，作为哥伦比亚大学的研究生，我们主要和斯坦利·沙赫特（Stanley Schachter）一起工作，在此期间我经历了被社会心理学的实验传统洗礼的学生经历的一切。也就是说，我们关于人类行为的许多根本信念（那些我们和文化中其他人共同持有的信念，以及那些被本科人文课程所保留或加强的信念）突然之间都以某种方式受到了挑战，这种挑战甚至改变了我们后来的学术生涯。我们接下来将以介绍这些挑战作为出发点，讨论社会心理学这一学科所做的贡献。事实上，本书余下的部分都在尝试调和常识与社会心理学的核心实证启示之间的矛盾。通过这种方式，我们希望为社会心理学的基本科学和知识贡献提供一个概览，以此来挑战、更新并扩展常识。

个体差异的缺陷

想象下面这个情境：约翰正赶去参加位于校园另一端的会议，途中碰见一个人跌倒了，并向约翰寻求帮助。约翰会帮助他，还是会继续赶路？在回答这个问题之前，大多数人都想知道更多关于约翰的信息。他是无情冷酷的，还是友好并关心他人的？他是校园外联服务组织的忠实成员，还是反对滥用福利的保守派的中流砥柱？简而言之，约翰是一个怎样的人，以及过去当他的利他性受到考验时，他是怎么做的？多数人认为，只有掌握了这些信息，才能做出合理而确定的推测。

事实上，任何我们所知道或了解的关于约翰的事情，都很难帮助我们预测他在刚才描述的那种情境下的行为。大多数普通人在做预测前想要了解的那种关于人格的信息其实并没有多大价值。几十年来的研究告诉我们，在这种情境以及其他大多数的新异情境下，人们无法准确预测出他人的反应。至少，准确的预测不能只依靠预测者对他人的性格特征，甚至是过去行为的了解。

即使是人格领域中个体差异的测量专家也会承认，我们预测特定的人在特定情境下会如何反应的能力非常有限。这个可预测性天花板（predictability ceiling）通常体现在，某一维度上的人格特质得分与个体在似乎可以反映该特质的新情境下的行为之间的最大相关仅有 0.30。例如，这个天花板会限制我们是否有能力根据诚实人格测验来预测人们是否会在比赛或者考试中作弊，或者是否有能力根据友善或外向人格测验预测个体在聚会中社交倾向的强弱。但如我们后面将强调的那样，0.30 的相关绝不是微不足道的。这种程度的相关对于很多预测用途来说都相当重要。不过，0.30 的相关仍然无法解释人们行为中的大部分变异。更重要的是，这个程度的相关远低于大多数普通人要准确预测他人行为或推断他人特质时所需的相关程度。我们甚至可以说，0.30 是一个上限值。对于大多数领域的新行为，就连心理学家都不可能达到这个值。当然，我们将会看到，不管是专业人士还是普通人，都很难基于以往情境中的行为准确预测某个新情境下的行为。

尽管有如上证据，但大多数人仍坚定地相信个体差异或特质可以用来预测人们在新情境中的表现。这种特质主义（dispositionism）在我们的文化中十分普遍。更重要的是，无论是科学家还是普通人，我们中的大多数人好像总认为这种特质主义在日常社会生活中得到了验证。心理学家面临的最重要的挑战之一，就是解释这种由日常经验形成的信念与实证证据之间的差异。本书在很多地方都会谈及这一点。

情境的影响

虽然关于约翰的信息在预测他是否会帮助摔倒的人时竟没什么用，但有关这个情境的细节却十分有用。例如，摔倒者外貌特征是什么样的？他很明显是生病了，还是喝醉了，甚至是个瘾君子？从着装上看，他像是一个体面的中产或工薪族，还是一个无家可归的流浪汉？

这些因素一经提起就会变得相当明显，普通人在经过思索之后也通常会承认它们的重要性。但普通人很少会承认，更不用说会预想到，实证研究揭示的更为微妙的情境细节才是影响旁观者干预（bystander intervention）的重要因素。达利和巴特森（Darley & Batson, 1973）让人们真切地处于上述情境中，他们发现某些因素的确起到了重要作用。被试是神学院的学生，他们正要去进行布道。如果被试是在赶时间（他们认为自己迟到了）的情况下遇到了摔倒的人，只有约 10% 的被试会为摔倒者提供帮助；如果他们不赶时间（他们有足够的时间赶到目的地），那么就有约 63% 的被试伸出援手。

社会心理学积累了大量与之类似的实证寓言（empirical parables），其中的模式其实很简单。首先，选择一个一般性的情境；然后，确定并操纵一个你的直觉或者过去研究让你觉得会有影响的情境性或者背景性变量（最好是你认为大多数普通人甚至你的大多数同行都没能发现其作用的变量），看看到底会发生什么。当然，有时候你的猜想是错的，而且你操纵的变量不"起作用"，但通常情况下，这个情境变量会产生相当大的影响。事实上有时候，它几乎可以改变一切，而其他人认为至关重要的特质和个体差异的信息只起到微不足道的作用。这样的话，你的这一经典情境主义贡献注定会成为我们学科的知识财富的一部分。这样的实证寓言很重要，因为它们揭示了普通人在多大程度上会误解情境的影响力，包括某些特定情境特征的影响以及一般性情境的影响。

人们过度依靠人格特质和性格进行判断，并且忽略了情境因素对行为的影响，这就是基本归因错误（Ross, 1977; Nisbett & Ross, 1980; Jones,

1979; Gilbert & Jones, 1986）。我们和很多其他社会心理学家一起，关注并证实这一关联性的错误，试图找到这一错误的源头。本书的每一章都会讨论与之相关的研究。第 4 章汇集了显示这一错误普遍性的证据，并尝试解释它为什么会发生。

情境的微妙性

情境主义还有一种表现，即并非所有的情境因素都能强有力地决定行为，其中某些因素甚至被普通人和社会科学家在直觉上认为有很大影响，但事实上，有些因素的影响微弱得让人惊讶。

在探究真实生活事件带来的重要社会影响中，看似会产生很大影响的情境因素实际影响很小，这一点着实让人费解。我们应庆幸于其中某些情境因素只有微弱的效应。例如，在很多时候，童年时期的体罚和性虐待的长期影响实际上是很微弱的（Widom, 1989）；同样地，青春期早孕行为的长期影响也不大（Furstenberg, Brooks-Gunn, & Morgan, 1987）。不幸的是，一些明显积极的事件有时候也出乎意料地没什么效果。例如，彩票大奖获得者的生活受到意外之财的影响要远远小于我们大多数人所预期的，特别是当我们幻想自己的生活将会被类似的意外之财大为改变的时候（Brickman, Coates, & Janoff-Bulman, 1978）。

看似会产生大而积极的影响的事件，其实际影响却很小，这方面发人深省的例子要数剑桥 – 萨默维尔研究（Cambridge-Somerville study），这项研究堪称现代社会干预（social intervention）的鼻祖，其结果由鲍尔斯和惠特默（Powers & Whitmer, 1951）首次报告，并由麦科德夫妇报告了追踪结果（J. McCord, 1978; J. McCord & W. McCord, 1959; W. McCord & J. McCord, 1959）。这项著名实验（我们会在第 7 章应用社会心理学更为详细地阐述）的被试是"潜在犯罪"和"普通"男孩，在 20 世纪 40 年代，他们成长于社会经济地位（socioeconomic status, SES）较低的爱尔兰人和意大利人聚居的波士顿郊区。他们中的一些人被分到一个十分有雄心且干预强度很大的实验组。在大约 5 年的时间里，他们能够得到各种各样的社会、心理以及学业方面的支持。咨询员一个月家访两次，帮助他们解决个人和家庭的问题，并在专业科目的学习上提供指导。其中很多男孩都得到了精神科或医疗帮助。他们也能更便利地接触童子军、基督教青年会（YMCA）或者其他社区活动，很大一部分人还有机会参加夏令营。但是，尽管干预如此密集而且明显有利于青少年成长，这些实验组或者"干预组"的男孩在青少年犯罪率上并没有比"非干预组"的男孩低。事实上，30 年后的追踪调查表明，这些接受过干预的被试在成年后的情况实际上可能更糟，比如，他们相比另一组仅接受观察的被试有更高的成年犯罪率。

针对剑桥–萨默维尔样本中未接受干预的无犯罪行为男孩的追踪研究（Long &Vaillant, 1984）显示出更多令人惊讶的无效应（指男孩家庭背景中明显重要的社会因素并未显示出效应）。根据家庭生活的社会健康程度或病态程度，研究者把这些男孩分为四类。最不健康的一类是有许多严重问题的家庭（例如，家中有酗酒或施虐的父亲、精神分裂的母亲，家庭依赖许多社会机构提供经济资助等）。在相反的一端，大部分是堪称务工穷人之模范的家庭（父亲受雇，母亲当家庭主妇，家庭成员没有明显的精神疾病，生活也不依赖社会机构）。这项追踪研究在 40 年后对这些不同类别的男孩的生活状况进行了考察。在一项又一项结果指标（例如，收入、心理健康、入狱、自杀等）上，被试童年期的家庭状况对这些结果的影响很小，甚至几乎没有影响。

我们从这些惊人的无效应中学到了什么？当然不是说情境因素在社会心理实验室之外的世界里并不重要。正如我们将在第 1 章的起始部分看到的那样，情境因素在现实世界里，许多效应都是巨大的，例如把保守的年轻女性浸润在高度自由的环境中所带来的急剧个人变化（Newcomb, 1943），或者竞争对群体冲突的重大影响（Sherif, Harvey, White, Hood, & Sherif, 1961）。然而，情境因素和操纵的作用有时显得非常小或根本不存在，这种现象不仅存在于"现实世界"中，在"学术世界"里也是如此。只有那些具有可检测到的效应的研究才会被发表，也只有那些得到出人意料、效应较大的部分研究才会广为人知，其他的则凋零在文件抽屉里。要是社会心理学家满怀信心设计出的每一个实验操纵失败后，我们都能获得一美元就好了。⊖简而言之，我们所了解到的是，情境效应有时可能与我们的直觉、理论，甚至已有的心理学文献所告诉我们的大相径庭。一些我们认为很重要的因素只有微不足道的影响，一些我们认为微弱的因素实际上（至少在某些情况下）却产生了非常大的影响。在"校准"（calibration）情境因素效应的大小方面，我们表现得很糟糕，认识到这一点是培养社会心理学家时的一个焦点，也是本书的一个重要关注点。

人类行为的可预测性

当还是本科生时，我们认为社会科学家做出准确预测的能力极为有限是因为社会科学相对比较年轻。后来，我们不再认同这一点，也不再依靠它为我们领域辩护。现在，我们认为社会心理学并不是一门特别不成熟的科学，事实上，学界已经发现并证实了一些关于人类社会行为的非常重要的事情。与此同时，我们接受了这样一个事实，即社会心理学永远无法预测任何一个特定的人（即使是我们熟知的人）在特定新情境下的表现。这一让步意味着应用社会科学知识总是有风险的。当我们尝试某些新的实验设计时，即使是一种基于先前研究非常合理的新干预手段，我们也经常发现，人们的反应与我们所预期的大不相同。

⊖ 意指实验结果不显著的情况十分常见。——译者注

我们认为，这种根本的不可预测性之根源非常深，可能接近于物理和生物科学现象中类似不可预测性的根源（Gleick, 1987）。我们将在本章末尾进一步讨论不可预测性问题，之后也会多次谈到。

社会心理学启示与日常生活经验之间的冲突

如前文所述，实证社会心理学的证据经常与我们从日常生活中"了解"的内容严重冲突。诚然，我们有时会对同胞的行为感到惊讶（比如对孩子、朋友，或某个公众人物出人意料的举动感到惊讶），但在大多数情况下，世界看上去是一个有秩序、可预测的地方。在聚会上头戴灯罩的是性格外向的比尔，而不是内向的吉尔；同样，好牧人教堂（Church of the Good Shepherd）的牧师在宣扬慈善，而来自该州最富裕地区的共和党国会议员则在宣扬自力更生和自由创业；此外，温和的回答似乎确实可以消除愤怒；派男孩去做男人的工作通常会让老板失望；好朋友通常会如我们所料地在关键时刻帮助我们渡过难关。

在职业生涯的早期，我们认真地接受了这样的假设：大多数这种表面上的秩序都是一种认知错觉。我们认为，人类善于按他们所相信的那样去看待事物，善于诠释矛盾，尤其善于把人看得比实际上更前后一致。尽管我们仍然相信这一点，即这种有偏向的证据加工在一致性知觉中起着重要作用，但现在我们也认为，在大多数情况下，日常生活的可预测性的确是真实存在的。同时，我们相信人们用来解释和预测行为的许多原则与直觉是不可靠的。也就是说，人们经常基于错误的信念和有缺陷的预测策略而做出了正确的预测。

我们在这里把常人物理学（lay physics）和专业物理学进行一个对比。常人物理学（这在很大程度上与亚里士多德学派（Aristotelian）和中世纪物理学相同）的一些主要假设毫无疑问是错误的（Holland, Holyoak, Nisbett, &

Thagard, 1986; McCloskey, 1983）。特别是，常人物理学就像常人心理学[⊖]（lay psychology）一样，错误地把重点放在物体的特性上，忽视了力场（the field of forces）的作用，而物体是存在于力场中的。此外，常人物理学关于相互作用的主要概念，也就是动量（momentum）的直觉概念是完全错误的，即施加在物体上的力会让物体存储一份能量，并且能量会逐渐消散。事实上，惯性的概念要求静止的物体保持静止，运动的物体保持运动，除非施加了某个外力。然而，常人物理学确实能够有效帮助我们度过每一天。在一个空气、陆地和水都提供阻力或摩擦力的世界里，物体会以某种方式失去动量的概念就足够好了。只有当我们走出日常生活的领地，例如，冒险进入物理实验室或外太空时，常人物理学才会给我们带来很大的麻烦。

社会心理学也是如此。对于常规发生在办公室和家庭里的大多数事情，我们的直觉想法以及环境应对原则一般都绰绰有余；当我们必须在最熟悉的经验之外的情境（承担新的、不同的职责，进入新的文化，分析新出现的社会问题，或者考虑用新颖的社会干预方法来解决这些问题）中理解、预测或控制行为时，它们却显得很不够用。当我们从学生变成专业人士，当我们在离家 5000 英里[⊜]之外的街头与小贩讨价还价，或者当我们的社区开始实施一项新措施来处理戒毒或无家可归者的问题时，常人原则的不足之处很可能就会暴露出来。

本书将经常谈到常人社会心理学（lay social psychology）与科学社会心理学的区别，并将确定三个原理[⊜]作为我们领域累积而来的主要见解，这三个原理就像为我们的共同事业奠定基础的三大基石。第一个原理涉及情境影响的力量和微妙性。第二个原理涉及人们对情境的主观解释的重要

⊖ 常人心理学指普通大众对心理学的认识。与此类似，后文中出现的常人社会心理学指普通大众对社会心理学的认识。——译者注

⊜ 1 英里≈1.61 千米。

⊜ 这三个原理对应前文社会心理学的三大重要贡献。——译者注

性。第三个原理涉及将个体心理和社会群体理解为由驱动力与抑制力所平衡的紧张系统或能量场（fields）的必要性。我们将在这里简要介绍这些原理，然后在本书的其余部分说明它们的应用。

社会心理学的三大基石

情境主义原理

我们讨论社会心理学中的情境主义必须从对库尔特·勒温的介绍开始，他是一位德国移民，于20世纪30年代中期来到美国。在接下来的10年里，他所做出的贡献重新定义了社会心理学领域，甚至在今天依然深刻影响着社会心理学的主要理论传统和应用传统。勒温的总体理论构想始于一个众所周知的道理，即行为是人与情境的函数（用勒温的术语来说，行为是生活空间（life space）的函数，生活空间包括个体和个体对环境的心理表征）。尽管勒温的构想不偏不倚，它提及了情境和特质决定因素对行为的共同影响，但在他及其学生的实证研究中，当下的社会情境（immediate social situation）的影响才是最重要的。勒温特别关注情境因素和社会操纵对行为模式的影响，尽管行为通常被认为是个人特质与偏好的反映。

例如，勒温、利皮特和怀特（Lewin, Lippit, & White, 1939）开展了一项具有启发性的现场实验，当时纳粹主义的幽灵正越来越逼近社会科学家甚至全人类。实验的特点是通过操纵领导风格，在娱乐俱乐部（由勒温及其同事专门成立以进行这项研究）中营造专制型或民主型的群体"氛围"。事实证明，这种操纵非常有效地改变了年轻的男性俱乐部成员彼此之间的关系，以及他们与权力更大或更小的成员的关系。勒温学派表明，寻找替罪羊、服从于权威人物，有时甚至是表达敌意，简言之，那些通常与"权威人格"有关且令人不安的复杂反应（Adorno, Frenkel-Brunswik, Levinson, & Sanford, 1950），可以通过相对短期地操纵个体的当下环境加以抑制或促进。

更重要的且更能阐明勒温传统的是一系列应用研究，这些研究使用了时新的"群体决策"技术来促进消费行为、健康习惯和工厂生产率的变化（例如，Bennett, 1955; Coch & French, 1948; Lewin, 1952）。我们将在第7章讲社会心理学的应用时更详细地阐述这些研究，这些研究显示了勒温的一个基本观点，这一观点现已被一代组织心理学家和"训练小组"（training group）的实践者所熟知：当试图让人们改变熟悉的做事方式时，非正式的同辈群体施加的社会压力和限制是必须克服的最强抑制力，同时，又是可以用来取得成功的最强驱动力。

总之，勒温情境主义的主要观点是，社会情境创造了产生或限制行为的强大力量。他深知，这些力量在常人心理学中常常被忽视，识别它们将是科学社会心理学的一项主要任务。事实上，勒温明确地指出了前文提及的常人社会心理学的错误和常人物理学的错误之间的相似性。

勒温情境主义还有一个同样重要的部分在于，相当重视看似微不足道但实际上非常重要的情境细节。他经常称这些为渠道因素（channel factors），指微小但关键的促进或阻碍因素。勒温认为，行为往往是由某些渠道的开辟而产生的（例如，对某个行动方案的公开承诺，或朝着新行为的方向迈出摇摇晃晃的第一步），有时也会因某些渠道的关闭而受到阻碍（例如，未能制订一项在适当时机采取具体行动的特定计划）。

利文撒尔、辛格和琼斯（Leventhal, Singer, & Jones, 1965）提供了一个关于勒温的渠道因素如何发挥作用的例子。他们的实验解决了一个贴近生活的问题，即如何将对于个人健康行为的良好意愿转化为具体有效的行动。被试是大四学生，研究者与他们进行了一次关于破伤风风险和接种破伤风疫苗价值的说服性交流。此外，研究者告知所有被试可以去哪里接种。纸笔问卷调查结果显示，这种沟通非常有效地改变了学生的信念和态度。尽管如此，只有约3%的学生实际注射了破伤风疫苗。相比之下，当进行说服性交流后，研究者给被试一张校园地图（上面圈出了校医院），并且敦促被试去查看他们每周的日程安排，以确定去校医院的具体时间和路线——在这种情况下，注射破伤风疫苗的被试比例上升到了28%。很明显，对于大多数被试来说，了解疾病及其预防的相关信息，甚至形成采取必要措施保护自己的一般性意愿是不够的。显然，他们有必要制订一个具体的计划（甚至可能是一张地图）来达到目的，用勒温的话说，一个可以让意愿转变为行动的现成渠道。

当然，对于医疗依从性（medical compliance）来说，28%依然是一个令人失望的比例。我们猜想，一个更为具体的邀请和渠道（例如"下周二上午10点去吧，日程表显示你那时刚好上完化学课，并且在上午11点的心理学课程 I 前还有1小时空闲"）也许对被试去校医院并接种破伤风疫苗更为有效。当代许多关于公共卫生服务使用情况的研究也提出了类似的观点。态度和其他"有趣的"个体差异因素几乎不能准确预测谁会或谁不会步入诊所或咨询机构。实际上，单是个体与最近的服务机构之间的距离就是一个更有力的预测因素。同样，在预测谁会使用这些服务时，一个简单的渠道因素的重要性往往超过其他所有因素（Van Dort & Moos, 1976）。

因此，渠道因素原理是理解为什么某些情境因素的影响大于预期而某些情境因素的影响小于预期的关键。如果没有以情境压力的形式提供有效的输入渠道，或者没有以明确的意图或计划的形式提供有效的行为输出渠道，一场看似大型的干预活动通常只会产生令人失望的微小影响，而看起来微不足道却作用于重要的输入或输出渠道的情境因素往往会产生令人欣慰的巨大影响。

解释原理

讽刺的是，社会心理学第二个不朽贡献恰好是对情境主义学说的理论和实践价值的挑战。任何"客观"刺激情境的影响都取决于行动者赋予情境的个人和主观意义。要成功地预测某人的行为，我们必须能够领会行动者对情境的解释，也就是说，这个人如何理解整个情境。如果我们的目标是控制或改变此人的行为，那么对问题的解释也同样重要。许多用心良苦、精心设计的社会干预活动之所以失败，是因为目标群体对干预活动的理解方式出现了偏差（例如，将指派式或家长式作风理解成带有侮辱性或污名化色彩的行为）。

正如我们将在第 2 章中阐述的，社会心理学中的情境主义与行为主义中的情境主义有相似之处。这两种情境主义都强调当下的、有明显作用的刺激情境的重要性，而对普通大众（和精神分析）强调个体差异和个人独特历史的重要性感到不耐烦。但社会心理学和行为主义因为在解释问题上意见不一而早就分道扬镳了。行为主义者公开宣称的目标是明确的客观刺激，以及这些刺激和观察到的反应之间形成的联结，而不会去尝试探究被试大脑中的"黑匣子"。然而，正如罗伯特·埃布尔森（Robert Abelson）在谈话中指出的那样，社会心理学是心理学中一个永远不可能真正被"行为化"的领域。因为几乎所有敏锐的实践者都明白，真正的刺激是被试所理解的情境。这意味着理论不仅要关注刺激 – 反应关联本身，也要关注刺激和反应的主观解释。

早在 20 世纪 30 年代，皮亚杰（Piaget）和 F. C. 巴特利特（F. C. Bartlett）等欧洲心理学家就讨论了解释过程的重要性，并通过引入"图式"（schema）这一概念对该主题进行了研究。图式是一种知识结构，它总结了关于某一类刺激和事件的一般知识及先前经验，同时赋予未来类似刺激和事件意义，并帮助我们形成对这类刺激和事件的预期。除了勒温自己，最为倡导行动者对情境解释重要性的社会心理学家要数所罗门·阿希（1952）。在第 2 章中，我们将讨论阿希的主观主义取向的本质，特别是当他将主观主义运用于解释自己和同时代人的研究结果时。

当代社会心理学家和认知心理学、人工智能领域的同行们一起，再次聚焦于所谓的解释工具（tools of construal），越加频繁地探讨认知结构（图式、脚本、模型、社会表征）和策略（"启发式"判断，对话的默认规则），以及它们在帮助人们理解观察到的事件中的作用。我们自己也在这一领域中努力工作，并于 1980 年写了一本书，主要内容是关于普通大众的解释工具及其在各种人类推理任务中的不足之处。

在本书中，我们将再次关注解释如何影响行为以及解释是怎样起作用的，但我们主要关注的并不是证明主观解释的发生，也不是它在决定人们会如何应对周围环境时的重要性。我们力图阐明的是，普通大众向来无法充分考虑到解释在决定行为时所起的作用，这种失败伴随着影响深远的个人和社会后果。特别地，我们将论证人们在解释上犯的三个既有区别又有联系的错误。

第一个错误是未能认识到个体对刺激的理解是一个积极的建构过程，而不是被动接受和记录外在客观现实的过程。有个老笑话讲了三位正在讨论工作的棒球裁判。第一位说："我看到什么就称它们⊖是什么。"第二位说："它们是什么我就称它们为什么。"第三位说："在我开口之前，它们什么都不是。"我们认为，大多数人都跟第二位裁判一样，是哲学意义上的现实主义者，他们几乎不了解认知过程在多大程度上影响了自己的判断。抛开第三位裁判的极端主观主义，像第一位裁判那样对判断的解释性本质理解得如此透彻是极为罕见的。

第二个错误是未能认识到情境解释的内在可变性。任何两个人对于某

⊖ "它们"是指棒球比赛中投手投球，由裁判判定它们是好球还是坏球。——译者注

个特定情境的解释方式，甚至是某人在两个不同场合对同一刺激的解释方式，都是无法完全预测的，总是在某种程度上具有不确定性。因为人们没有意识到他人解释情境的方式与自己的解释方式有多大不同，所以在预测他人行为方面往往过于自信。人们甚至会过于自信地预测自己在新颖或模糊情境中的行为表现。我们认为，当且仅当人们的解释是完全准确的，并且和行为者做出行为的那一刻的解释完全相同时，人们的行为预测才能具有一定程度的确定性。

第三个错误涉及行为的因果性归因（causal attribution）。人们没有认识到，观察到的行为和结果（尤其是那些令人惊讶的或非典型的行动和结果）可能不是出于行动者独特的个人特质，而是由于行动者所面临客观情境的因素和行动者对这些因素的主观解释。事实上，人们会过于迅速地"重新评估"个人特质（即判断行为者与其他普通人有何不同），同时过于迟钝地重新评估或重新解释情境（即判断自己对情境的最初解释是不完整、不正确的，或者至少和行为者的最初解释有出入），于是将行为者的行为归因于其个人特质。图书管理员简为了入职一个远方城市的旅行社，放弃了原有的工作和家庭，我们极有可能认为简远比我们想象的更具有冒险精神，而不太可能会认为新的就业机会比我们想象的更有趣（或者简身上的难言之隐比我们想象的更多）。我们最近的研究大多集中在证实这三个错误并探索其含义上。本书第 2 章和第 4 章将介绍这些研究。

紧张系统的概念

社会心理学的第三个主要贡献，也是社会心理学赖以存在的概念三大基石中的最后一个原理是，个体的心理以及从非正式的社会群体到国家这类集体，都应被视作处于紧张状态的系统。对任何特定刺激情境的分析都必须建立在这两点认识的基础上：第一，"行为必须来源于共存事实的总体"；第二，"这些共存事实具有动态场的特征，即这个场中某一部分的状态都取决于场的其他部分"（Lewin, 1951, p.25）。没有一种简单的机械法则可以将特定的刺激与特定的反应联系起来，因为两者都处于会改变和限制两者影响的动态环境中。

> ……一些现象（诸如工厂里的生产速度）是多种力量共同作用的结果。有些力量相互支持，有些相互对抗；有些是驱动力，有些则是抑制力。就像河水流速一样，一个群体的实际行为取决于这些矛盾力量达到平衡状态时的水平（例如，生产速度）。值得一提的是，某种文化模式……意味着这些力量在一段时期内稳定聚集，至少在这段时期内，它们在一个恒定水平上找到了平衡状态。（Lewin, 1951, p.173）

紧张系统概念主要有三个贡献。第一个贡献是，对于理解和预测一个新引入刺激的效果来说，分析抑制因素和分析刺激本身同样重要。为了提高产量，工厂引入了一项新的金钱激励措施，其效果取决于维持当前生产水平的各种力量的平衡。如果现有群体规范反对过度生产或"破坏速率"（rate-busting），那么这种激励措施可能收效甚微，甚至适得其反。沃尔夫冈·苛勒（Wolfgang Koehler）提出的准静态平衡概念很好地抓住了对立力量之间的动态竞争。这个概念意味着某些过程或水平（比如勒温所说的河水流速或工厂里的生产水平）是在一定的抑制力和驱动力所限制的范围内波动的。在相对狭窄的范围内，水平很容易上下波动；超越这些限制范围，波动就要难一些；如果超越的范围更远，波动就几乎不可能存在了。此外，系统的改变可以用两种截然不同的方式来完成，得到的结果也大相径庭。我们可以增加驱动力（从而提高系统的紧张程度，因为相关的抑制力日益显现出其反面作用）；我们也可以消除或削弱妨碍改变的抑制力（从而降低系统中的紧张程度）。例如，相比承诺给员工更多金钱的奖励，改变"破坏速率"的群体规范可能更加有效。

第二个贡献与第一个正好相反。在变化的风口浪尖上，系统有时难以维系平衡。让我们回到河流的比喻，看看一些关于密西西比河的有趣事实。大体上，这条河蜿蜒流过最后几百英里，然后沿着它的常规路线注入墨西哥湾，除非发生灾难性事件，否则这一常规路线不可能改变。然而，河流在某地的路线会因为微小事件而发生剧烈改变。一个拿着铲子的人在合适的地点开始挖出一个小口子，口子越变越大以至于整条河都流进了新河道，原先河流的流经路线全都消失了。（这种情况是 19 世纪河滨地产所有者一直以来的顾虑，他们经常雇人向任何手持挖掘工具出没于河岸上游的可疑人员开枪射击。）

河流的流动和个体及社会的心理过程之间的相似之处清晰明了。一方面，准静态平衡的难以改变，是因为对立力量之间的平衡维持着现状，并且在某种程度上决定了现状。另一方面，有时看似小而无关紧要力量的引入和变动，可能导致系统发生巨大且广泛的变化。因此，紧张系统概念中的第三个贡献是将前两个联系在一起的结果。就像解释原理一样，紧张系统帮助我们理解为什么明显很大的情境操纵有时产生的效果很小，而明显很小的情境操纵有时产生的效果却很大。大的操纵可能会悍然与抑制因素相冲突，甚至增加抑制因素的强度和阻力。相反，小的操纵可能会利用系统的不稳定平衡状态，或促使一个重要的渠道因素形成，从而通过重新定向而不是蛮力来推动系统。

在我们撰写本书时，东欧国家正在上演令人震惊的事件，借鉴这些事件我们来阐述上述概念。[⊖]以目前的眼光来看，从第二次世界大战结束到 1985 年左右的 40 年间，这些国家的大多数内部过程的水平和对外关系的水平都被限制在相当狭窄的范围内。在一段时间内，这些国家对不同意见进行极端压制，随后压制力度稍微轻了一些；在一段时间内，这些国家对

⊖ 本书原书初版于 1991 年，此处应指苏东剧变。——译者注

创业活动十分宽容，但在另一段时间内，几乎毫不容忍。冷战期间，这些国家与西方国家的关系在我们现在公认的几摄氏度的范围内解冻或冻结。这种社会过程的轻微上下运动可以用准静态平衡来解释：抑制力与驱动力的强度旗鼓相当，各个过程水平的变化都相应地保持在较小的幅度上。

正如那几年的事件所表明的那样，这些系统虽然处于平衡状态，但实际上呈现出高度的紧张状态。无论是驱动力还是抑制力都非常强大。相应地，当渠道被打开，系统就会以惊人的速度发生变化，很显然，过不了多久，那些在20世纪前80年出生的人将会对世界格局感到陌生。

在一个由紧张系统组成的世界里，这些事件也让人们对可预测性的看法变得底气不足。在1984年，如果西方有人预言，苏联的政治和经济制度可能很快就会被一场自上而下的自由化革命所改变，紧接着几乎所有东欧国家都很快结束了以党治国的模式，那么这个人很有可能被认为是在痴人说梦。所有明智的分析人士都清楚，东欧国家只会缓慢地走向变革。事实上，历史已经给任何天真到怀疑这一点的人提供了充分的证据。

将紧张系统概念应用得最令人印象深刻的社会心理学家要数利昂·费斯廷格（Leon Festinger）。费斯廷格（Festinger, 1954; Festinger, Schachter, & Back, 1950）认为，个人的态度存在于一种与其所属群体成员的态度相关的紧张状态中。人们不喜欢与同伴意见不一致的状态，当他们发觉遇到这种情况时，就可能采取三种恢复平衡的方法之一：①试图改变他人的意见使得他人与自己的想法保持一致；②接受他人的意见来改变自己的态度；③拒绝群体中的其他人，拒绝的程度视他们不愿向群体中心意见靠近的程度而定。费斯廷格用这些运作过程解释了许多有趣的社会现象，我们将在下一章中开始讨论这些社会现象。

费斯廷格还认为，个体头脑中的态度存在于一种紧张状态中。有些态度互相支持，有些互相矛盾。矛盾的态度处于紧张状态中，称为失调

（dissonance），必须要加以解决。解决方法是改变其中一种态度，直到系统恢复到平衡状态（参见 Festinger, 1957; Aronson, 1969）。

费斯廷格对紧张系统概念最引人注目的运用是在两种认知成分（态度和行为）冲突的情况下的解释。当某人所做的事情既未与他所持有的态度一致，也非出于他所期望的奖励等外在力量时，就会出现这种情况。费斯廷格认为，在这种情况下，人们将会改变自己的信念使其与行为保持一致。如果某人受到引导，发表了一次与先前信念恰好不符的演讲，并且他这么做得到的报酬很少甚至没有报酬，那么此人表达的态度就会朝着演讲的立场发展。如果此人因发表演讲而获得可观的报酬，那么上述态度发展方向就会受阻。在后面这种情况下，发表演讲与获得报酬是高度吻合的，并且此人会意识到先前的信念与所说的内容之间缺乏联系。

认知失调（cognitive dissonance）理论家对认知失调和态度改变的分析带来了社会心理学对动机研究可能最重要的贡献之一，即对个人责任感和选择重要性的探索（参见 Aronson, 1969; Calder, Ross, & Insko, 1973; de Charms, 1968; Linder, Cooper, & Jones, 1967）。当人们认为自己的行为是自由选择的，是自己的目标和态度的直接表达时，与当人们认为行为是被强迫的或受外部强化物控制时相比，社会过程的表现大不相同。演讲后得到报酬的人认为自己的行为与信念无关，因此他们的信念保持不变；演讲后没有获得报酬的人认为演讲是自由选择的，因此感到被迫根据自己的行为调整自己的信念。当工人被要求按规定顺序完成规定工作时，他们的表现通常类似于效率低下的机器人和不情不愿、混日子的人；当工人受邀设计自己的工作时，他们就会自由地行使职责，将企业看作休戚与共的事业。

我们不会用单独的一章讨论紧张系统概念，但在第 1 章讨论情境的影响时，在第 5 章试图阐释社会世界可预测性的基础时，在第 6 章探索文化和人格并试图理解文化变迁的条件时，以及在第 7 章分析社会干预的成败命运时，我们会反复提到它。

可预测性和不确定性

社会心理学的三项基本原理都以最直接的方式谈到了预测问题，既有科学家可以达到的最终可预测性，也有普通人在日常生活中可以达到的一般可预测性水平。在本书中，我们最关心的是科学家和普通人预测行为的方式，预测的限制在哪里，以及如何改进预测。让我们先来讨论我们所关注的两种预测类型。

社会科学家的预测

我们认为，社会科学家一直在追求不切实际的预测目标。我们可能永远无法预测特定的人对于新情境会产生何种反应（无论是基于人格评估还是基于客观的情境描述），也无法预测一般或特定群体对新情境的反应。情境是高度复杂的，人们对情境的解释也是如此。这种困难对实践的启示是（第 7 章中有更加详细的讨论），社会干预措施一般应首先在小范围内进行试验。即使有关措施曾在某个看上去相似的情况下被证实是成功的，这一启示也同样适用。周围情境的影响和限制情况可能会有细微的不同，人们对两者的解释方式也可能不同，这些差异可能是那些计划并实施干预的人所无法预料的。

我们既不会为预测的局限性感到抱歉，也不会为其实践意义而苦恼。因为它们并不意味着我们不能进行有效的干预，以改善个人、群体或者整个社会的生活。这些限制仅仅表明了在达到预想的效果之前仍存在一些局限，对此我们要充分利用本领域的最优理论假设和严谨的预实验结果来进行一些调整，以便实现预想。

我们不愿道歉的另一个原因是，社会科学的情境与物理学的情境并不存在本质上的不同。人们早已认识到，物理定律并不会让我们非常准确地预测树上某片叶子会落在哪里。近几十年来，物理学家开始认识到各种系统可预测性的局限性，如生态系统和天气系统。尽管一些效应是稳健并高度可预测的，但另一些则极为不稳定。"蝴蝶效应"（butterfly effect）一词就是用来描述细微的、不可预测的变化却可以造成系统巨大变化的（Gleick, 1987）。这个充满想象力的词源于一位气象学家的描述，即在适当的条件下，一只在北京拍打翅膀的蝴蝶，可以对几天后美国中西部地区的天气产生明显的影响。由于天气对局部的细微变化极为敏感，根据一些科学家的说法，长期的天气预报不仅现在无法实现，而且永远都无法实现。生态学上也有类似的观点：有时引进了吃幼虫的甲虫恰好达到了预期效果，它吃掉了所有目标害虫的幼虫；有时引进的生物立即被捕食者吃掉并消失了；有时引进的生物本身比它们拟取代的生物具有更大的危害性。

再次强调，在高度复杂的交互式非线性系统中，精确预测某种效应是非常困难的。但是，无论是物理学还是行为学领域，都不必为发现和描述这种内在不可预测性的来源而感到抱歉。这是一项具有深远理论和实践意义的重要知识贡献。

普通大众的预测

相比社会心理学基本原理对社会科学家预测的意义，我们更感兴趣的是社会心理学基本原理对普通大众预测的意义。基于上述三大原理，我们希望证明普通大众的预测往往是错误且过于自信的。首先，人们对个体差异的强度以及它在行为产生过程中所起的作用有夸大的倾向。这一现象的部分原因本质上是感知层面的。拉尔夫的外表和个人风格的一致性（例如，他魁梧的身材、深沉的声音、坚定的目光，以及在说话时紧握拳头以示强调的习惯）也许会蒙蔽我们的双眼，让我们看不到他在不同情境下表现出的依赖性或攻击性其实是不一致的。其他因素则更多是在认知层面上的。不一致的信息被人们同化了，从而给人过去行为具有一致性的错觉。埃伦给我们留下的第一印象是友善的，因此当她讽刺比尔轻声细语的说话方式时，我们将她的行为理解为开玩笑，或者是对比尔所说内容的合理反应，或者是因为她的工作压力太大；而不是认为我们先前的印象是错误的，或者埃伦的友善程度发生了变化。

除了讨论一致性错觉的来源，我们还将强调特定个体解释特定情境的不确定性的程度，以及预测这类解释的难度，二者必然会限制可被观察到的跨情境一致性的数量。在特定的社会情境下，埃伦的友善与否将取决于她如何标识这些情境，以及如何消除任何指向她的行为的歧义之处。

同时，我们认为，事实上人们确实表现出了相当大的可预测性，观察者可以在日常社交活动中感知到这种可预测性并加以利用。我们认为，正式研究和日常经验给我们的启示之间存在明显的矛盾，这是由研究者所依赖的一些研究策略造成的，这些策略将被试置于同一组固定且完全相同的情境中，旨在分离人与情境各自的贡献。这种策略尽管对理论家来说有几个不可否认的优点，但它会导致我们忽略日常生活中的重要现实。居于首位的现实是，在日常生活中，行动者的特征和他们所处情境的特征通常是混淆的——这恰好促成了我们在社会交往中感知和预期的一致性。人们常常会选择自己所处的情境，并且基于自己明显拥有或假定拥有的能力和特质来选择情境。因此，牧师和罪犯很少面临一系列完全相同或类似的情境性挑战。相反，他们会将自己（同时被他人）置于完全不同的情境中，而情境的差异正好使牧师的形象、行为、感受和思考都和牧师的身份相当一致，并使罪犯的形象、行为、感受与思考都像一个罪犯。

我们还将探讨下述事实的含义，即人们有时觉得有责任，甚至有义务采取前后一致的行动。这可能是因为他们的社会角色，也因为现实世界鼓励尊重角色要求并且惩罚违反角色要求的人，还因为他们对他人做出的承诺，甚至因为他们对自己提出的要求。这些影响的最终结果是，我们正确地预见到了一个可预测的社会世界，一个拥有一致的，或者至少是连贯的行动者的社会世界。此外，在我们最关心和最熟悉的领域，这一结果尤其可能是符合事实的。

另外，应当指出的是，行为上的一致性和不一致性有时反映出人们在解释社会环境的过程中存在的个体差异。在这里，让我们回顾一种一脉相承的人格理论流派，它起源于弗洛伊德，由乔治·凯利（George Kelly, 1955）发展起来，并在米歇尔（Mischel, 1973）、马库斯（Markus, 1977; Markus, Smith, & Moreland, 1985），以及坎托和凯尔斯壮（Cantor & Kihlstrom, 1987）等人的当代著作中成熟。这些理论家都认为，让个体差异成为更有力概念的关键在于找到持久的动机关注点和认知图式，它们引导着注意、解释以及目标与计划的制订。这个观点的一个重要结论是，传统的人格特质可能无法很好地捕捉到行为一致性。也就是说，个体以一种有别于同伴的且前后一致的行为方式行事，这并不是他永久性的友善、依赖、攻击性等性格倾向使然，而是因为他以一致的方法来解释自己的社会世界，从而采用一致的策略来追求一致的目标（参见 Cantor & Kihlstrom, 1987）。

简而言之，我们总体上的论点是，普通大众关于个人一致性和可预测性的最基本假设得到了日常经验的验证，即使人们可能误解了这种一致性的基础（第 5 章将详细阐述这一观点）。因此，尽管普通大众的预测存在明显的错误和偏差，但事实上，人们每天感知到的世界的模样仍可以得到适度的预测。常人心理学就像常人物理学一样，通常使用明显错误的原则但很好地达到了预测的目的；而当它失效时，该学科较为丰富的原理体系往往能让我们理解甚至预测其失效。

效应量问题

到这里为止，隐含在我们讨论中的是，显然有些效应很大，有些很小，有些可预测性水平相当高，有些相当低。

我们曾经说过，社会心理学最重要的贡献之一是证明了社会情境的影响，而人格心理学最大的挫败之一是未能证明个体间典型的人格特质或倾向差异的影响力。这种说法意味着，在某种意义上，情境效应是"大"的，个人效应是"小"的。提供一些关于如何测量甚至如何更加清楚地思考效应量（effect size）问题的初步想法，想必是有益的。事实证明，这个问题极具争议性且难以回答；但我们将尽最大努力澄清它，这是本书所关注的基本问题。

我们想提醒大家，效应的大小是相对某一标准而言的。根据目的，我们只需涉及有关效应量的三个概念就足够了，我们称之为大小的统计标准、实用标准和期望标准。

量的统计标准

说到统计标准（statistical criterion），首先我们必须注意，效应量与统计显著性关系不大。只要收集足够多的数据，几乎任何大小的效应都可以在统计上达到显著水平（也就是说，不太可能仅凭偶然出现效应）。本书作者之一在研究生院的经历足以证明这一点，他打开了一份全国调查分析的计算机输出结果，手指沿着栏目滑动，落到他特别感兴趣的关系上，发现相关性在传统接受的 0.05 水平 p 值上具有统计显著性，他高兴得跳了起来。他的同事注意到，让作者变得如此激动的相关系数是 0.04，非常接近 0 的关联程度。这种微小的相关能达到显著水平，是因为该调查有 1000 多名受访者。因此，作者的预测是正确的，他假设的关系确实存在，但关系是如此微弱，以至于没有任何理论或实践意义。

科恩（Cohen, 1965, 1977）提出了一个更合理的确定效应量大小的方法，他建议应该根据测量的变异来判断实验效应的大小。根据科恩的标准，两个平均值之间的差异对应于测量分布中的 1/4 标准差时是小的，对应于 1/2 标准差时是中等的，对应于整个标准差时是大的。这个统计标准和其他相关标准所评估的效应量都是相对于所有非特定的、"随机"的变异决定因素的，即相对于"噪声"的效应大小。统计标准有效地处理了，事实上是忽略了所关注变量的性质和测量单位。这既是它的主要优点，也是它的主要缺点，正如我们在下文对另外两个标准的讨论所阐明的那样。

量的实用标准

对于简单的、基于标准差的统计标准，最有说服力的反对意见是，在许多情况下，我们丝毫不关心根据这一概念可被算作"大"的效应，或者相反，我们会非常关心其他一些根据这一概念可被算作"小"的效应。例如，假设你被告知某种外来的新药可以将史沫特莱热病（Smedley's Fever）患者的生存时间延长 1.5 个标准差。乍一听你很感兴趣，然后你发现史沫特莱热病是一种致命的热带疾病，未经治疗的患者平均在 40 小时后死亡，标准差为 4 小时。这意味着新药可以平均延长 6 小时的寿命。如果你接下来发现，新药的价格是每剂 10 000 美元，你的兴趣就会荡然无存。（另外，医学研究者为了解开这种疾病或相关疾病的奥秘，可能会立即抓住这种在临床上微不足道的改善，因为它可能蕴含着一些线索，这些线索会带来真正重大的洞见和进步。）

相反，想象一下某位政治候选人在一次势均力敌的竞选中陷入困境。这位候选人可能非常愿意在广告或竞选策略上花费一笔巨款来影响其获得的总票数的比例，哪怕改变不到标准差的 1/10（例如，0.05 的选票率，按照传统的公式，比例（p）的标准差等于p（$1-p$）的平方根，换句话说，等于 0.5×0.5 的平方根）。大多数政治学家都认为，任何可能导致选票出现"五个百分点"波动的广告或策略，其效应都应该被算作"大"的。（特别是在 20 世纪的美国总统选举中，这将足以改变大约一半的选举结果。）同样，正如我们将在第 3 章中详细讨论的那样，一项人格测验成本低廉并且能够预测某些重要结果中"仅"10% 的变异，对于许多常见的评估或预测任务来说，是非常有价值且"具有成本效益"的，例如，可以将在某些维度上表现极端的人挑选出来（参见 Abelson, 1985）。

这些例子表明，我们判断一个效应是大还是小几乎不可避免地受实用性的影响。效应的大小是相对于完成特定任务所遇到的困难而言的，也相对于该任务的重要性，也就是说，效应的大或小取决于它们在多大程度上能够帮助我们达成特定目标，以及我们对目标的关心程度。

量的期望标准

最后，也许对于我们的目的来说最为重要的一点是，效应的大或小是相对于我们对它们的预期而言的。我们称之为期望标准（expectation criterion），因为它涉及一个人对于某些结果或事件的先有信念（或"贝叶斯先验"）的变化。根据这个标准，如果相关数据迫使我们对预期以及生成预期的理论进行大幅度修正，那么效应就是大的；如果相关数据几乎或者根本没有迫使我们做出修正，那么效应就是小的。在这种情况下值得注意的是，非常小的效应（也就是传统的统计标准上的小）有时会促使我们重新思考非常基本且成熟的理论，前提是我们有非常好的理论基础来做出无差异预期，并且有非常精确的测量技术来确定是否真的存在差异。

因此，根据改变主观概率的能力，我们可以评估效应的大小。我们预期斯诺特参议员在新罕布什尔州初选中获得第五名，那么当他获得第二名时，我们感觉他赢得了"很大"一部分选票。当有望赢得初选的州长格伦佩排名第二时，我们会觉得他赢得了"很小"一部分选票。在这两种情况下，根据竞选结果相对于我们先前预测和信念的有效性，我们将他们开展的竞选活动贴上了"成功"或"失败"的标签。

对社会干预及其所依据的科学理论的判断取决于社会干预相对于我们的预期表现得如何。即使是一个成熟的理论，当我们发现了一个如同盔甲裂缝般微小却致命的预测缺陷时，也要得到重新检验；表面上看起来令人难以置信的理论，当其创始人做出一两个与科学家现有观点相反但最终被证实的预测时，也将获得相当大的可信度。这个最后的标准[⊖]有一个有趣而重要的结果：任何影响我们期望的经验、训练，甚至言辞都会影响我们对任何特定效应大小的评估，以及对产生该效应的干预措施的满意度。诸如"开端行动"（Operation Headstart，针对弱势儿童的学前教育干预项目）和学校种族融合等社会干预措施的积极影响是真实存在的，尽管统计上并不总是很大。但就出台这些干预措施的那个时代的政治和社会宣传以及由此产生的巨大期望而言，这些效应被普遍认为是微不足道的，之后这些项目也因此日趋式微。

应当指出的是，在本书中，当谈到大的情境效应时，我们通常指的是，这些效应至少从统计和期望这两个标准上来说是大的，有时也根据实用标准（pragmatic criterion）来衡量。当我们谈到小的特质效应时，我们通常指的是，根据相同的统计和期望这两个标准来说，这些效应是小的，也经常根据实用标准来衡量。当我们谈到干预和应用的效应时，我们通常仅用实用标准来衡量大小。

当比较效应的大小时，我们会尽可能以比例的形式呈现结果。因此，在报告实验或干预的效应时，我们将报告在实验条件和控制条件下，以特

⊖ 原文为"this final definition"，应指期望标准。——译者注

定方式行事或具有特定结果的人的比例。在报告与人格特质相关的差异时，我们将比较高于和低于中位数，或高于中位数两个标准差与低于中位数两个标准差以特定方式行事的人的比例。当然，效应量的比例与效应量三个标准中的每一个都相关联，但仅以一种粗略的和高度可变的方式相关联。比例最大的优点在于，它是一个大家都很容易理解的通用度量标准。部分出于这个原因，它是用期望标准来估计效应量时最有效的指标。正如我们将在第 4 章中看到的，人们很容易将他们对效应量的预期转换为比例估计，然后将其与实际比例进行比较。

本书概览

总而言之，本书将从现代实验和认知社会心理学的角度来探讨行为的可预测性和一致性。我们从回顾研究历史开始，这些研究说明了情境因素通常是强有力的行为决定因素，这一点远远超出绝大多数美国科学家和普通大众的预期。这一情境主义的观点意味着背景不同、信仰不同，甚至人格迥异的人，必然对某些情境有着相当一致的理解和反应。换句话说，至少在某些重要方面，人类比我们通常认为的更为相似。

与此同时，研究和日常观察不断提醒我们，人们对特定情境和事件的反应以及日常的行为模式都存在巨大的变化和差异。我们认为，普通大众对稳定、一致、连贯和可预测的个体差异的共同信念并非单纯的认知错觉。至少在很大程度上，这些信念是以日常经验的数据为基础的。我们绝不会质疑个体差异的存在或重要性，而是承认它们，然后探索它们的存在基础和含义。具体而言，我们将用"情境主义"和"主观主义"来解析个体差异，其中将着重于社会系统的复杂动力和解释过程的作用。因此，我们的目标是解释个体差异，试图解释哪些类型的差异可能存在且很重要，何时可能被掩盖，以及何时可能遭误解。

从第 1 章开始，我们将回顾一些社会心理学的经典研究，来阐明情境因素的力量。在第 1 章中，我们将首先关注群体的影响，然后关注渠道因素，渠道因素是指促进或抑制行为改变的通道和障碍。在第 2 章中，我们将讨论解释过程的重要性，并将重申一个常理，即解释因人而异，是社会行为的重要决定因素。更重要的是，我们将强调这样一个事实，即无论是预测自己的行为，还是预测和解释他人的行为，人们可能都没有认识和考虑到解释的变化无常。由此带来的后果是，人们频繁地对行为做出错误的预测，然后用行动者的稳定人格特质来解释这种实际与预期之间的差异，从而造成错上加错。

本书接下来的四章将明确地论述个体行为的可预测性。在第 3 章中，我们会首先回顾一些重要研究，这些研究证实了在特定情境下，人们的行为具有中等程度的跨情境一致性，特别是与外向性和诚实等典型的人格特质有关的行为一致性。在第 4 章中，我们将表明，这些数据确实令人惊讶，也就是说，无论就定性还是就定量而言，有关一致性和可预测性的常人信念都是错误的，任何测量或定义的改进都无法弥补这一点。在第 5 章中，我们将讨论行为一致性和可预测性的真正来源，其中一些涉及个体差异和其他情境要求，另一些则根本不涉及稳定的个体差异。在第 6 章中，我们将把注意力转向历史悠久但近来被忽视的文化对行为的影响问题，再次强调情境、解释和紧张系统的作用。我们认为，不同的文化，包括现代西方社会中可识别的地方亚文化，有效地将行动者置于不同的情境中，使他们接触到不同的社会动力，并使他们形成解释上的习惯性差异，从而对社会行为产生真正的影响。

在第 7 章，也是最后一章中，我们将思考前面七章的分析给干预和社会变革问题带来的启示。我们将讨论一些应用研究，这些研究阐明了本书中情境主义、主观主义和紧张系统的价值。我们的分析试图阐释，为什么一些人们认为很有效的干预措施通常会产生令人失望的结果，以及为什么其他看似不那么有效（且成本较低）的干预措施却产生了较好的结果。该分析有助于阐明，应用者可以从理论导向的社会心理学最佳传统中得到的启发，以及理论家可以从成功和失败的应用历史中吸取的经验和教训。我们认为它也给试图将社会心理学应用于日常生活，并且思考着社会应当如何解决其最紧迫的社会问题和挑战的普通大众提供了重要启示。

第 1 章

情境的影响

　　几年前在欧洲，数百名愤怒的英国足球迷袭击并杀害了数十名意大利球迷。虽然反对并谴责这种行为，但我们并没有真正理解它。我们倾向于将其理解为个体的攻击性，却没有意识到分析参与者的日常生活情境或人生经历，并不能让我们预测引起群体暴力的情境。

　　确实，如奥尔波特（Allport, 1954）在社会心理学起源的经典综述中所指出的一样，正是这些现象使塔尔德（Tarde, 1903）和勒庞（LeBon, 1896）等社会哲学家意识到，对这些现象的分析不能局限于个人需求和特质方面。他们指出，聚众情境似乎可以立即引起参与者的兴奋，使其丧失平时的理性和规范意识。在群体中，行动者心甘情愿甚至热切地做出一些单独行动时会感到羞愧和尴尬的行为。在城市暴动和种族骚乱中，或者在不那么糟糕的情况下，例如在佛罗里达和加利福尼亚海滩的学生期末狂欢上，我们会看到当代的"去个性化"（deindividuated）行为；在新奥尔良的狂欢日、里约热内卢的狂欢节以及类似的庆祝活动中也能看到这种现象，这时虔诚的信徒可以不受传统习俗的约束行事，也不必担心受到责难。

是什么导致了这样的事件？仅仅是兴奋和唤醒吗？或者是匿名性、责任扩散（diffusion of responsibility）、较小的惩罚可能性？抑或像 19 世纪的社会哲学家所认为的那样，暴民以某种方式释放了某种神秘来源的能量？区分这些决定因素一直是一个引人入胜的研究课题（Festinger, Pepitone, & Newcomb, 1952; Singer, Brush, & Lublin, 1965; Zajonc, 1965; Zimbardo, 1970）。不论是何原因，暴民的私刑、青少年团伙的抢劫和球迷的疯狂行为都有力地说明了情境对行为的控制。并且，当此类事件发生时，它们诱使我们不可避免地犯下基本归因错误，即仅从性格倾向方面去解释原本应主要从情境方面理解的行为。因为我们看到这些集体疯狂的事例时往往会认为，不管是我们自己，还是我们的朋友和邻居，或是社会中其他体面的人，都不会屈从于这种群体影响。因此我们认为，那些受到影响的人，其性格倾向中存在难以扭转的缺陷和恶意。

本章会回顾社会影响和情境控制的经典研究，主要强调两个主题：第一，社会压力和其他情境因素对行为的影响比我们通常意识到的更强；第二，为理解某一社会情境对行为的影响，我们通常需要注意一些微妙的细节。

社会影响和群体过程

实验室中的从众压力：谢里夫的似动研究和阿希范式

让我们从所罗门·阿希的著名实验开始，来讨论一系列能够说明群体影响和从众（conformity）的最有名且最引人注目的实验。这些实验被视为个体盲目服从群体规则的最终证据，这很讽刺。因为至少在最初，阿希试图证明的恰好与此相反。阿希最初的目的是澄清穆扎费尔·谢里夫（Muzafer Sherif）所做的一系列富有想象力和开创性的实验所造成的（阿希所认为的）误解。穆扎费尔·谢里夫曾从土耳其移民到美国，是一位不囿于传统的年轻心理学家。

谢里夫的"似动效应"范式

谢里夫的实验（Sherif, 1937）旨在说明群体规范的产生和延续。他使被试相信自己参与了一个相当深奥的心理物理学实验。被试坐在一个完全黑暗的房间里，前方不远处有一个光点（他们无法确定实际的距离，甚至不知道房间有多大。事实上，缺少任何客观的"参照框架"是后续论证的一个重要条件）。被试盯着光点，过了一会儿，他们突然看到光点在"移动"，然后消失了。此后不久，一个新的光点出现，移动并再次消失，这一过程重复了多次，直到被试完成了多个这样的"试次"。然而，事实上光点是静止的，只是看起来似乎在移动，这种明显的移动现象是一种错觉，被称为"似动效应"（autokinetic effect）。

谢里夫给被试一个简单的任务，让他们在每一个试次中估计光点移动的距离。当被试单独完成任务时，估值在个体间的变化很大（即从1英寸[⊖]左右到几英尺[⊜]），并且至少在开始阶段，从一个试次到下一个试次之间的估值也相当不稳定。但是，当被试成对或者三人一组完成任务时，结果就大不相同了。被试的估值开始趋于一致，并很快形成了一个群体规范。此外，尽管不同的群体形成了完全不一样的规范，但是任何两人组或三人组的

⊖ 1 英寸≈2.54 厘米。

⊜ 1 英尺≈30.48 厘米。

成员，似乎都不愿做出与自身群体规范相差很大的估计。由于缺乏评价个人判断是否适当的客观依据，群体成员便取而代之成为评判的社会性依据。

在一项研究中，谢里夫在实验中加入了一个实验者同谋——在那个纯真年代里，几乎没有人了解欺骗性实验，因此没有被试会对此产生怀疑。这个同谋与一个不知情的被试一起参加实验，同谋给出的估值要么一直比被试高很多，要么一直低很多。被试很快接受了同谋的高或低的标准。这个结果表明，社会规范不必源于有善意但没有把握的真理寻求者们的共同观点；社会规范可以由一个没有强制力、并不专业或权威的个人强加而来，只要这个人在面对他人的不确定时能够始终如一和毫不动摇地坚持自己的观点。

谢里夫和之后的研究者报告的其他结果进一步证明了这一点。无论是实验者同谋强加引起的，还是源于群体趋同，似动规范一旦形成就很容易内化。即使实验时的同伴并不在现场，被试也会遵守这些规范，甚至一年后仍然忠于这些规范（Rohrer, Baron, Hoffman, & Swinder, 1954）！当被试加入一个判断标准不同的新小组时，他们甚至会继续忠于"旧"规范。实际上，正如雅各布斯和坎贝尔（Jacobs & Campbell, 1961）多年后指出的那样，似动规范很容易由一"代"被试传给下一"代"被试。雅各布斯和坎贝尔的研究在每一系列试次后，都会换上一个新被试来取代一个老被试，因此一段时间之后，所有被试都是完全不熟悉情况的新被试了，但新被试仍然会严格遵守被试代代相传的群体规范，即使最初规范的制定者已经离开很久了。

谢里夫的结果意味着，不仅在不确定或模棱两可的情境中，人们会重视同伴的判断，事实上，人们对世界最基本的知觉和判断都受到社会的制约和支配。一位长期从事知觉和社会影响过程研究的学者所罗门·阿希（Asch, 1940），用现在以他的名字命名的实验程序取代似动范式对谢里夫的这一激进观点率先提出了质疑（Asch, 1951, 1952, 1955, 1956）。

阿希范式

与谢里夫的实验一样，阿希范式中的被试来到实验室后，被告知将参加一个视知觉实验。他们以 7~9 人为一组完成一系列试次，要求指出房间前面显示的三条"比较"线条中的哪一条与标准线一样长。每个人按顺序回答。当然，现在每一位学过心理学导论的本科生都知道，在每个试次中只有一个真被试，即排在最后的回答者才是真正的被试。其他所有人都是实验者的同谋，他们的判断是按照事先安排好的脚本进行的。

在实验开始时，研究者告知被试在实验过程中彼此不要沟通，要独立做出判断。其实这个要求和其他实验程序的细节最初似乎都不重要，因为被试能非常容易地进行判断——容易到他们认为前几个试次很无聊，没有一点意义，因为所有 9 名被试依次重复了"显而易见"的正确答案。但在第 4 个试次中，奇怪的事情发生了。这次的判断与前几次的难度没什么差别，但第一位判断者毫不犹豫地给出了一个明显错误的答案。面对 1.5 英寸的标准线，他没有选择相同长度的比较线，而是选择了一条 0.5 英寸的比较线（另一个选项是 2 英寸）。毫无疑问，真正的被试会吃惊地瞪大眼睛，快速反复地检查判断者的反应是否真的那么不靠谱，面对同伴的愚蠢而紧张地傻笑或表现出不安。然而，当其他组员都跟着说出同样的错误答案时，他感到更加难以置信和紧张不安。最后，轮到真正的被试作答了，他要决定是遵从大多数人的判断，还是保持独立。

在实验结束前，在总共 10 ～ 18 个试次中，有 5 ～ 12 个这样的"关键"从众试次，试次数量视具体情况而定。每一个关键试次中，被试都面临着同样的困境——要么从众，否定自己的判断，要么在意见一致且看似自信的多数人中保持独立。值得注意的是，阿希最初预期，面对多数人的一致意见，绝大多数被试能够保持独立，从而表现出他们坚持自己的判断的勇气（至少会相信自己的感觉）。然而，结果表明这种预期是错误的。尽管这个知觉判断任务在本质上是简单而具体的，但被试通常体会到明显的冲突感和不适，并且常常在判断中从众。事实上，50%～80%的被试（实际比例因研究而异）至少出现了一次从众，即服从错误的多数派的意见，总的来说，在超过1/3的关键试次中都出现了从众。

在后续研究中，阿希很快发现了两个重要事实。首先，在他的范式中意见一致的多数派规模不需要很大。实际上，阿希发现当实验者同谋的人数从8个减少到3个或4个时，从众率并没有明显下降（值得注意的是，根据谢里夫早期的研究，由一个被试和两个实验者同谋组成的小组相对而言很少出现从众现象；当小组中只有一个实验者同谋时，他几乎没有任何社会影响）。其次，错误的多数派必须全体一致。当被试发现有一个保持独立的盟友后，从众的比例和频率都会急剧下降——即使在该被试和盟友两个人，面对着七八个与他们意见相左的判断者时也是如此。

对于该结果，阿希一开始很惊讶，但他从未想过得出这样的结论：对物质现实的基本知觉可以由社会影响决定。为了捍卫自己原来的观点，阿希指出，大约1/3的被试自始至终没有出现过从众行为，还有1/3的被试反对多数派的次数多于让步的次数。更重要的是，阿希坚持认为，社会影响下被试出现的从众行为，不是因为其对物质世界的知觉真的发生了改变（实验后的访谈支持了这一点）。被试不顾自己的个人知觉而选择从众，可能是出于两个原因，一是认为自己的知觉是错误的，而多数派的知觉是正确的；二是不愿意独自一人表达反对意见，即使他们非常确定多数派是错的。

阿希的解释令人信服，他后续的研究也很具启发性，他发现的基本实证结果（如此多的人宁愿否认自己确凿的感觉，也不愿独自对抗群体）引起了与他同时代人的关注，直至今天仍挑战着人们的想象力。20世纪50年代，社会心理学家很快就把阿希的发现与现实世界联系起来。在政治和社会方面，那个时代似乎有着前所未有的主流观念——麦卡锡主义（McCarthyism）和效忠宣誓，同质的中产阶级城郊，以及几乎一致的企业文化。当时很少有人能预料到，冲突和社会对抗将始于 20 世纪 60 年代初的民权运动（Civil Rights Movement），并在抗议美国越南战争的活动中达到高潮。20 世纪 50 年代的社会评论家抱怨，持不同政见者相对较少，且往往会付出高昂的代价。社会评论家哀叹着现在的美国人，已经失去了早期美国特有的独立精神，也放弃了个人主义中的顽强精神；痛斥着那些在公司和城郊家里都乏味无趣的"穿着灰色法兰绒西装的男人"，他们每晚回到家中，面对的也是个个干净整洁、思想正确和崇尚消费主义的一家人。对这些评论家来说，阿希实验似乎警示了同伴压力的危险性。

在社会心理学领域，特别是旨在探索群体动力学和社会影响原理的勒温学派（Lewinians）中，阿希实验被用来论证"从众压力"的影响。在阿希实验中，被试的任务是容易且客观的，并且群体相对缺乏奖惩的权力，这些因素应该有助于减少从众压力，但从众还是实实在在地出现了。相比实验室情境，当人们在日常生活的群体中讨论模棱两可的观点时，他们理应尊重彼此的判断、害怕受到责难，这时难道不会出现更明显的从众吗？

与以往挑战人们直觉和成见的经典实验一样，阿希实验也受到了外推性和意义性的质疑。阿希的结果是否只能在社会心理学的实验室中出现，与真实世界中社会影响的作用方式无关？即使这些结果不是实验室的人为产物，⊖它们在解释、预测和控制人类行为方面，能给我们带来什么启示？

很久以前，阿希的研究发现就被证实不是实验室人为操控的结果。这多亏了斯坦利·米尔格拉姆（Stanley Milgram，后文也将详细介绍他的经典研究），他认为阿希所证明的实验效应普遍存在，并不局限于大学生被试，也不受他们是否意识到自己正在参加心理学实验的影响。米尔格拉姆

⊖ 这半句指"且不谈外推性"。——译者注

（1961）研究了成年人的反应，被试以为自己是来测试一种喷气客机的新信号系统。在这种情况下，研究者要求被试判断比较音调相较于标准音调的高低。在一些关键试次中，前面的判断者（实验者的同谋）都选择了明显高或低于标准的音调，这时的被试是做出与他人一致的判断，还是保持独立呢？与阿希的结果一样，该实验也发现，人们选择与错误的多数派保持一致。因此，这一结果可以有效地证明阿希结果的外推性，即使在选择错误可能造成某些后果的真实情境中，仍然存在从众，这有效地回应了质疑者。

至于阿希结果更广泛的理论意义就相对复杂一些。我们确信，许多其他类型的刺激，包括数学问题、常识题目、社会和政治判断，也会产生从众效应（Crutchfield, 1995）。事实上，相关的后续研究较少使用简单的客观刺激，而是越来越多地采用了对事件的主观解释和观点。因为对主观刺激的判断似乎与日常的从众更接近，并且更容易进行研究，更可能产生从众行为；在某种程度上，似乎对被试能力的贬损也更少。这些研究一次又一次地证明，只要组成了群体，即使该群体没有权力去持续奖励从众或惩罚异议，也能施加强大的从众压力。

另外，即使证明了人们能相对容易地产生大规模的从众行为，我们也不应该依据阿希现象而得出这样的结论：人是盲从的，本性倾向于融入大多数人所在的群体，而不是突显出自己的与众不同。尽管阿希的同代人或多或少地持有这种观点，但这一结论正反映了本书一直批评的基本归因错误。为了反驳"人是盲从的"这一解释，我们需要提醒读者，就像阿希所言，他实验中的大多数被试在大多数时候都没有从众。另外也请注意，在阿希的实验情境下，当多数派（甚至是人数众多的多数派）的观点不完全一致时，从众行为会急剧减少。这两点都表明，人们往往很愿意表达少数派的观点。在最坏的情况下，当他们没有志同道合的人时，表达异议较为困难。但我们无须用实验室结果来证明人们在面对从众压力时能够而且确实会表达不同的意见。我们可以举出自己或其他我们熟悉的人愿意表达不同意见的例子——实际上，在这种情况下，持不同意见的潜在成本（至少在第一次考虑时）似乎要比阿希实验所预计的异议者潜在成本高得多。

罗斯、比尔布劳尔和霍夫曼（Ross, Bierbrauer, & Hoffman, 1976）研究了人们何时以及为什么愿意提出异议，他们根据被试的因果性归因分析了阿希实验的情境。罗斯及其同事认为，本质上那些必须在从众和提出异议之间做出选择的人几乎总能找到理由支持自己与众不同的观点。他们能指出人们在目标、动机、可用信息或事前假设等方面的差异，这些差异既能使理性的人们产生异议，又能用于解释异议的合理性。相比之下，阿希实验的独特之处在于，潜在的反对者无法解释同伴们一致但明显错误的判断。对被试来说，正确的判断如此明显，只有傻瓜或疯子才会选错，并且他们有充分的理由认为正确答案对同伴来说也显而易见。因此，提出异议将让被试面临显得无能甚至发疯的风险。最好的情况是，被试的异议对多数派同伴来说也是难以理解的，就像多数派同伴的判断之于被试一样。实际上，被试的异议构成了对同伴集体能力的挑战——当个体理解世界的能力突然受到质疑时，他尤其不愿意进行这种挑战。

为了检验这种归因分析，罗斯和同事重新设计了一个阿希实验的情境，在这个情境中，让被试简单判断两个单音的相对长度。研究表明，当错误的后果不同时，被试在关键试次中提出异议的意愿也不同。研究者告知被试在关键试次中，明显错误的判断如果碰巧是正确的，将带来丰厚的回报；明显正确的判断，只会带来非常少的回报。在这种情境下，从众率大大降低。罗斯和同事认为，关键试次中的回报呈现的非对称分布，让被试能够合理解释这种明显的判断不一致。被试可能会认为"他们的判断受到了丰厚回报的影响产生了错误，而我的判断没有"，甚至是"他们显然认为值得孤注一掷，而我不这么认为"。换句话说，引入回报的非对称分布消除了阿希实验情境中最独特和有影响力的特征，即被试完全无法解释自己与实验者同谋在知觉上的明显差异。

即使对阿希实验熟悉已久的心理学家们来说，思考这一研究的意义和影响从众的因素也仍然新鲜有趣。不论心理学家如何解释各种结果，所有人都同意，阿希实验惊人地揭示了情境的巨大影响力，在某些情境中我们可能做出大部分人确信自己永远不会做的行为——即使我们私下持有的观点完全不同，在公开场合也会同意多数人的观点而表现出从众行为。

本宁顿研究

另一系列经典的社会影响研究走出了实验室，不再采用细致微妙的特定实验范式，而是回到了人们熟悉的政治说服（political persuasion）问题。众所周知，改变一个人的政治观念非常困难。当然，媒体的竞选宣传有时确实会取得一定的成效，但很少真正改变选民的基本政治观点。媒体的竞选宣传可以有效地展示候选人的个人活力、领导力或同情心；或采取卑鄙的手段诋毁对手的声誉。但事实上，竞选宣传很少引起真正的政治转变。即使是最精巧的呼吁言辞也很难说服保守派民众给自由派候选者投票，反之亦然，更不用说改变选民的基本意识形态了。实际上，大多数成功的政治竞选活动都不会试图改变选民的观点，而是试图赢得"未定"的选票，尽力找出其支持者，并确保他们在选举日为其投票。

在此背景下，基于许多投票习惯稳定性的实证研究结果（例如，Berelson, Lazarsfeld, & McPhee, 1954; Hyman & Sheatsley, 1947），以及大众媒体宣传未能改变社会和政治态度的情况（例如，McGuire, 1986; Roberts & Maccoby, 1985），我们将介绍在 20 世纪 30 年代末的一项著名研究，即西奥多·纽科姆（Theodore Newcomb）的本宁顿研究（Bennington Study, Newcomb,

1943）。这项研究的基本发现可概括为：1935 年至 1939 年，有一批主要出身中上阶层家庭的年轻女性进入本宁顿学院学习，与父母一样，她们的政治观点和投票偏好普遍倾向于保守的共和党。但在本宁顿生活了几年后，学生们的政治观点和偏好已经远远不同于父母和其他位于同一社会阶层的大多数美国人，她们变得更加"左派"。

1936 年美国总统大选的校园民意测验结果有力地验证了这些变化。那一年，罗斯福（Roosevelt）的连任竞选面临着两方面的挑战：一是共和党人批判他的自由主义新政；二是社会党和共产党的候选人成功地说服了已厌倦大萧条的美国人，使其认为有必要对社会进行更彻底的改革。在本宁顿学院一年级学生中（在选举时刚刚入学），超过 60% 的人支持共和党候选人兰登（Landon），支持现任民主党总统（罗斯福）的人不到 30%，还有不到 10% 的人支持社会党（托马斯（Thomas））或共产党（布劳德（Browder））。这些投票百分比（包括两位激进的候选人获得了非同一般的支持率）反映了学生的富裕父母和同一社会阶层者的偏好。在大二学生中（在本宁顿生活了一年多），政治观念的左倾已经明显出现：学生对兰登和罗斯福的支持率大致相等（43%），两位激进候选人平分剩下 14% 的支持率。在大三和大四学生中，这种转变更为明显：只有 15% 的人支持兰登（该候选人得到大部分学生父母的支持），约 54% 的人支持罗斯福，超过 30% 的人选择了两个激进派之一。

这些投票率的变化以及四年里纽科姆收集到的其他指标表明，社会环境可能会让许多人的基本社会和政治态度产生巨大变化——这些变化很少由演讲、报纸文章或者辩论产生。此外，值得注意的是，这些变化是在反对家庭观念和价值观的情况下发生的。最值得注意的是，在离开本宁顿后的很长一段时间里，政治观念转变者仍然表现出自由主义倾向。20 多年后，在 1960 年的大选中，约翰·肯尼迪（John Kennedy）几乎没有得到东北地区富裕的新教大学毕业生的支持（根据纽科姆的统计，30% 的支持率已经算高了），而大约有 60% 的本宁顿毕业生（1935～1939 年毕业）把票投给了肯尼迪。当这些人被问到目前的政治观点时，超过 65% 的人表示，在大多数问题上他们是"自由派"或"中间偏左派"，而只有 16% 的人认为自己是"保守派"（其余的人认为自己是"中间派"）。简而言之，政治阵营持续反映出本宁顿带来的影响（Newcomb, Koenig, Flacks, & Warwick, 1967）。

基于这些结果，纽科姆仔细观察了本宁顿的环境，检验了一些与社会影响有关的特定假设。我们了解到，20 世纪 30 年代的本宁顿是一个充满活力、紧密团结的社区，几乎自给自足、与周围社区隔绝。那里的教授普遍年轻、有活力、政治上自由，他们决定提高在课堂内外遇到的、经济条件较好的年轻女性的社会意识和参与度。这种群体精神的力量是强大的，而且有明确的证据表明本宁顿存在群体的一致性压力，尤其是存在本宁顿自由主义和激进主义规范的压力。纽科姆的研究表明，相比保守派学生，政治上积极的自由派学生更有可能交到朋友、得到认可以及成为领导者。自由派显然形成了一个内群体（ingroup），导致学生群体发生了变化，在某些方面甚至形成了一场成熟的社会运动。对于许多乃至大多数即将入学的学生来说，本宁顿的同学成为主要的参照群体，他们急切地寻求该群体的接纳和认可，内化该群体的价值观。但仍有少数人没有发生变化；他们保持冷漠，基本上没有改变态度，也许（正如纽科姆所说）是因为他们仍然和家人保持着密切的联结，并且避免了可能的冲突和反对。

纽科姆的分析着重强调了学生政治转变的社会适应功能，即新接受的自由主义或激进主义与渴望社会认同之间的关系。正如阿希（1952）和其他研究者后来所注意到的，纽科姆的研究忽视了认知层面，因为本宁顿的学生显然在思考和讨论全球发生的重大事件，当时美国正处于大萧条时期，纳粹正积蓄力量，准备在欧洲发动战争。我们目前尚不清楚，是否任意一种政治正统观念，都能被群体和意见领袖成功地灌输给学生。但至少我们可以清楚地看到，本宁顿的社会环境，包括群体凝聚力、与竞争相对隔离的社会环境，当然还有社会接纳和排斥所带来的从众压力，这些都是学生左倾运动的必要特征。同样的全球性事件以及社会正义和经济改革的争论，对身处不同社会环境、面临不同社会压力的同辈群体的影响则相对较小。

区分本宁顿研究以及其他相似事件中各种因素，即探索群体压力的本质、与社会隔绝的关联性，以及群体凝聚力的来源和重要性，已经成为20世纪50年代心理学家的主要任务。在现场研究（最有名的是 Festinger et al., 1950; 以及 Siegal & Siegal, 1957）和后来的无数实验研究中（例如，Back, 1951; Schachter, 1951），心理学家采用了更复杂、严谨的新标准成功地区分并研究了许多发生在群体环境中的复杂社会过程。与此同时，穆扎费尔·谢里夫正忙于一系列现场研究，这些研究所承袭的知识传统非常不同，接下来我们将讨论这些研究。

谢里夫的群际竞争和冲突研究

谢里夫的社会影响研究源自 19 世纪一位重要的情境主义者——卡尔·马克思（Karl Marx）的思想，在社会科学中，他对心理学的影响远不如对政治学、经济学和社会学的影响。马克思在一个多世纪以前（Marx, 1859/1904）提出：不是人的意识决定其社会存在，而是人的社会存在决定其意识。基于这一马克思主义原则，谢里夫转而重新探索个人知觉和判断的社会基础，这是早在前面提及的似动效应研究中就已经开启的研究工作。这次，他进行了一系列经典的群际冲突现场实验。

谢里夫的三个实验都试图证实（Sherif & Sherif, 1953; Sherif, White, & Harvey, 1955; Sherif et al., 1961），群际敌对和消极认知并不是由于不同社

会群体的存在而必然产生的后果。谢里夫及其同事坚持认为，敌对情绪和行动实际上源于对稀缺资源的群际竞争，以及其他真实的或感知到的利益冲突。此外，当群际关系由竞争转向合作，并且一个群体就不再试图妨碍另一个群体实现目标，而是开始帮助后者达成目标，这时群际关系便可能不再消极。

为了检验这一情境主义观点，谢里夫和同事花费数年时间开办一个夏令营，在这个夏令营里，他们可以操纵群体之间的关系，然后测量由此产生的群际情绪和行为的变化。他们最著名的三个实验都有相似的基本特征。夏令营的营员都是12岁左右的中产阶级白人男孩，在为期三周的夏令营开始前彼此并不熟悉，这些男孩被分配到两个不同的小木屋中。在研究的初始阶段，两组几乎没有互动。每个小组都开展了手工艺和体育活动（并发展了各种内部社会结构，形成了团体符号、仪式、行话和其他行为规范），这些活动是任何一个美国中产阶级夏令营的标配。在第二阶段，夏令营组织了一系列的组间比赛（棒球、橄榄球、寻宝和拔河），并为获胜小组颁发奖杯与个人奖品（例如，一把新的铅笔刀），而失败小组只有失望和沮丧。

比赛结束后，研究者记录下比赛对营员态度和行为的影响，然后进入实验的第三阶段。这时两组不再是竞争关系，不用互相争夺奖励，在各种活动中，他们不仅需要共同完成一个"高等级"目标，而且要完成该目标必须进行小组间的合作。最具戏剧性的是，两组人在一起外出游玩时，碰上夏令营的卡车出了故障。此时，只有重新启动卡车，他们才能回到营地吃午饭。最后，营员们将一根绳子系到车前的保险杠上，齐心协力拉动绳子，达成了目标。（无独有偶，这根绳子正是此前拔河比赛所用的那根！）

这项短期纵向现场研究的结果清晰且令人信服。尽管把营员分到不同的小组会形成内群体的友谊网，甚至倾向于对自己的小组评价更高，但这并不会产生负面的群际关系。只有群体竞争稀缺资源时，才会出现群际贬损和敌意。通过非正式的观察和一些设计巧妙的游戏形式小实验，研究者发现，随着竞争的开始和加剧，和平共处的规范消失了。两组人抓住一切机会相互辱骂，贬低对方的能力，甚至公开表现出攻击性。当比赛结束时，两组人都坚称他们不想再和对方有任何瓜葛。与此同时，内群体的团结性增强了，组员也更加重视身体的强壮。简言之，群际竞争是引发群际敌意的充分条件。谢里夫总结道，尽管群体之间的文化和明显的体貌差异可能会促使敌意产生，但这种差异并不是敌意产生的必要条件。

谢里夫认为同样重要的是，该实验证明设立"高等级"目标，并为实现该目标进行合作，能够减少群际冲突。非正式的观察和小实验再次表明，昔日的竞争对手甚至敌人之间出现了情感的变化，并发展出了友谊。谢里夫特别指出，这些收获既不是立即取得的，也不是必然会出现的，因为最初的合作尝试并没有打破"我们"和"他们"的群体定向。另外，仅仅进行宣传活动（即使是道德价值观的宣传）通常无法减少敌意。星期天宗教仪式即使暂时中断了竞争，并且特别强烈地呼吁兄弟互爱、宽宥敌人与合作，也没有产生效果。营员们带着肃穆的心情离开仪式，然后几分钟内，他们又回到原来的状态，全神贯注地攻击或侵扰讨厌的外群体。只有群体之间相互依存关系的类型发生转变，才能改变群际态度和行为。

20 世纪 50 年代的社会科学家很自然地将谢里夫的研究与当代的宗教、种族问题，尤其是种族偏见联系起来。他的研究结果为在住房、就业和教育领域废除种族隔离提供了支持，与此同时，也对"单纯接触"（mere contact）的价值发出了警告，"单纯接触"是指没有任何共同目标的合作追求（或许还必须是成功的）时所进行的接触（Cook, 1957, 1979, 1985; Deutsch & Collins, 1951; Gerard & Miller, 1975; Pettigrew, 1971, 1986）。

值得注意的是，在过去 20 年里，谢里夫的理论至少在一个方面受到了相当有趣的质疑。亨利·泰弗尔（Henry Tajfel）和同事试图证明，即使群体成员之间没有密切的联系，只是将人们"单纯地分类"为不同的名义群体（nominal group），也会引起人们对内群体成员的偏爱和对外群体成员的歧视（Tajfel, 1970, 1981; Tajfel, Billig, Bundy, & Flament, 1971）。例如，在一项研究中，根据孩子们喜欢克利⊖（Klee）还是康定斯基⊜（Kandinsky）的画作，研究者将其分到两个"最小群体"之一，孩子们的任务是把钱分配给内、外群体的成员，他们并不知道这些成员的具体身份。研究结果主要表明，被试给内群体成员的钱要显著高于（尽管幅度很小）外群体成员。在几个不同国家的研究中，这一结论都得到了重复，证明了该结论的稳健性。换句话说，即使最随意和看似无关紧要的群体分类，也可以产生歧视行为。有一些评论家质疑泰弗尔等人的研究不够自然（由于使用了纸笔式的金钱分配方法），并对研究结果与现实的相关性以及研究结果解读的恰当性展开了激烈的争论（见综述 R. Brown, 1986, pp.543-551）。但这些研究确实表明了社会知觉一个相当基本的方面：人们倾向于用"我们"和"他们"这两种角度看待世界，并总是假设"我们"在某种程度上更好、应得到更多。泰弗尔等人还提出假设，即社会生活的主观方面（而不仅是物质和客观方面）在社会关系中发挥重要作用。我们将在第 6 章继续关注这一问题，讨论客观情境和文化的主观方面对社会行为的影响。

旁观者干预的抑制

勒温建立的情境主义传统中，一些最优秀、最有趣的研究最初往往来自对现实世界事件的仔细分析，而不是来自一般性理论。20 多年前，约翰·达利（John Darley）和比布·拉塔内（Bibb Latané）进行的经典旁观

⊖ 保罗·克利，20 世纪画家。——译者注
⊜ 瓦西里·康定斯基，抽象艺术先驱之一。——译者注

者干预研究，也许是这一传统中最负盛名的例子。

20 世纪 60 年代发生的许多事件让人们觉得美国的社会结构正在崩塌。引起达利和拉塔内注意的是一连串针对女性的袭击事件，这期间没有任何人帮助受害者，其中的一起事件尤其受到全美国的极大关注。该事件发生在纽约皇后区一个名为秋园（Kew Gardens）的中产阶级地区，姬蒂·吉诺维斯（Kitty Genovese）女士遭到袭击，这场袭击持续了 30 分钟，袭击者用刀反复刺伤吉诺维斯，尽管她当时不断地大声呼救，并且至少有 38 人听到了她的呼救或看到了这一暴力事件（警方事后证实），但没有任何人伸出援手加以干预，甚至没有人报警！

新闻媒体从来不觉得人类行为难以解释，对于此事媒体的报道一致认为，邻居们没有进行干预是因为大都市居民之间的关系越来越疏离和淡漠。受过情境主义和主观主义传统训练的达利和拉塔内则有着不一样的见解。他们猜测，在这起事件以及许多其他类似事件中，旁观者未能帮助事故、疾病或犯罪的受害者（甚至在毫无危险或其他成本的情况下也是如此），可能不是因为冷漠，而是受到了一些重要的社会情境因素的抑制，尤其是现场还有其他人可以作为潜在帮助者，以及其他人显然没有干预的事实。

达利和拉塔内认为，群体情境通过两种方式抑制旁观者的干预。首先，显而易见的是，他人的存在淡化或分散了每个个体所感受到的责任（"如果别人都不插手，我为什么要插手？我愿意尽我的一份力，但我不想承担所有责任"）。第二种方式没那么显而易见，是解释或社会定义（social definition）问题（我们将在下一章进行总体性介绍）。这一点是说，当情境不明确或应对这一情境的合理方式不明确时，其他人的不作为支持了个体偏向不干预的情境解释（"这一定是家庭纠纷"或"她看起来伤得并不重，也没有那么危险"；或认为"在这种情况下，我认为进行干预不太合适，甚至会有危险，谨慎老练的人一般会回避"）。从某种意义上讲，一个恶性循环由此开始了。他人在场抑制了快速及时的干预，而最初无人干预的情况又支持了人们对该情境的消极解释——干预没必要、不明智或不合适，进而使人们进行干预的意愿更低、行动更迟，循环往复。相反，如果只有一个旁观者，没有其他人分担责任或作为定义情境的参照，这种恶性循环就绝不会开始。

达利和拉塔内开展了一系列研究，试图证实该假设最极端的情况，即相比有很多旁观者，当只有一个旁观者时，受害者得到帮助的可能性更大。在他们的一项研究中（Latané & Darley, 1968），被试是哥伦比亚大学的男性本科生，被分为三组。一组被试单独填写问卷（单独组），一组被试与其他两名真被试一起填问卷（真三人组），一组被试与两名实验者同谋一起填问卷（假三人组）。这两名同谋要做的是，在预先安排的"突发事件"$^\ominus$发生时，保持不动声色并且继续填问卷。实验者设计的"突发事件"为：墙上的通风口涌入大量不明的"烟雾"，最终充满整个房间。单独组中，有75%的人离开房间向主试报告出现了烟雾；假三人组（其他两人即实验同谋表现得若无其事）中，只有10%的人这样做；真三人组中，只有38%的人采取了行动。

在哥伦比亚大学开展的另一项研究中（Latané & Rodin, 1969），被试分为三组。在单独组中，被试独自填写问卷；在二人组中，被试与一名实验者同谋一起填问卷；在三人组中，被试与另外两名真被试一起填问卷。然后，研究者让被试听到隔壁实验室中，一位女性实验者重重摔倒所发出的声音。结果跟上次差不多，大部分单独的旁观者（70%）进行了干预并提供了帮助；二人组中，在实验者同谋身边的被试只有7%提供了帮助；此外，三人组的结果表明，相比单独一人（70%的人提供帮助），在还有另两个旁观者的情况下（40%的人提供帮助），受伤者得到的帮助也会更少。

$\ominus$ 本研究中的被试相对于"突发事件"都是旁观者。——译者注

最后，研究者在纽约大学也开展了一项相似的研究（Darley & Latané, 1968），这次让被试通过对讲机与其他被试（实际上都是录音）交流，这时他们听到一个同伴（假装）突发癫痫。单独组中（两人交流组）有 85% 的被试干预了此事；如果被试认为还有一个人听到这件事（三人交流组），只有 62% 的人干预此事；当他们认为还有四个人听到时（六人交流组），这一比例会降低到 31%。此外，当被试认为自己是唯一一个可能提供帮助的人时，他们提供帮助的速度更快（之前讨论的研究中也发现了这一点）。事实上，在事件发生（假装癫痫发作）的一分钟内，单独组被试中有 50% 的人赶来帮助发病者，但六人组（认为自己只是能够提供帮助的五个人中的一个）被试中，没有一个人及时提供帮助。

到了 1980 年，该领域已经进行了 40 多项后续研究——一些研究在实验室中模拟紧急状况，还有一些研究在街道、商店、电梯和地铁车厢等地，现场模拟事故、生病或者被窃事件。在大约 90% 的实验对比中，单独的旁观者比一群旁观者更有可能提供帮助（Latané & Nida, 1981）。正如 20 世纪 60 年代末达利和拉塔内在开创性研究中发现的那样，总的来看，相比有一群旁观者，只有一个旁观者时受害者获得帮助的总体可能性更大。

此外在实验后，研究者通过访谈被试证实了一种直觉，即如果潜在的干预情境具有模糊性，单独和成群的旁观者会产生不同的解释。比如说，通风口处冒出的烟雾，既有可能被解释为空调制冷剂泄漏，也有可能被理解为化学实验室的有害气体泄漏。受伤者的哭泣和呻吟也可能被归因为轻度扭伤而发出的抱怨与咒骂。因此，进行干预极有可能变成"闯入"，引起所有人的尴尬。有趣的是，群体情境可能在一开始就阻碍被试注意到突发事件。在"烟雾实验"中，单独的学生在填问卷时会频繁环视房间，通常在 5 秒内就能发现烟雾；当有一群人时，他们通常会更专注地填问卷，直到烟雾特别浓时才注意到，而此时距离第一股烟从通风口涌出来大约过了 20 秒。

达利和拉塔内的研究启示并不难理解，但在大城市喧嚣的生活中，我们有时会忘记这一点。电影《午夜牛郎》中有这样一个场景，一个天真的年轻人从牧场来到纽约曼哈顿的街道上。走下公共汽车，穿过熙熙攘攘的人群，他看到一个男人躺在人行道上。一开始，他弯腰想看看这个人怎么了，随后他看了看周围的行人。行人们像绕过乡间小路上的一根木头一样，绕过了这个躺在地上的人。年轻人感到很惊讶，慢慢地，惊讶变成错愕，然后他耸了耸肩，也像其他人一样走开了。

看到这样的场景，人们会想起自身在大城市中所体验到的冷漠。但扪心自问，当看到流浪猫、被困井下的矿工、受虐待和忽视的儿童，或是身患癌症的年轻运动员所遭受的困境时，纽约、波士顿或费城的人是否比苏福尔斯（Sioux Falls）、爱荷华的同胞们更加铁石心肠？我们都知道答案是否定的。一个人的冷漠与否是跟地区无关的。要想理解为什么城里人会绕过躺在地上的可怜人，或听到邻居家里的尖叫而不去追究或报警，我们需要从这些事件的具体社会情境中找寻原因，这其中当然也包括事件发生（干预机会出现）时，人们明确或含蓄表达的行为规范。

为什么社会影响的作用如此强大

为什么人们这么容易受他人态度和行为的影响？甚至是那些他们不认识也无法控制他们生活的人。这一问题正是社会科学中一些最有趣的理论要回答的。要理解这一问题，需要区分社会影响的信息（information）和规范（norm）两个方面（Deutsch & Gerard, 1955）。

社会影响的信息基础

他人是我们认识世界的最佳信息来源之一。如果我面前的一个动物看起来像猫，那么（几乎可以肯定）它就是猫。但是如果要判断比这更为模棱两可的问题，例如，我将要做的任务有多难，或我是否有能力完成这一任务，这时他人的观点对于得出正确的结论通常就很有价值了。如果我的观点与你不同，那么我应该只从统计学的角度来考虑你的观点。从长远来看，任何两个人观点的平均值都比其中任何一个人的观点更有可能是正确的。关注他人观点的基础率[○]（base rate）是理智的，而不这么做的人往往被视为过于固执己见或鲁莽。许多具有重大社会影响的实验（包括阿希实验）都利用了这一基本事实。我们习惯于听取他人的意见，因为过去的经验告诉我们，这是了解世界的有用方式。与他人意见相左会使我们产生一种不适感，我们需要通过转而同意他人的观点、说服对方相信我方观点或将他人定义成无效的信息源来缓解这种不适。

从众压力有一个有趣的推论：不仅多数人的意见有影响力，少数人的意见也有影响力。即使某些观点的持有者并不强大也不占多数，他们的观点也有可能影响群体意见。事实上，莫斯科维奇及其同事（Moscovici, Lage, & Naffrechoux, 1969; Moscovici & Personnaz, 1980）和内梅特（Nemeth, 1986）最近的研究表明，并非所有的从众都来源于多数人的意见。未被多数人认可的少数派观点也会产生影响力。这样的观点表达出来并被纳入了群体考虑后，即使面临看似压倒性的反对，也可能赢得最终的胜利——尤其当人们以一种始终如一、信心十足的方式表达出这样的观点时。

社会影响的规范基础

我们关注他人观点的第二个原因是，群体目标的实现取决于对情境理解的一致性（Festinger, Schachter, & Back, 1950）。如果人们对任务是什么、如何完成任务有着不同的看法，甚至对事件的意义有不同的理解，那么人们很难甚至不可能进行合作并开展高效的行动。主要出于这一原因，

○ 基础率是指未经选择的总体中某类现象的出现率。——译者注

多数人的意见带有规范或道德的力量：想要和睦相处，就要随波逐流；要么团结一致，要么四散失败。群体会惩罚那些持不同观点的人，部分原因在于他们阻碍了群体的行动。人们知道提出不同意见会引起同伴的愤怒，所以在提出异议时会非常犹豫。因此，最好的选择是为了和谐而让步，不再提出异议；如果真的提出异议，也必须经过冷静思考。

社会影响和紧张系统

正如我们在引言中提到的，社会影响的主要理论，尤其是费斯廷格（1954）和同行们的理论（参见 Cartwright & Zander, 1953），受到了库尔特·勒温提出的紧张系统概念的极大影响，在群体层面和个体心理层面上都是如此。

该理论认为，群体处于一种持续的紧张状态，一方面是群体一致性的要求，另一方面是个体成员偏离群体标准的力量。每个人都会有关于重要话题的不同信息来源，并用不同方式解释收到的信息。这将产生观点的偏差，这些偏差面临着群体一致性的压力。群体压力类似一种熵的静止状态，力图保持观点完全一致。然而，事件和个体的人格特征会持续不断地扰乱这种状态，从中制造分歧。当分歧足够大时，一致性压力可能会使群体分裂。在重要问题上，群体只能容忍一定程度的偏差，当偏差超过某种程度后，群体会产生社会排斥，甚至会正式驱逐那些有偏差的成员或子群体（Schachter, 1951）。

当与群体标准冲突时，个体也可能成为一个紧张系统。当个体发现群体规范与自己的观点存在差异时就会产生一种紧张感，必须通过以下三种方式之一进行缓解：影响群体使其观点与自己一致；开放心胸，接纳群体的观点；拒绝承认群体的规范性作用。如果事实证明，个体不能改变群体的观点，群体观点也无法说服个体，同时个体又不愿意拒绝群体，这就产生了一种非常强的紧张感。20世纪50年代的很多理论学家都认识到了这种紧张感，包括海德（Heider）、纽科姆和费斯廷格。费斯廷格将这种紧张感称为认知失调，并将这一概念扩展到包括各种情况下产生的紧张，其中不同的来源将产生不同的态度。在社会影响方面，失调存在于个人观点与群体观点（以及从众要求）之间的不一致。要解决这种不一致，简单的妥协是行不通的，而需要个体全盘接受群体的观点并且压制个人的疑虑。欧文·贾尼斯（Irving Janis, 1982）对群体思维（groupthink）所导致的灾难性军事和政治决策的著名分析中，揭示了这种失调减少的后果，即忠诚的群体成员会压制自己对行动计划的怀疑，从而形成一种达成共识的错觉。反过来，这种错觉又会使该行动计划的信任者和怀疑者都不再去探究其中的缺陷，也不考虑替代方案。

当我们在下一节中谈到渠道因素概念时，请牢记紧张系统这一概念。渠道因素非常重要，它释放或调整了紧张系统中能量的方向，使该紧张系统中一个或多个动机状态达到了微妙的平衡。个体到底选择哪一种行为路径或态度状态，有时恰恰受到非常微小的情境变化的控制。

渠道因素

到目前为止，我们关注的都是情境主义的一个方面，即各种不同的环境引发令人惊讶的行为的力量。前文的讨论也暗示了情境主义的另一个方面，即较小的情境变化有时也会引起较大的行为改变。当一个很小的情境对行为产生了很大影响时，就说明这是一个渠道因素，即一个能激起或维持某种较强或较稳定的行为意向的刺激或反应路径（response pathway）。现在，我们回顾三个经典的研究，来说明渠道因素如何促进或抑制一般性态度（或模糊意向）与相应的社会行为的联系。我们后面将会看到，每个研究中的重点并非仅仅是效应存在，即操纵情境变量会使因变量发生显著变化，而是该效应非常大而重要——比人们预期的更大，也比个体差异产生的效应大（个体差异是普通大众眼里对行为影响最大的因素），以至于任何社会干预都无法将其忽略。

出售战争债券

第二次世界大战期间，美国政府发起了许多大规模的游说活动，鼓励民众购买战争债券以支付军事行动带来的巨大开支。社会心理学家的任务是帮助提高这些游说活动的效果，主要是提高相关印刷品、广播和电影对公众的吸引力。对此勒温学派的研究者采取了一种新颖的方法，他们认为，社会影响的产生不应只靠说服人们相信某种信念，甚至不只是让人们产生某种行为意向，还能靠提供一个特定的、明确的行为路径或渠道的方式（Cartwright, 1949）。

具体而言，这意味着把相对笼统的呼吁（"购买战争债券"）改为更具体的呼吁（"额外多买 100 美元的债券"），并规定了购买的时间和地点（例如，"当工作场所的募捐者请您登记时就购买"）。由于呼吁方式的改变（卡特赖特（Cartwright）如此认为），债券销售额增加了一倍（从占工薪阶层的25% 增至 50%）。其中最让人印象深刻的是直接向个人提出请求的重要性。尽管几乎所有美国人都听到了呼吁且认同购买债券，并且也知道在哪里购买（例如，在银行或邮局），但在缺乏面对面号召的情况下，只有不到 20%的工薪阶层购买了额外的债券。相比之下，当被人现场要求再次购买债券时，几乎 60% 的人会填上自己的名字。

当代的"说客们"愈加认识到渠道因素的重要性。越来越多的慈善机构和企业会通过直接的电话或登门恳求，迫使你当场说出"是"或"否"，让你没法考虑他们善行的相对优劣。（更重要的或许是，在做出决定前，他们让你无法将注意力转到其他问题上。）逐渐增多的慈善电视节目则是另一个例证。当然，这类慈善电视节目会重点突出疾病或其他问题的信息，以此吸引你的注意，拨动你的心弦，引起你的关心进而捐款。电视节目最具特色和普遍存在的特点是屏幕上的电话号码，此时电视节目主持人注视着你的眼睛并不断恳求"立即拨打该电话，向志愿者做出承诺"。一旦你跨出了第一步，拨打了电话，他们会搞定所有事情。换句话说，他们创造了一个有效的行为渠道，将长期存在但含糊的行为意向甚至一时的心血来潮，转变为一次完美的捐赠行为。

基督教的传教士同样对渠道因素的重要性非常敏感。他们没有采用模糊笼统的呼吁，去改变人们的生活方式或让人们信仰基督教，而是要求人们在某一刻采取一个具体的行动，例如，从座位上站起来，表达自己的决定（此后，志愿者将新成员引入后台，鼓励他们做出更多承诺）。值得一提的是，成功的传教士并不仅仅依靠渠道因素。有些传教士也有效利用了本章前半部分介绍的社会影响技巧。尤其是，他们采用了榜样技术，即让志愿者立即响应传教士的呼吁，从而形成"滚雪球效应"，让其他人把站起来变为一种规范（最终，使一直坐着的人感到不舒服）。

是时候做一个"善良的撒玛利亚人"了

我们已经讨论过达利和拉塔内的研究，即社会环境中一个显然微不足道的特征（他人的存在与否）会显著影响旁观者的干预。引言还讨论了一项后续研究（Darley & Batson, 1973）：社会情境的另一个看似不那么重要的特征，可能对旁观者产生几乎同样大的影响。他们的实验灵感来自"善良的撒玛利亚人"（Good Samaritans）寓言，该寓言讲的是一个受伤的旅人躺在路边，属于重要人物（而且可能很忙）的祭司和利未人路过但不闻不问，只有地位较低（而且可能不那么忙）的撒玛利亚人提供了必要的帮助。

基于这个寓言及其明确折射出来的情境主义信息，达利和巴特森决定操纵潜在"善良的撒玛利亚人"的"匆忙"与"非匆忙"状态。该研究特意选择了普林斯顿神学院的学生作为被试。

在实验的初始阶段，研究者告诉年轻的神学院学生，让他们准备到附近一栋建筑里录制一段简短的即席演讲（其中一半被试演讲的主题是"善良的撒玛利亚人"寓言）。之后将被试分为两组，其中一组被试被告知"您迟到了；几分钟前他们就在等您了，所以您最好快点"，另一组被试被告知"还要几分钟他们才会准备好，但是您最好还是现在过去"。在途中，"迟到"和"还早"两组被试都遇到了一个男子，他倒在门口，低着头，一边咳嗽一边呻吟。不出所料，"迟到"组的神学院学生几乎不会向男子提供帮助，实际上，只有 10% 的人伸出援手。相比之下，由于有足够的时间，"还早"组被试有 63% 的人提供了帮助。

这项研究能否证实，这些神学院的学生对世俗的苦难无动于衷？或是他们更重视地位较高的等候者，而不在乎似乎需要他们帮助的地位低下者？到了现在，读者应该能想到，上述研究几乎没有显示任何神学院学生的人格倾向，而是发现了很多利他主义的情境决定因素。这里再次强调，情境操纵的一些微妙细节可能非常重要，值得引起重视。我们推测，一方面，达利和巴特森的"迟到"操纵，不仅让年轻的神学院学生不愿意停下来助人，而且还让他们对即将到来的演讲感到有点烦躁和紧张——这也许足以阻止他们关心受害者。另一方面，"还早"操纵可能让年轻的神学院学生走得更慢，更仔细地观察周围的环境，甚至可能更期待有机会拖延时间（而不是在陌生人准备录音设备时尴尬地等在一边）。

在第 4 章中，我们将讨论这种情境影响，它往往比大多数人预测的要大得多。另外我们还注意到，许多研究探究了利他行为的其他情境决定因素（相当多的研究关注利他主义者的人格特征）。其中一些研究的结果相当直观。例如，布赖恩和特斯特（Bryan & Test, 1967）指出，是否有利他"榜样"（在相似甚至相同情景下提供帮助的同伴）会相应地增加或减少被试帮助他人（身处困境的司机）的意愿，以及面对基督教救世军（Salvation Army）募集水壶时的慷慨程度。还有些研究得出的结果更令人惊讶，而且往往更为复杂。例如，许多研究表明，无论是"内疚"（Carlsmith & Gross, 1968）还是"快乐"（Isen, Clark, & Schwartz, 1976; Isen, Shalker, Clark, & Karp, 1978），情绪诱导都可以显著地提高被试遵从求助请求或做出其他利他行为的意愿。但我们认为这些研究总体上没有传达出情境主义的要旨，尤其是不如达利和巴特森的简单研究那样，突显出渠道因素的重要性。当我们看着虔诚的神学院学生（毫无疑问，这些学生过去曾帮助过他人，在未来也将继续致力于帮助各种不幸的人）几乎毫不犹豫地从痛苦的受害者身边走过，急着去宣讲"善良的撒玛利亚人"的布道时，我们体会到勒温学派的一个基本要旨：我们行动，只是因为渠道便利。

最小顺从效应

在处理认知和动机问题上，情境主义的社会影响策略与传统的说服式呼吁方法大不相同。显而易见，最有效的策略之一是引导人们从看似无关紧要的小事开始，最终让他们采取更大、更重要的行动。实际上，我们所有人都有相似的亲身经历。一开始，我们同意稍微帮某人一把或承担一些小责任。但是不知何故，一件事牵出了另一件事，在意识到这一点之前，我们发现自己已经深陷其中了，并且不情愿地（有时甚至心甘情愿）投入了比原计划（或比同意时承诺的）更多的时间、金钱或精力。

当人际交往手段高超的人应用上述原则时，会首先使用"登门槛"（foot in the door）策略，即先请求一个小的帮助或承诺（在当时的情况下，几乎不会被拒绝），然后逐渐提出更大的请求，直至达成其真正的目标。乔纳森·弗里德曼（Jonathan Freedman）和斯科特·弗雷泽（Scott Fraser）（1966）在一项经典实验中阐述了这一原则。被试是住在斯坦福大学校园附近的一个中产阶级住宅区的家庭主妇，一个研究者首先登门请求她们做一些无伤大雅的事，例如，请求她们签署请愿书，或在车窗（或家里窗户）上放置一个小标牌（三英寸见方），用以支持一件毫无争议的事（例如，安全驾驶）。不出所料，绝大多数人都同意了这个看似温和的要求。两周后，第二个研究者登门拜访了此前拜访过的家庭主妇，同时也拜访了一组新的家庭主妇作为对照组，这一次研究者提出了一个更加实质性甚至有点无理的要求：在其房屋前直接安装一个字体大且粗糙、明显很丑陋的"小心驾驶"标牌。提出此请求时，他还向她们展示了一张示例照片，在照片中可以看到这个丑陋的标牌直接挡住了房子的正门。

这项研究的结果非常惊人，最初同意在其窗户上放置一个"安全驾驶"小标牌的被试中，有76%的人现在同意在房屋前放一个又大又丑的"小心驾驶"标牌。相比之下，此前没有接受拜访的对照组中，"只有"17%（实际上，按绝对值来说是一个大的比例）的人同意这件事。有趣的是，即使后面的请求与此前被试答应的请求完全不同（比如，最初的标牌或请愿书是"保持加利福尼亚之美"），顺从的比例依然接近50%——几乎是对照组的三倍。

随后的许多研究证实了弗里德曼和弗雷泽的基本发现。例如，帕特里夏·普利纳（Patricia Pliner）及其同事（Pliner, Hart, Kohl, & Saari, 1974）发现，多伦多郊区的居民在一天前同意佩戴一枚宣传即将到来的捐款活动的胸针（这是一个无伤大雅的上门请求，几乎没有人拒绝），向癌症协会捐款的可能性增加了一倍。但是，我们也不要过于夸大研究的结果，因为后来的研究发现，并不是所有的大请求都可以通过"登门槛"技术来实现的。在某些情况下（例如，当初始请求足够大，让人们感觉自己已经"做完了自己应该做的"时），人们答应初始请求后可能更不愿答应后续请求（Cann, Sherman, & Elkes, 1975; Snyder & Cunningham, 1974）。出于同样的原因，在某些情况下，人们拒绝最初的大请求后，可能更容易接受第二个较为温和的请求，例如，当人们拒绝援助一件有意义的事情后，他们会想要尽快证明自己不是铁石心肠或不通情理的人（Cialdini et al., 1975）。就像此前反复提到的，情境的细节（有时哪怕是非常微妙的细节）都非常重要，需要仔细思考（或最好做些预实验）以明确哪种初始请求最有可能促进对后续请求的顺从。但事实上，谨慎地采取初始承诺和其他的渠道操纵，可能最终导致人们做出自己意料之外（无法根据此前的行为和态度进行预测）的行为。

与其试图通过简单的公式使用"登门槛"或其他最小顺从（minimal compliance）的操纵，还不如简要地考虑一下研究者对其有效性的解释。基本上，研究者认为，小的顺从行为会激励被试采纳与该行为相符的态度（Festinger, 1957），或者，这些行为有助于"告知"被试他们所持有的但迄今未经检验的观点的性质和程度（Bem, 1972）。这样被试可能合理化先前的行为，或者将其视为自己真实态度和优先考虑的线索，因而随后愿意采取相应的行动，例如做出进一步的承诺或采取进一步的行动以符合自己的态度。我们承认这些认知性解释至少部分正确，但也必须强调它们实际上解释力很弱，因为这些解释没有意识到本章甚至整本书的核心观点之一：人们不仅容易受到情境因素的影响，而且也容易低估这种影响的强度（Nisbett & Ross, 1980; Ross, 1977）。如果他们意识到自己做出顺从行为是由于情境的压力，而不是出于真实态度的自由选择，那么他们就不必重新调整自己的态度来"维持"一致性了。

总结：斯坦利·米尔格拉姆与平庸之恶

1965 年，道德哲学家汉娜·阿伦特（Hannah Arendt）发表论文指出，第二次世界大战时发生的大屠杀（至少在日常执行中）更多是由于官僚主义的冷漠，而不是对无辜者施虐所带来的愉悦。她观看了阿道夫·艾希曼（Adolf Eichmann）在耶路撒冷的审判后得出了这个结论。艾希曼负责监督将欧洲犹太人运送到死亡集中营的工作。阿伦特在案卷所附的照片中（艾希曼在防弹玻璃笼中，这是以色列安全部门为防止他在受审前被暗杀而采取的措施）看到的是一个苍白秃顶的中年男子。他自己辩护称，他只是服从命令，从不关心运送到中欧集中营的人会面临什么。阿伦特愿意相信艾希曼不是一个虐待狂，而是一个无脑的顺从者，他同样可以负责运输蔬菜，或者更确切地说，许多蔬菜运输者也可能被诱导做出与艾希曼一样可怕的事。

对此，一方面，我们与社会评论家阿尔弗雷德·卡津（Alfred Kazin, 1984）一样持怀疑态度，阿伦特太轻易地接受一个人表面上的辩护了，人们在无法否认自己的身份，也无法否认所做事情的情况下，只能进行这样的辩护。"奉命行事"一直是那些以国家为名作恶者的辩护词。另一方面，我们又赞同阿伦特没有盲从于"令人发指的行为背后，必然有十恶不赦的动机"这一简单普遍的结论，而是提出了反对意见。因为正如我们前文强调的，根据行为毫无道理且跳跃性地推断行动者的人格特质，可能是社会推理中最基本和常见的错误。艾希曼是不是一个恶魔，我们不得而知。但毫无疑问，许多德国人虽然不是恶魔，却也间接导致了纳粹主义受害者的悲惨命运。许多纳粹集中营的看守在可怕的服役前后都过着正常的生活，没犯过什么大错（Steiner, 1980）。因此，为了解释这种共犯行为，我们必须假定存在某种特定的社会和情境背景，会诱使普通人犯下极其邪恶的罪行。

碰巧，大约在阿伦特酝酿平庸之恶观点的同时，斯坦利·米尔格拉姆通过实验论证了该观点。前文有言，米尔格拉姆曾对阿希范式开展了后续研究，结果表明就算人们认为自己正在测试飞机信号系统，也会表现出从众行为，遵循多数人的意见。此后，他继续采用相同的范式，研究从众的文化差异。（事实上，结果支持了种族刻板印象，如"好争论的"法国人比"脑腆的"斯堪的纳维亚人更少表现出从众行为。）这些结果反过来使米尔格拉姆产生了新的想法，即当从众反应涉及一个可能有害的行为时，是否还会表现出类似的文化差异。

出于此目的，米尔格拉姆精心设计了一个情境（现在以他的名字命名），该情境最初是一种"控制"条件（在这种情境下，实验者要求人们做一些可能会伤害他人的事）。该情境没有施加从众压力，但仍具有非常强大的情境影响。事实上，一些试验研究用该情境测试了普通美国人（美国民众素来以独立和反对权威著称），其结果很快让米尔格拉姆改变了关注点，从原先的从众转向了服从（obedience）。

米尔格拉姆的被试来自社会各界，而不是易受影响的大二学生。被试是各行各业的成年男性（至少在他最著名的研究中），他们通过报纸广告看到这项研究的招募信息：邀请被试参加一项耶鲁大学的学习研究。现在，让我们来看米尔格拉姆实验设计的具体细节。

被试来到实验室后会遇到另一个"被试"，一个举止得体的陌生中年男人（实际上是实验者同谋，被试对此并不知情）。实验者称研究目的是探讨惩罚对学习的影响，然后从帽子上抽出纸条，以这种抽签形式确定两个被试中谁是"老师"谁是"学生"（实际上，真被试抽到的都是"老师"，实验者同谋都是"学生"）。老师的任务是教会学生一系列的单词对。然后，老师看着学生被绑在电椅上（实验者解释说，这是为了"防止过度活动"），学生的手腕上贴着一个电极并涂上电极膏（以"防止烧伤"）。

实验者向被试解释，电极连接到电击器上，老师的具体任务是当学生回忆单词出现错误时，（通过按下电击器上的开关）对学生进行电击。然后，老师被带到隔壁房间，离开学生的视线，坐在电击器的前面。电击器上有 30 个杠杆式开关，以 15 伏为单位，从 15 伏标记到 450 伏，旁边贴着电击强度的描述，从"轻微电击"到"危险，严重电击"。最后两个开关被标记为预示着不祥的"XXX"。实验者告诉扮演老师的被试，每次学生回答出错后，电击强度需要提高 15 伏。实验者向被试保证："尽管电击可能非常痛苦，但不会造成永久的组织损伤。"在接下来的整个实验过程中，实验者都陪在被试身边。

在实验过程中，学生需要从四个单词中选择一个，并按下相应的按钮，该按钮将点亮电击器上的四个信号灯之一，能让老师知道学生的答案。学生第一次出错后，老师对其进行了电击——15 伏，下一次出错时再加 15 伏，依此类推。在此过程中，不幸的学生做出的"反馈"让老师进退两难。最初，学生被电击后只进行了口头抗议，但仍然愿意继续实验。随后，当电击水平达到 300 伏时，学生用力捶墙以示抗议，并且这次电击后，老师就再也接收不到学生的答案了。但是，每次受到电击后，学生仍会继续捶墙。再然后，捶墙的声音也停止了。

在整个过程中，实验者不断重申老师的职责。如果扮演老师的被试询问实验者该怎么办，他会说"请继续"。当学生不再回答时，如果被试提出异议，实验者会指出，未回答应视为错误答案。如果被试不愿意继续进行电击或建议应检查学生的状况，实验者只会坚称"实验要求您继续"。如果被试真的坚持反对，实验者会宣布"您别无选择，必须继续下去"。当（且仅当）被试抗议说，他不会对学生可能受到的伤害负责时，实验者会向他保证"这是我的责任"。

该实验的结果，每个上过心理学导论课的学生都知道（事实上，西方大部分受过教育的人都知道，因为米尔格拉姆的研究已经成为社会共有的知识财富；见 Ross, 1988），一般而言，这项残酷的实验没有被打断，而是进行到了最后。大多数人（68%）选择了服从，进行的电击超出了"危险，严重电击"的等级，一直到最终的"450伏，XXX"等级。

该结果出乎所有人的意料，米尔格拉姆本人也没有想到。米尔格拉姆询问了普通大众、社会心理学家和精神病学家，所有人都向他保证，几乎没有人会使用最高强度的电击。随之而来的问题是，为什么这么多人完全服从了实验者（或者，为什么没几个人正确预测了实验的结果），今天这一问题仍然存在。即使在今天，我们读到米尔格拉姆的实验结果后，仍然会不可避免地感觉到社会，尤其是人类的可怕。我们发现自己往往会得出这样的结论：人们不仅是盲从的（正如阿希先前的实验所证实的），也是无法抵抗权威的懦夫，更糟的是，他们具有与生俱来的施虐倾向，正伺机表现出来。

有些人试图解释米尔格拉姆的实验结果，并得出了令人安心的结论。他们认为被试一定看破了骗局，并且意识到受害者并没有真的被电击。毕竟，"任何人"都知道，像耶鲁大学这样受人尊敬的学府"绝不允许这种事发生"。米尔格拉姆预料到了这种可能的解释，为了反驳这一点，他换了一个地方进行重复实验。这次，实验地点定在康涅狄格州布里奇波特市的一间破旧办公室里——研究的资助方是一个不知名的"研究所"。该重复研究的结果发现，服从比例仅有极小的下降。此外，米尔格拉姆还煞费苦心地邀请了一些持怀疑态度的社会科学家，让他们通过单面镜现场观看了这一实验。所有观看者都受到了震撼，不仅是被试的服从程度，在服从过程中被试所表现出的痛苦也非常让人震撼。一位科学家报告称：

起初，我看到一个成熟稳重的商人，面带微笑、从容自信地走进实验室。不到20分钟，他就变成了一个发抖、结巴的废人，精神濒临崩溃。他不断地拉着耳垂，扭动双手。有一次，他用拳头顶着额头，喃喃自语："哦，上帝，快停下吧。"然而，他继续服从实验者的每一个要求，直到最后给出最大的电击。（Milgram，1963，p.377）

这样的报告不仅排除了被试演戏的可能性，同时也让我们否认了另一种解释，即在这个城市化时代，人们互相匿名，不关心自己对陌生人做了什么。显然，米尔格拉姆的实验中，大多数被试都相信电击真的发生了，并且对此感到非常痛苦。那他们为什么不停下来呢？为什么不直接告诉实验者，他们要停止呢？

答案可能是，米尔格拉姆设计的情境中存在某些微妙的特征使这些社会中的普通人表现得如此异常，但这些特征的影响往往被阅读后了解了实验情境设计的人甚至是目睹实验情境的人所忽略或低估。我们不能说已经发现了所有特征，也无法弄清所有特征如何以及为什么通过相互作用产生如此强大的影响，但是我们可以概述其中的几个特征，并非巧合，这些特征在前文的情境影响或渠道因素中我们已经进行过一些讨论。

米尔格拉姆起初分析了被试的一种内隐契约（implicit contract），即人们倾向于不问原因地按照别人的要求去做事，忠实地服务于权威人物而自愿放弃自己的责任。此外，他的分析还强调了该行为的渐进性特征，即从相对不那么令人反感的行为，逐渐过渡到对他人进行毫无意义、残酷且危险的折磨。我们必须记住，老师并不是服从了一个简单的命令就对无辜的学生施以强大的电击。一开始，他要做的只是施加轻微的惩罚（实际上是一种反馈）以帮助同意接受该电击反馈的学生完成任务。他和学生一样，同意这种惩罚程序（即每次错误后，增加固定的惩罚量），但他没有考虑到该约定的全部后果。随着实验按部就班地推进，只有在惩罚施加的电击达到了惊人的强度时，老师才明显感觉到心理上的冲突。从某种意义上讲，当老师在实验早期没有停止电击时，随着电击强度的增大，如果他想要停止电击，就必须找到一个理由（一个令他自己、实验者甚至学生都满意的理由）来证明现在停止是正确的，也就是说，为什么上一个强度的电击不需要停止，而下一次电击强度（只增加了一点）就变得不合理了。事实上老师很难找到这样的理由。在实验过程中，只有一个时间点可以给出这样的理由——当学生不再回答问题时，也就说明了他不再同意电击惩罚作为反馈。确实，正是在这一时间点上，大多数拒绝服从的人停止了电击。

米尔格拉姆的研究中还有一些不太明显的特点，如果我们要从被试的视角理解他们面对的情境和做出的行为，就必须认识到这些特点。需要注意的是，实验中的被试几乎都提出过一些质疑或表达过不愿意继续实验的想法，而不是从头到尾的服从。虽然在这一问题上米尔格拉姆的研究没有给出精确的报告，但显而易见，大部分被试确实跳出了"服从者"的角色，质疑实验者要求继续的命令，催促实验者去看一下学生的状况，或者表达出他们的不情愿。实际上，许多被试基本上都说了"我退出"，但他们遇到了米尔格拉姆范式中最重要而微妙的情境特征，使他们的退出意愿很难转变为实际退出行为。大部分被试确实直面实验者，甚至提出自己要退出，通常态度非常坚定。但是他们的退出行为，几乎总是被实验者阻止（"实验要求您继续""您别无选择"）。事实上，米尔格拉姆实验最终的启示，与其说是关于"灾难性的服从"，不如说是无效且犹豫不决的不服从行为。

此处，进行这样的思考可能有助于我们理解。假设在实验开始时，实验者就宣布，老师随时可以终止实验，只要按下桌子上的按钮表明意愿即可。相信读者会同意我们的观点，如果存在这个渠道因素，服从率将大大降低。在米尔格拉姆的实验中，正是缺少这样的"不服从渠道"，被试才做出那些受谴责的行为。用勒温学派的术语来说，老师没有任何明确、合理的渠道来逃离这种情境并停止实验；任何建立渠道的尝试都遭到了实验者的强烈反对，并且实验者显然从未承认过老师担忧的合理性。

从被试的角度看，他们可能更重视实验情境中另外一个更微妙和难以捉摸的特征，即被试可能认为，他们正在做的事既没有"意义"也不"合理"。被试的任务是在实验者的坚持下，对某个不再试图学习的学生施加严重的电击，而实验者在整个实验过程中，完全忽视了学生痛苦的哭喊、自己患有心脏病的呼救、对回答问题的拒绝以及最后不祥的沉默。更重要的是，实验者对事态的转变没有表现出担忧，也没有试图解释或证明为什么不值得担忧，或者解释继续实验的必要性。他甚至拒绝"迁就"被试去检查学生的状况。除非被试意识到该实验的欺骗本质以及真正目的（在这种情况下，他们可能选择不服从，以证明他们不是与艾希曼一样冷漠地执行邪恶命令的人），否则他们根本无法推测出一个稳定的"情境定义"。当觉得"一切都没有意义"，无法理解周围发生的行为和结果时，人们会如何应对？我们认为，很少有人能采取果断的行动或独立自主。人们会变得相当优柔寡断，不愿也不会挑战权威或拒绝角色期望，并且变得非常依赖那些冷静而自信地发布命令的人。简而言之，他们的举止会很像米尔格拉姆实验中的被试。

我们相信，米尔格拉姆研究的要点已经很清楚了。该研究无法证明，人们会毫无疑问地服从于权威人物，甚至会做出有害和危险的行为。（当教授要求学生跟上阅读进度、笔记整洁、及时有序地为考试做好准备时，这样盲目的服从行为从未出现——这不是因为学生不把教授视为权威。）米尔格拉姆的实验提醒我们，特定的、相对微妙的情境力量有时会盖过人们的善良倾向。他还指出，观察者只关注行为的表面价值，并假定这反映了人在极端本性上的缺陷，因此观察者很容易错误地推断行动者的灾难性服从（或愚蠢的从众）。他的研究也提示我们，要想理解和解释行为，必须从行动者的角度出发，关注行动者自身对情境的理解。下一章将探讨情境解释的一般性问题。

THE PERSON
——— AND
THE SITUATION

第 2 章

解释社会世界

心理学中情境主义思想的开创者并非社会心理学家，而是行为主义者。20 世纪初，行为主义创始人约翰·B. 华生（John B. Watson）雄辩地论述了情境因素在塑造人类行为中的作用。华生最著名的自夸是他宣称能够（通过适当操纵环境和施以强化）"……将任何一个孩子培养成医生、律师、艺术家、富商甚至乞丐和小偷，而不管他的天赋、爱好、倾向、能力、天命和先祖的种族"（1930, p.82）。当然，这并不是说在决定行为时"人"（person）这个因素不重要，而是说"人"只是过去所经历的情境中的条件性强化（situational contingency）[⊖]的总和，这些强化是可以被客观描述的，并为精确的行为预测和控制提供了基础。

行为主义的情境主义者坚持认为，人类心理的内部活动不可能是科学心理学适宜的研究主题。他们坚决放弃了 19 世纪的研究策略，即让人们内省自己的主观心理体验。新兴的行为主义只关注可观察到的、可量化的事件——尤其关注外显反应、引起反应的可观测环境刺激，以及客观可预测的结果（例如，与某种明确的生物性内驱力相关联的特定"强化"）。无论多么微妙或者复杂的行为，都可以根据刺激、反应、令人愉悦的结果之间的联结，以及相似刺激或情境之间产生的泛化而得到认识和理解。

行为主义者对经典性和操作性条件作用的探索，广而言之是关于学习与动机的研究，为许多重要的理论和应用实践奠定了基础。但是，行为主义者忽略主观经验只关注客观具体事件的战略决策，制造了一个持续了大半个 20 世纪的两难困境。尽管心理学致力于纯粹客观地解释人类的行为，然而我们的直觉和经验，以及最终的研究结果都清楚地表明，只有了解或能够精确猜测到相关个体的主观解释和信念时，人们的很多（即使不是大多数）日常行为，尤其是社会行为，才能够变得可解释且可预测。

客观行为主义中的主观主义考量

想象下面这个常见的情景。简对她在联谊会上遇到的年轻人鲍勃说：

⊖ 在行为主义研究中，"contingency"一词是指对行为反应给予强化的条件，比如在一定时间内做出规定数量的反应才给予强化，例如"当然，当强化被大大延迟时，生物将学习并继续表现出行为，但只有当某些暂时的条件性强化（temporal contingency）被强化时才会如此"（Skinner, B. F. (1958). Reinforcement today. *American Psychologist, 13*(3), 94–99）。——译者注

"你经常来参加这些活动吗？"鲍勃微笑着回答："没有，不过我想我今后要更常来了。"很明显，这段小插曲中两个人对相关的刺激做出了反应，并且他们的反应已经产生了结果。但要真正理解这一情景，尤其是想理解它对两个人未来行为的影响，我们需要知道他们各自是如何看待整体情境，以及如何理解对方的反应的。首先，他们对联谊会的主观印象是什么？这些印象与他们来这儿的目标和期望有什么关系？其次，他们认为彼此的话（以及伴随的非言语行为）有什么含义呢？鲍勃只是从表面上看待简的问题，还是认为这是简可能对他有好感的一种表示呢？如果是后者，鲍勃是否乐于接受简的这种好感呢？同样，对鲍勃未来参加联谊会的说辞，简会理解为他享受这次联谊会，还是他对她有好感，或者只是一个讨喜但没有意义的开场白呢？

我们认为，再多对客观行为细节的具体描述，也无法预测人们的行为。只有了解或正确猜测事件本身的主观含义，我们才能确定为什么人们会这样做。如果不了解刺激和反应对于个人的意义，我们就不知道哪些特定的反应得到了强化，哪些反应没有得到强化，也不知道上述情景如何影响简和鲍勃随后对彼此、对联谊会和其他相似社交场合的反应。的确，为了充分理解这种社会情境的性质和含义，我们需要记住，人们不仅试图解释彼此的言行，而且还试图预测、监控并逐渐操纵彼此的解释（interpretation）。

联谊会情景所涉及的问题是非常普遍的。无论我们是这一情景的客观的科学观察者还是参与者，都必须密切关注主观意义这一问题。首先，我们必须努力辨别参与者如何对所处情境进行分类，以使他们过往的经验和当前对世界的信念能够发挥作用。其次，我们必须知道参与者对他们的行为和随后结果之间的强化程度的看法，也就是说，他们对出现特定结果可能性的看法，以及他们对影响这些可能性的因果关系的猜测。简而言之，我们必须认识到，客观地描述刺激、反应和强化，以及它们之间的关系，几乎不能让我们达到目的。我们需要了解参与者自己如何理解这些"客观"事件，以及他们对这些事件之间关系的看法。

克拉克·赫尔（Clack Hull）、B. F. 斯金纳（B. F. Skinner）和其他在 20 世纪上半叶具有重大影响的行为主义传统的学习理论家们，找到了巧妙回避主观解释问题的方法，这绝非偶然之举。首先，在研究反应的习得和变化时，他们主要使用老鼠和鸽子，相比人类，这些动物更少思考所处环境的意义（并且在任何情况下，不管这些动物对自己的解释、期望或动机有什么样的想法，都无法告诉我们）。其次，研究者使用的刺激进一步抑制了学界对主观意义的探索。研究者几乎只使用那些对研究对象具有明确且相对不变意义的强化物（例如，向非常饥饿或口渴的动物提供食物或水，或者施加所有动物都试图逃离的有害刺激，例如电击），以及设计那些对研究对象没有特殊意义的刺激和反应（例如，灯光、音调、按压杠杆等），直到它们暂时与初级强化物建立起联系。

当行为主义研究者终于以人类为被试做研究时，他们同样回避了"解释"或"意义"的问题。例如，当他们研究眨眼条件反射时，将先前毫无意义的音调与向被试的眼睛吹气（对眨眼而言，这是一种先天的或"无条件"反射的刺激）相配对。或者，当他们研究学习和记忆时，让被试学习一些无意义的音节或日常物品列表，而不是探索被试对现实事件的回忆，这些事件对不同的被试具有丰富且因人而异的意义。

尽管有上述策略，并且学习理论家们在实验室中的研究取得了成功，但这种客观主义方法的局限性变得越来越明显，特别是对那些关注实验室外行为的学习理论家和社会心理学家来说更是如此。在单调的实验室之外的环境中，呈现的刺激更为复杂，行为选择与先天内驱力满足之间的关系不太明显，个体也可能有一套基于自己在真实世界情境中的条件性强化经验的理论，这时精确的行为预测和控制将更难以实现，哪怕研究对象是鸽子、老鼠或猫。这正是马丁·塞利格曼（Martin Seligman, 1970）在一篇具有革命性的文章中所指出的，彼时行为主义在心理学领域中的霸权快要结束了。如果一些刺激或反应对生物体早先就具有实质性的先验意义，那么当心理学家试图对生物体建立条件反射时就会发现通过无意义刺激和初级强化物所建立的"学习定律"并不成立。研究者发现，这时的学习曲线是陡峭的，甚至是"一次性"的或不增长的，而不是平稳渐进的。例如，研究者可以教会猫通过拉绳来获取食物，但不能教会猫通过舔自己的毛来获取食物，尽管后者具有更强的"自发性"或更高的行为基准水平。同样，为了获取食物而学习不要啄屏幕的鸽子，在没有学会之前就早已死了。

判断和动机现象中的相对性

适应水平

几十年来，对于激进的行为主义者坚持以纯粹客观的术语来定义心理上的输入和输出⊖的做法，心理学家越来越感到不安。格式塔心理学家长期以来都试图证明，对刺激进行绝对判断是不可能的，对刺激的判断总是相对于其他刺激的。他们最喜欢用的例证是给老鼠呈现两种不同强度的光，一种比另一种更亮，并不断强化老鼠在暗光下按压杠杆的行为。然后，在正式实验中，研究者给老鼠呈现最初强化过的暗光和另一种更暗的光。客观主义者会认为，老鼠必将选择最初强化过的光，但相反，老鼠选择了新刺激。老鼠学到的并不是"选择 20 瓦的光"，而是"选择更暗的光"——做出这种判断需要对信息进行主动的解释，而不是像机器一样简单地记录刺激的相关客观物理指标。

⊖ 心理上的输入指刺激，心理上的输出指行为。——译者注

由于哈里·赫尔森（Harry Helson, 1964）的研究，关于判断的相对性研究在美国实验心理学中获得了突出的地位。他指出，对刺激大小的判断总是相对的，也就是说，相对于当前或之前遇到的类似刺激。因此，只有当一个重物在几个较轻而非较重的物体之后出现时，才会被认定为更重些。在判断某一温度的水是热还是凉时，手在更热的水中泡过一段时间的被试会认为该温度的水是凉的，而手在更凉的水中泡过的被试认为该温度的水是热的。因此，对一个当前刺激的判断取决于至少两个重要因素的作用——刺激的客观测量值和被试对类似刺激的适应水平（adaptation level）。

框架效应

在现代认知心理学中，判断的相对性已成为主流内容。尤其是，现代决策理论家们注意到，相比某一决定所带来结果的绝对水平，人们似乎对自身状态变化的前景更为敏感（Kahneman & Tversky, 1979）。概括而言，人们很容易受到框架效应（framing effect）的影响。人们判断不同行动的损失和收益，并因选择而体验到不同程度的后悔，后悔程度与选择的最终结果无关，而与问题中的隐性或显性比较有关（Tversky & Kahneman, 1981）。当根据一个任意给定的财富起点来进行判断时，人们会选择一种行为；当转而根据另一个财富起点来进行判断时，他们会选择另一种行为。后来，卡尼曼和米勒（Kahneman & Miller, 1986）将这一观点扩展到所有的认知活动中。他们认为，每种刺激都会让人想起记忆中的另一刺激，并与之相比作为判断的依据。例如，你现在喝的蔬菜汤的味道，会与你上周喝的蔬菜汤、上个月喝的意大利蔬菜汤、小时候喝的罐装蔬菜汤等进行比较。所有这些一起构成判断当前刺激的"标准"。对于行为主义者来说，这种观点近乎虚无主义。因为每个人都有不同的过去，所以不同的记忆组成了各自的参照框架。如果不管被试头脑中的"黑箱"，行为主义者想要客观地确定刺激属性的梦想是非常离谱的。

心理学中的相对主义观点已被证明对客观行为和动机都有影响，而这种影响正是行为主义者应该尊重之处。例如，卡尼曼和特沃斯基（1979）在前景理论（prospect theory）中指出，选择时，损失和收益之间存在着不对称性，人们更倾向于选择避免损失而不是获得等价的收益。这一原理让我们得以理解，究竟为什么人们的行动往往不是为了获得预期的收益，而是为了避免预期的损失。据此，虽然美国工会自诩过去在帮助工人改善工作条件、提高工资、缩短工作时间上取得了成功，但是劳工历史学家认为，事实上，是威胁和损失，而不是得到收益的希望，刺激了美国工会的发展和斗争。工会发展最迅速也最动荡的时期是 20 世纪初，当时大量失业移民涌入，雇主们便降低了工资——因为雇主们很清楚，对于刚刚摆脱动荡的社会和经济环境、迫切需要工作的外来者而言，这种相对微薄的工资是可以接受的。

与过去相比

表明比较性评估对动机重要性的另一个例证涉及过去。人们常常怀旧地谈起"美好的旧时光"，或者感恩"饥肠辘辘的 30 年代"、恐怖的第二次世界大战，或者已成过去的"冷战"中最可怕的日子。过去的记忆影响着人们现在的生活。第二次世界大战期间，纳粹军队对列宁格勒展开"千日围城"，导致大规模饥荒和一系列恐怖事件，而苏联同事的家人们在此过程中得以幸存。苏联同事明确告诉我们，经此劫难，在接下来的 20 年中，尽管面临着西方人难以忍受且有充足理由进行政治抗议的食品短缺和其他方面的匮乏，但他们的同胞还是觉得生活相对富足了，不愿谴责他们的领导人。

判断相对性在动机方面最有趣的一点启示是，无论快乐还是悲伤在一定程度上都有自限性（selflimiting）的特点。布里克曼等人（Brickman et al., 1978）研究生活中经历过好运或悲剧彻底洗礼的人后，极力强调这一点。他们发现，彩票中奖者起初对所获得的巨额财产欣喜若狂，但一两年后，他们的生活满意度并不比普通人高。类似地，那些受伤瘫痪的人，或者身患重疾的人，似乎也会适应自己的生活。虽然起初他们很痛苦，甚至想自杀，但最终他们变得和普通人一样快乐。

因此，人们的情绪和动机状态似乎随着生活中直接的或"局部"的变化而波动，而不是随着满足需要的绝对水平而波动。民间故事中"可怜的富家小姐"（poor little rich girl）是存在的。她之所以不开心，是因为她将今天的大泰迪熊和昨天的宠物小马进行比较而感到不满。

社会比较和相对剥夺

还有一种在人们对自身状态的主观评价以及随后的动机和行为中起着重要作用的比较类型，涉及他人，特别是与自己有社会关系的他人。20世纪30～50年代，社会比较过程在自我评价中的作用及其对动机的影响是社会心理学的一个核心主题（特别参见 Festinger, 1954）。也许在文献中我们能找到的最好例证属于最早的那些研究。斯托弗（Stouffer, 1950）在描述第二次世界大战中美国士兵的态度和情绪时指出，驻扎在南方的黑人士兵与驻扎在北方的黑人士兵在士气上存在相当惊人的差异。令人惊讶的是，尽管南方有严格的种族隔离法律和社会习俗，但驻扎在那里的黑人士兵对自己的处境比驻扎在北方的黑人士兵更满意（不管他们自己是南方人还是北方人）。然而，当我们考虑到他们社会比较的来源时，这种悖论很容易解释。也就是说，驻扎在南方的黑人士兵觉得自己很富裕，因为他们将自己与军队之外的南方黑人进行比较，后者面临的社会和经济环境比士兵们恶劣得多。相反，驻扎在北方的黑人士兵对自己的生活并不满意，因为他们将自己与军队之外的黑人进行比较，后者当时的工资较高，并且拥有前所未有的机会，可以在以前只雇用白人的工厂和行业中工作。

人们对自己的评价本质上是从比较中得来的，这个观点是社会心理学截至目前所取得的成就之一（Strack, Martin, & Schwarz, 1988）。通过与他人相比，人们判断自己是有才华的还是不聪明的，富有的还是贫穷的，健康的还是不健康的（Tesser, 1980）。实际上，通过策略性地选择参照群体，人们可以增强自我价值感，也能更好地应对逆境（Taylor, 1983）。决定分数的老师、有权让职员升职加薪的老板，以及给不同人治病的医生，如果忽视了这一原理，那无疑将自己置于危险之中。

奖励的非显性动机后果

正如对刺激的判断本质上是相对且主观的一样，已有研究发现，对反应和强化物之间关系的主观诠释（construal）在本质上也是一个解释的问题。这种解释对随后的动机和行为有着重要影响。以利昂·费斯廷格为首的认知失调理论学家对行为主义者嗤之以鼻。他们一次又一次地证明，操纵被试对奖励和引发奖励的行为之间关系的理解，可以逆转奖励对行为的影响。例如，在一个研究认知失调的经典范式（Festinger & Carlsmith, 1959）中，研究者付钱给被试，让他们告诉下一个被试，他们刚刚完成的特别乏味和机械的实验任务（在小钉板上旋转钉子）实际上真的很有趣。在实验者的请求下，被试照做了，因为实验者告诉被试这样做是为了让后面来的学生被试愿意完成这项无聊的任务。研究发现，相比 20 美元（在 1959 年，这相当于一个半熟练工人一天的报酬），当给被试 1 美元时，被试更可能"内化"所要传达的信息，即认为任务确实很有趣。

基于强调认知平衡和合理化的认知失调理论，这一结果并不难解释。他们认为，仅仅得到 1 美元报酬的被试，对于同意欺骗同伴并公开说出与自己观点不符的话会感到认知失调。因此，他们以一种可接受的方式减少失调感，也就是说，决定认为这个任务至少有点意思。相比之下，获得 20 美元报酬的被试，不需要进行这种思想斗争来平衡认知和行为的矛盾。20

美元的报酬为他们的谎言提供了充足的心理理由。因此，他们几乎感受不到认知失调，也没有必要改变对无聊任务的主观评价。

费斯廷格和卡尔史密斯研究的主要观点已经得到数百次验证，这个观点背后的动机基础也已证实清楚（Cooper, Zanna, & Taves, 1978; Steele, 1988）。相比提供丰厚奖励，给人们提供微薄的奖励更有利于使他们真的开始秉持某个特定的信念，并使行为更向着"奖励"方向改变。当然，这与传统的强化理论观点是完全相反的，传统的强化理论认为，更大的奖励会更有效地激励行动者接受其公开表达的偏好或信念。

还有一个对主流强化理论的挑战性发现，即奖励某一特定行为实际上会降低该行为的吸引力和未来发生的可能性。这一类研究中最著名的可能要数莱珀、格林和尼斯贝特（Lepper, Greene, & Nisbett, 1973）所做的研究。研究者推断，当人们做一项他们平常觉得非常有趣和令人愉快的任务时，知道自己正在做的事情将会获得奖励，他们私下里就会对自己的认知进行一些分析，这些分析与被试在认知失调实验中的表现相辅相成。也就是说，他们会认为自己做该任务是为了获得奖励，因此任务本身就不那么吸引人了。换句话说，他们会把做任务看作达到某个目的的一种手段，而非任务本身就具有吸引力，因此当未来没有奖励时，他们就相对不太愿意参与该任务。

结果（我们将在第 7 章阐述"应用"时更详细地讨论这一结果）证实了这个有趣的假设。在没有外在激励的情况下，学龄前儿童很享受用水彩笔画画，但给儿童授予"优秀奖"后，当教师只把该活动作为普通课堂活动（没有奖励）时，原来获奖的儿童对该行为的兴趣相对减少。相比之下，未曾获奖也不期待奖励的儿童没有出现兴趣减少。需要注意的是，那些未曾期待奖励但最后都意外获得奖励的儿童，也没有出现兴趣减少。预期的奖励似乎改变了儿童对水彩笔绘画活动的主观解释，从一种本身就具有高度强化价值的事情，变成了一种为了得到某种强化而做的事情。简而言之，"玩耍"在主观上变成了"工作"。

我们应该澄清的一点是，莱珀及其同事并没有真的驳斥传统的强化理论，至少没有以一种决定性或无可争辩的方式驳斥。同样，费斯廷格和卡尔史密斯的研究也没有明确地对其进行驳斥（尽管这些研究者确实喜欢诱使传统强化理论领域的同事来预测一下与已有发现相反的结果）。这些社会心理学实验真正的贡献在于，指出了传统、纯粹客观的动机和学习理论视角的局限性。这些结果促使心理学家重新审视自己的学科。它们表明，把个体看作环境和自身对环境反应的主动解释者是必要的。

社会心理学中的解释问题

希腊人告诫我们"一个人不可能两次踏进同一条河流"，因为河流是不同的，人也是不同的。威廉·詹姆斯（William James）正是基于此观点对 19 世纪心理学中的机械论思想进行了批判。他指出，人的想法（ideas）不是固定且静止的，而会受到与之联系和比较的想法的影响，"……任何一种状态一旦消失，都不可能重新出现，也不可能与之前完全相同"（1890/1948, p. 154）。因此，"没有两个'想法'是完全相同的"（p.157）。

劳伦斯·巴萨卢（Lawrence Barsalou, 1987）给出对这一观点新的诠释，并提供了一些有意思的支持性数据。巴萨卢认为，"概念并不是从记忆中提取出来的用以表征范畴的静态单位，而是源于一个高度灵活的过程，即从长时记忆中提取类属信息和情景性信息，在工作记忆中构建临时概念"（p.101）。常识性的假设是，诸如"鸟""水果""交通工具"和"要装入手提箱里的东西"等基本范畴的概念是一个常量，但是巴萨卢证明了，即使在这种熟悉的、经常使用的概念范畴（category）中，也存在相当程度的不稳定性。他让被试在一个月内对同一概念范畴的几个例子（如"知更鸟""鸽子""鹦鹉"）在不同的情境中进行两次评分，评价它们在多大程度上代表这个概念，两次评分的相关系数是 0.80。当然，0.80 的相关系数很高；然而，要从一个概念范畴在某一情境中的意义完美预测它在另一情境中的意义，0.80 的相关系数确实还不够。此外，对任何复杂情况的解释都需要运用很多概念范畴，其中一些范畴的意义还不像巴萨卢考察的简单概念范畴那样明确。因此，在两种不同的情境中，两个确实完全相同的情况被认定为相同的可能性，会随着复杂度增加而急剧降低。

巴萨卢还发现，同一所大学就读的两个大学生被试之间的平均相关约为 0.45。因此，即使对于非常常见的概念范畴，对于范例典型性的共识也是有限的。

这两个发现，对本章乃至本书中反复阐述的观点非常重要。第一，同一个人对事件的解释可以存在着显著的差异，这种差异大到足以让我们仅根据解释的可变性就能预期，在两种客观上几乎相同的情况下，同一个人的行为也会有不小的变化，更不用说两种情况仅仅是相似的。第二，即使是一些基本概念的含义，在人与人之间也有很大的差异。因此，任何两个人都可能以不同的方式来解释相同的情况。我们认为，许多重要的现象不仅来源于同一个体（个体内）解释的可变性，而且源于不同个体在同一情境中（个体间）解释的差异性。另一些重要现象则进一步源于人们对这两个事实的相对无知。我们没有认识到自己对事件的解释存在可变性，因此过于自信地预测自己的行为。同样地，我们既不能认识到自己和他人对事件解释之间的随机性差异（至少是不可预测的），也无法认知到彼此之间系统、稳定的差异。因此，我们也过于自信地预测他人的行为，当面对他人出人意料的行为时，往往将其归因于对方极端的人格特质或者双方动机上的差异，而不能意识到对方只是用了不同的方式解释情境而已。

相同的刺激通常被不同的人或不同情境下的同一个人以不同的方式进行解释，因此社会学家既要关注客观测量也要关注主观解释，这样的洞见或意识在心理学的主要领域中由来已久。库尔特·勒温（1935）一贯强调，在描述个人的生活空间时必须要能体现其当下的主观现实性和个人意义。格式塔心理学家（例如，Koffka, 1935）和社会知觉理论家（Brunswik, 1956）也强调主观性维度。也许最值得注意的是，从弗洛伊德（1901/1960）对知觉和记忆偏差的分析到凯利（1955）对个人建构（personal constructs）的开创性论述，历代临床心理学家都重点关注患者自身对事件的主观表征。在对解释的讨论中，最清晰地指出了影响意义的可变性和不稳定性的系统性因素的人，是所罗门·阿希——著名从众实验（第 1 章讨论过）的研究者。

所罗门·阿希和"判断目标"

阿希的主要观点是，人们对一个事物的反应往往不是他们长期持有的态度和价值观的反映，而是源于他们在特定情境下对"判断目标"的解释方式。阿希通过一系列令人难忘的实验和理论分析阐述了这一观点，明确了造成对事件解释的个体内和个体间可变性的各种因素。

从众和解释

阿希用他的解释性原理首先分析的是社会从众现象。传统的从众观认为，人们会受到同伴观点的影响，因为他们寻求同伴的接纳，并害怕被拒绝。阿希没有对这些动机提出异议，而是提供了另一种更具有认知性的解释。阿希坚持认为，同伴的反应可以用来定义（define）要评价的目标。同伴的反应传达了其他人理解目标的方式，并且关于"应该"如何理解该目标，至少提供了一个很强的暗示。此外，一旦个体接受了同伴对目标的解释或观点，他很可能也会接受同伴的评价和行为方式。

阿希（1940）用一个非常简单但令人信服的实验为其观点提供了证据。他要求两组大学生对各种职业的声望或地位进行排名，其中包括政治家这一职业。在排名之前，一组被试被告知在同伴眼中政治家的排名高于几乎所有其他职业，另一组被试被告知在同伴眼中政治家的排名最低。与预期一样，同伴的共识对被试的职业排名产生了显著影响。但是，阿希通过实验后的访谈和问卷调查发现，这种效应的出现不是因为被试改变了自己对政治家的总体看法或对某个特定政治家的看法。被试也没有想要讨好同伴或避免批评，因为他们认为提供实验前排名的匿名同伴既不会遇见自己，也不会看到自己的评价结果。该实验中的"从众"，反映的是同伴的排名在多大程度上有效地决定了"政治家"一词的含义或解释。在第一组中，被试迎合了一个积极的评价，"政治家"一词被用来指代诸如杰斐逊或罗斯福等著名的政治家。在第二组中，被试迎合了一个消极的评价，"政治家"一词用来形容腐败的政客。简而言之，与其说被试是盲从了同伴的判断，不如说同伴的判断定义了被试正在判断的目标。

个人特征的解释

阿希再次使用了一个非常简单的研究范式，试图证明解释过程对印象形成的影响。这一次是给被试提供了一份人格特质列表，要求他们对拥有这些人格特质的人做出评价。研究发现了某些"核心"评价维度，如热情对冷漠，对印象形成具有特别大的影响。阿希认为，他所列出来的特质（就像一个人掌握的关于另一个人的所有孤立的信息），容易得到不同的解释，而特定条目的具体意义或解释，取决于被试所采用的更为总体的印象。因此，像"聪明的"这种看似简单的描述性词语，在"热情的"这种积极总体印象角度下解释，与在"冷漠的"这种消极总体印象角度下解释，其内涵会截然不同。在前一种情况下，"聪明的"意味着"明智、博学、富有洞察力、令人振奋的"；在后一种情况下，其内涵更接近"狡诈的、诡计多端的"，或者是"一种傲慢的、玩世不恭的和缺乏同情心的冷漠智慧"。

阿希还用这个"解释"原理对印象形成中的首因效应做出了类似的分析。他认为，列表上的前几个特质条目（就像大多数对印象形成有关键影响的经历一样）会引导我们产生尝试性假设，这些假设又进一步决定了对之后证据的解释或理解。因此，列表上最先出现的人格特质对被试的判断具有特别大的作用；同样的人格特质以不同的顺序呈现，会让被试产生不同的总体评价。具体而言，先呈现积极特质，再呈现消极特质，要比以相反的顺序呈现，更能让被试产生积极的整体印象。这意味着我们对事件的理解受制于我们所经历事件的顺序（常常是随意的）。当我们先听说了乔在本地慈善机构的堪称模范的工作经历，之后再听说他乱成一团的离婚经历，我们仍然会喜欢他，并且同情他的个人问题。如果我们先听说了他离婚的事，后来又听说了他的慈善工作，我们依然会认为他是一个冷酷无情的人，他帮助社区里更加不幸的人是为了提升自己的形象。因此，不同于一些专家的观点，即认为初始信息的影响大于后续信息是因为前者得到更多关注或被赋予较大权重（N. H. Anderson, 1974; Wishner, 1960），阿希认为更早出现的信息从根本上改变了后续信息的意义（meaning）。

解释和信息沟通者可信度

阿希还运用这种颇有争议的意义改变假说来解释看似简单的发现，即信息来源于有名望的（吸引人的、值得信任的或专业的）媒介时，要比来源于较差的媒介更能改变人们的态度。传统学习理论对此的解释是，与来源于不具有吸引力、不可信任的信息源相比，相同的信息在来源于有吸引力、高度可信的渠道时会被更认真地关注、更好地记住，并且被认为更准确可靠且值得采纳（Hovland, Janis, & Kelley, 1953）。然而，阿希再次提出了一个非传统且更具"动态性"的假设。就像社会从众的例子一样，他认为研究者所提供的信息来源，改变的不是"对目标的判断"，而是"判断的目标"。阿希（1948, 1952）认为，信息的意义本身会随着信息源的变化而变化。因此，以阿希的经典例子为例，当"时不时来一点反抗是件好事"（a little rebellion, now and then, is a good thing）这句话被认为是杰斐逊而不是列宁所说的时，更容易让人接受，因为这句话放在这两个人身上对受众而言具有不同的意义。当这句话出自托马斯·杰斐逊之口时，它让人联想到诚实的农民和商人摆脱腐败且冷漠统治者的枷锁的情景。当这句话出自列宁时，（至少对美国人来说）画面是完全不同的。考虑到这些解释上的差异，相比列宁领导的反抗，杰斐逊所领导的反抗受到美国民众更热烈的支持也就不足为奇了。

立场之争和认知

阿希实验使大多数社会心理学家相信解释很容易被操纵，且这种操纵会对人们的判断产生深远的影响。几年后，阿尔伯特·哈斯托夫和哈德利·坎特里尔（Albert Hastorf & Hadley Cantril, 1954）的一项经典研究表明，动机也能产生同样的效果。在这项研究中，达特茅斯学院和普林斯顿大学的橄榄球球迷都观看了两个球队异常激烈的比赛视频。尽管看的是同一个视频，但对立双方对他们所看到的内容评价的差异之大就好像他们"看到"了两场不同的比赛。普林斯顿球迷看到的是达特茅斯队员的暴行和普林斯顿队员偶尔的回击，达特茅斯球迷看到的是普林斯顿队员的粗暴挑衅和己方球员的谨慎回应。简而言之，在这场球赛中，双方都认为己方是"好人"，对方是"坏家伙"。双方都认为这一"事实"对其他任何一位看到这件事的客观观察者而言都是显而易见的。

在哈斯托夫和坎特里尔的经典研究发表了 20 多年后，莱珀、罗斯及其同事的研究再次关注到不同立场间的解释分歧。洛德、莱珀和罗斯（Lord, Lepper, & Ross, 1979; 也可参考 Nisbett & Ross, 1980; Ross & Lepper, 1980）的研究表明，两个立场对立的群体面对同一个混杂而不确定的证据所做出的反应，会增强甚至极化双方各自的信念。极化效应（polarization effect）的出现是因为对立群体中的被试都不加批判地接受支持自己立场的证据，却批判性地审查和"解释"同样有说服力但与他们立场不同的证据。因此，当死刑的支持者和反对者都阅读了关于死刑威慑价值的正反两方面证据后，双方都更坚持自己原来的观点了。双方都欣慰地找到了支持其立场的证据，并且毫不费力地看到了支持对方立场证据中的漏洞。

基于这些结果，瓦洛内、罗斯和莱珀（Vallone, Ross, & Lepper, 1985）推断，人们在接受证据时也存在同样的偏差，这会影响对立双方对第三方评价的反应（第三方对争议性证据提供评估或总结性的报告）。具体来说，处于对立的双方对于即使最客观、最公正的评估（以及做出评估的人）也会带有不公平的偏见和敌意。

针对 1980 年和 1984 年总统选举的媒体报道以及 1982 年黎巴嫩难民营屠杀平民的电视新闻报道，已有研究探讨了持不同观点的群体的反应，证实了"敌对媒体"效应（"hostile media"effect）。在后一项研究中，研究者向亲阿拉伯（pro-Arab）和亲以色列（pro-Israeli）的观众提供了电视新闻录像，得到的数据尤为使人信服。研究者使用了多种测量工具，但两个群体的评估结果几乎毫无相同之处。亲阿拉伯和亲以色列的观众都认为，对方受到了媒体的偏袒，自己一方受到了不公平的对待，并且报道中的偏见反映了节目负责人的个人利益和意识形态。

有趣的是，该研究发现了一种出乎预料的分歧（但基于哈斯托夫和坎特里尔早先的经典研究，人们也许可以预料到这种分歧）。这两个群体的分歧似乎不单是新闻报道中关于眼前的事实与过去的长期争端的基调和重点是否恰当，更在于他们实际看到的内容。因此，观看同一个时长 30 分钟的新闻录像，亲阿拉伯和亲以色列的观众都认为，与自己一方相比，新闻提到了对方更多的有利事实和资料，以及更少的不利事实和资料。双方还认为，录像的整体基调、重点和信息，都在试图引导中立的观众改变态度，使其向有利于对方而敌视己方的方向发展。事实上，对这些人进行访谈并听到他们的评论后，人们不禁怀疑他们是否看了同一个新闻录像（更不用说同样的中东历史了），就像访谈哈斯托夫和坎特里尔研究中的被试后会让人怀疑他们是否看了同一场比赛。

同样的概念分析除了适用于评价新闻报道的立场，也适用于评价问题解决方案的立场，这些方案是为了解决媒体所报道的问题。想象一下，在敌对媒体研究中，亲阿拉伯和亲以色列的观众会如何评价"中立立场"群体所做的努力，这些群体试图裁定责任、建议惩罚或提出避免类似悲剧重演的措施。更甚者，想象一下他们会如何回应对立一方提出的方案，而不是第三方的倡议。任何方案对提出方而言似乎是公平的、可行的，而对接受方来说可能都是不公平的、自私的，因为双方在"公平"的理解上存在分歧（由于他们对历史和重要问题的看法不同），也因为他们在理解方案的具体条款和总体利益平衡上也容易出现分歧。此外，双方谈判中存在的另一种解释偏差进一步阻碍了冲突的解决，即提出方案的行为本身就会降低方案对接受方的吸引力，甚至改变其对接受方的意义。

斯蒂尔林格、埃珀尔鲍姆、凯尔特纳和罗斯（Stillinger, Epelbaum, Keltner, & Ross, 1989）的一系列研究验证了反应性贬值（reactive devaluation）假说。其中一个研究关注了斯坦福大学管理层与多个校园社团之间的冲突，后者要求斯坦福大学放弃在南非开展业务的美国公司的所有股份。该研究特别关注了学生对各种折中方案的反应，这些方案既避免了放弃所有股份，也表明了斯坦福大学反对南非政权种族隔离政策的立场。这些折中方案中有两个特别有趣的建议：一个是，学校应立即放弃在牵涉了南非军队、警察或种族隔离的公司中的持股（即一个"部分"放弃股份的方案）；另一个是，学校为种族隔离制度的重大改革规定一个两年的最后期限，如果两年后改革没有发生，就放弃全部的股份资产（即一个"最后期限"的方案）。当简单且准确地告知学生学校正在考虑这两个方案以及其他许多方案时，学生对这两个方案满意和重要程度的评价基本一致。然而，当告知学生们学校即将采纳这两个折中方案中的一个时，反应性贬值的现象就显现了。也就是说，当学校声称准备实施"部分"股权放弃计划时，大多数人认为该选择不如完全撤资的"最后期限"方案令人满意和有意义。当学校宣布将采纳完全撤资的"最后期限"计划时，大多数人认为该计划不如立即撤资（尽管只是部分撤资）计划令人满意和重要。

几个月后，研究迎来了尾声。学校最终决定采取行动，反对种族隔离制度，批准了一项与早先研究中提到的部分撤资计划类似（但更全面）的计划。在计划公布前，研究者就知道了该计划的内容。因此，他们测量了两次大学生对该计划的评价。第一次是在公布之前，当时该计划被描述为几种可能假设中的一种；第二次是在计划公布之后，该计划不再只是假设。与预期相同，学生对该计划的第二次评价明显低于第一次；同样正如所料，有立场的学生狠狠地批评学校的计划，认为它只是"象征性的"，并且显得"太少太迟了"。

这些研究让我们看到了在谈判过程中极有可能产生不信任和误解的第一步（Ross & Stillinger, 1991）。当提出折中方案的一方受到冷遇，其让步被认为是微不足道甚至是自私的时候，他们必然会感到失望，甚至怨恨。当反应冷淡的一方被指责没有谈判诚意时，他们同样会感到沮丧。当然，双方都没有意识到在多大程度上，对方回应的是一个主观上并不相同而且显然更没有吸引力的提议。

解释的工具

除了认识到解释过程的发生以及解释因人、因判断背景而异外，长期以来社会科学家还一直试图理解解释过程本身。伟大的社会学家 W. I. 托马斯（W. I. Thomas）阐述了个体独特的生活史对其定义个人和社会现实的影响（Thomas & Znaniecki, 1918; 也可参阅 Ball, 1972; Schutz, 1970）。符号互动论者（symbolic interactionist, 例如，Goffman, 1959; Mead, 1934）论述了通过社会互动"协商"情境定义的过程。法尔和莫斯科维奇（Farr & Moscovici, 1984）认为社会互动创造了特定社会成员共享的对象和事件的"集体表征"。心理学家、社会学家和人类学家等已经反复探讨过文化、亚文化，甚至性别所造成的解释上的差异以及由此产生的误解（Abbey, 1982; D'Andrade, 1981; Forgas, 1976; Shweder, 1991; Triandis, 1972; Waller, 1961）。正是现代认知心理学家做了大量工作来探讨感知者的心理过程，就像布鲁纳（Bruner, 1957）的名言所说，"超越所给信息"（go beyond the information given）。

在解释过程中，有两个相互关联的方面受到了研究者的特别关注。第一个方面是贴标签或分类，即确定一个人所遇到的物体、人或事件的类别，从而形成对这个人经历的具体特征或属性的预期。第二个方面是解决歧义，也就是说，补充缺失的信息，对与标签或类别不一致的信息重新进行解释。宣传者和其他想要操纵舆论的人都明白解释的这两个方面的重要性。选择"自由斗士"或者"恐怖分子"这样的标签，不仅可以唤起积极或消极的情感反应，也促使我们做出符合这些标签内涵（比如，品德高尚的、自我牺牲的爱国者与残忍的、道德沦丧的疯子）的进一步推断，从而增强我们的同情或厌恶。发言人在堕胎、公共医疗费用和优先雇用少数族裔等领域组织公共辩论时所用的标签（生育自由与谋杀胎儿，健康保险与公费医疗，平权运动与对非少数族裔的歧视），也同样在尝试控制我们对特定判断对象的理解，进而操纵我们的判断。

近年来，认知心理学家已推测出构成和指导解释过程的"知识结构"的类型。尤其是包含了一般性知识和理解的结构，不仅是静态的物体与类别（如树木、汽车、房子、鸟类等），还包括动态的事件序列。图式（schema）一词（Bartlett, 1932; Piaget, 1930）是最早且至今最常用的描述动态知识结构的术语。例如，孩子学到的"守恒图式"，或者说是一套规则，告诉孩子随着材料形状的变化，材料的数量会有什么样的变化。脚本（script）一词逐渐得到广泛使用（Abelson, 1981; Schank & Abelson, 1977），代表我们如何理解人们在熟悉环境中扮演明确角色的方式，以及从特定行为设置（例如，餐馆脚本、生日聚会脚本、大学演讲脚本）中做出的选择。脚本背后的一个基本概念是可预测的，甚至是惯例性的互动，这些互动往往发生在那些试图以尽可能少的社会压力和认知压力来满足自己需求的个体之间。

这里我们不必关注不同类型知识结构的细节，只需要关心这些知识结构的作用。目前研究者已经充分证明，应用已有的图式和其他知识结构时，个体可以更容易、更快、更自信地做出推理和判断。如果所用知识结构的一般性表征大体是准确的，并且个体没有过快、过多或盲目地使用这些知识结构（Langer, 1989），那么这个图式加工过程是大有裨益的。它让个体节省了时间和精力，减少了多余的考虑与怀疑，并且没有什么重大损失。但是，依赖于脚本、图式和其他知识结构来解释世界显然是有代价的。当我们碰巧选择或被引导使用的认知表征在某些重要方面出了差错，或者当我们使用不当时（当我们冒险进入新的社会或知识领域时，这是两个几乎不可避免的问题），结果远没有那么有益。我们一定会在解释或判断上犯错误，而且无论是认识到自身先入之见的错误，还是从新经验中吸取教训，我们往往都是迟钝的。因此，快速轻松的理解和长期痛苦的误解，有理由的自信与自负的固执，心智开放且消息灵通的能力与被操纵和误导的能力，这些都与我们用以解释社会环境的工具密切相关，甚至是相辅相成的（参见 Cantor & Kihlstrom, 1987; Fiske & Taylor, 1990; Hamilton, Dugan, & Trolier, 1985; Markus & Zajonc, 1985; Nisbett & Ross, 1980; Petty & Cacioppo, 1985; Rumelhart, 1980）。

就目前而言，关于这些不同的解释工具最重要的一点是，它们既反映了个体间解释事件的差异，也反映了个体内解释随着时间推移的不稳定性。具体运用哪种知识结构，以及表征世界某个方面的知识结构的准确内容，因人而异，因场合而异。

归因过程

20 世纪 70 年代，理论和应用社会心理学同时关注了一种特殊类型的主观解释——因果性归因过程，这是人们在试图理解社会情境和行为之间的关系、行为与结果之间的关系时所使用的。归因过程包括一系列互相关联的归因任务，包括对各种因果因素相对重要性的判断，对观察到的人（包括我们自己）的特征和能力的判断，以及基于这些归因对未来行为与结果可能性的预测。从研究中，我们可以清楚地看到，这种主观解释对客观行为有着极其重要的影响。实验室老鼠在没有持续强化的情况下是否继续按压杠杆的明智"决定"，大二学生在化学导论课中获得 A 后是否决定选修高阶化学课程，雇主对最近几个月业绩下滑的销售人员是鼓励还是批评，在这些情境中，决策者对过去相关事件原因的看法，将决定着他如何做出选择。

因果性归因的规范性和描述性原则

1967年，在多位研究者包括海德（Heider, 1958）、德·查姆斯（de Charms, 1968）以及琼斯和戴维斯（Jones & Davis, 1965）所做工作的基础上，哈罗德·凯利（Harold Kelley）把归因这个主题引入社会心理学舞台的中央，并且直到今天，归因仍是社会心理学的重要主题之一。凯利的方法很新颖，既具有规范性又具有描述性。他提出了一套可以提高归因准确性的原则或决策标准，并进一步认为人们通常根据这些原则来进行归因。无独有偶，这些规范性和描述性原则，与科学家和统计学家进行方差分析⊖时常用的统计分析原则非常相似。因此凯利认为，为了理解个体为何有某种特定的行为方式，需要了解或揣摩这个人在其他相似情境下的行为方式（特异性）、在相同情境下过去的行为方式（一贯性），以及其他人在相同情境下的行为方式（一致性）。然后，把原因归结为与结果共变（covary）的因素。例如，想要弄清楚约翰为什么喜欢在 B 电影院观看新上映的惊悚片（也就是说，确定这部电影真的值得一看，还是只反映了约翰的个人喜好），我们要考虑约翰和其他影迷此前对该电影的评价以及对其他电影的评价，还要观察是约翰还是该电影与积极评价的关联最密切。如果约翰对所有的电影都赞不绝口，或者至少对所有的惊悚片都赞不绝口，抑或其他影迷对这部电影不感兴趣，我们就不会认为约翰对这部电影的喜爱说明了电影的质量。另外，如果约翰很少对电影（尤其是对在 B 电影院这种地方播出的惊悚片）发表赞美之词，或者其他影迷和约翰一样对这部电影感兴趣，我们就可以计划下周六去 B 电影院观看这部电影。

对于人们不知道行动者对其他相关刺激的反应，或者不知道其他行动

⊖ 其基本思想是把所有观察值之间的差异按设计和需要分为不同的部分，比较各部分大小并进行显著性检验。——译者注

者对该刺激反应的情况，凯利（1972）另提出了一个归因原则来补充上述共变规则（covariation rule）。这一原则没有过多关注任何特定的原因或解释，而是识别其他可能存在并产生影响的原因。由此，如果约翰告诉我们他喜欢 B 电影院放映的电影，我们先不要认为他是因为电影的质量而喜欢的，而是思考其他合理的理由（例如，他可以从售出的电影票中获得提成，或者他可能想让我们下周六去 B 电影院看电影，因为他在电影院隔壁的快餐店工作，这样他就能搭便车回家）。

研究者（例如，McArthur, 1972; Orvis, Cunningham, & Kelley, 1975）已经证明，正如凯利所预测的那样，人们在归因过程中能够而且确实经常使用相关信息来了解共变性的原因和结果，以及其他备择原因。然而，最受后续研究关注并引起争议的是，对于普通大众而言，做到准确或者至少是规范的归因一直是个例外（exceptions）。一系列特别重要的偏差造成了基本归因错误，即人们忽视了影响行为和结果的情境因素，而关注稳定的特质因素。我们将在本章后面部分探讨这些偏差（Nisbett & Ross, 1980; Ross, 1977），并在第 4 章详细介绍。但是，我们首先必须阐述一些重要的研究和理论，表明当行为的发出者和解释者是同一个人时，相似的归因过程与归因偏差也有可能发生。

自我归因

人们努力使用自己掌握得最好的认知工具，去理解发生在周围世界里事件的原因，这一观点几乎没有争议。颇具争议性且令人惊讶的观点是，当人们试图理解自己的感受和行为时，他们使用的是同样的推理模式，且容易受到许多同样的错误和偏差的影响。20 世纪 60 年代同时期进行的两项研究，都聚焦于自我知觉（self-perception）和自我归因（self-attribution）这个重要议题。

沙赫特和辛格的情绪归因理论

1962年，斯坦利·沙赫特和杰罗姆·辛格（Jerome Singer）发表了一篇著名的论文，提出了一个惊人的情绪新理论。他们的观点是，人们的主观情绪体验，即他们识别自己情绪的方式以及对诱发性刺激的反应方式，并不完全取决于内在生理状态。因为这样的感觉往往过于弥散且不具有特异性，无法引起多样化的情绪体验。事实上，情绪体验和情绪性行为取决于我们对情绪唤醒原因的推断。如果认为情绪唤醒最合理的解释是正在看的一部喜剧电影，我们就会觉得有趣或开心，并且笑起来。如果将情绪唤醒归因于朝我们狂吠的杜宾犬，或他人对我们祖先的侮辱性评论，我们就会感到害怕或生气，并采取相应行动。如果持续的手心潮湿、心跳加速、呼吸急促最合理的来源是一个有吸引力的异性，我们就能感受到性的吸引力。如果医生告诉我们这些生理症状只是刚刚接受肾上腺素注射后的常见副作用，我们就感受不到真正的情绪，也不会表现出情绪性行为。

虽然许多当代理论家质疑沙赫特和辛格关于情绪体验不具有生理特异性的观点，但几乎没有人会否认，我们会错误地识别自己的情绪，并对这种情绪的来源得出错误的结论。也有相当多的证据表明，当人们在经历某种情绪唤醒时，如果有人引导他们将自己的躯体反应归因于非情绪化因素，他们就会表现得不那么情绪化。在经历一系列越来越强烈的电击之前，给被试吃一片声称能让人兴奋的"药"（实际上是一种糖丸安慰剂），结果显示相比控制组被试，他们在电击过程中感受到的疼痛更少，并且对电击的耐受度超出疼痛阈值的四倍（Nisbett & Schachter, 1966）。类似的研究也发现，相比对照组，在考试前服用了声称能使人兴奋的药丸的被试，更愿意在为自己的试卷评分时作弊——大概是因为他们误以为自己的兴奋情绪是由药物引起的，但实际上是由他们想到要作弊或者作弊可能被抓而引起的（Dienstbier & Munter, 1971）。

贝姆的自陈态度归因理论

差不多在沙赫特和辛格提出人们根据因果性归因识别自己情绪的同时,一位名叫达里尔·贝姆(Daryl Bem)的年轻社会心理学家提出了基本相同的观点,他关注的是人们识别自己的态度和信念的方式。

贝姆(1967,1972)认为,就像推断别人一样,人们也会通过审视自己的行为及其发生情境来推断自己的态度、偏好和个人特质。因此,当被问"你喜欢黑面包吗"时,个体通过推理即可答道"我想我是喜欢的,因为即使没有人强迫我,我也经常吃"。当有人问"你喜欢心理学吗"时,个体可能回答"我肯定喜欢,因为我一直在上心理学课程,即使这不是我的专业"。贝姆的全新观点以及受其启发的众多自我知觉实验表明,行动者与观察者一样,可能会不恰当地对个人特质进行推断,无法意识到自己的行为在多大程度上反映了情境的压力和限制,而并非他们稳定的特质或性情。更概括地说,这意味着人们必须找出自己外显行为的原因(就像沙赫特和辛格的研究一样,人们必须找出外显情绪唤醒的原因),采用与判断他人时同样的理论和证据解释自己行为,这些反应的认知过程与认识事件中没有任何"特权通道"。正如我们接下来看到的,有充分的证据表明,人们常常对自己行为的原因一无所知,这正是贝姆理论暗含的看法。

对心理过程的意识

为什么认知失调和情绪唤醒归因的研究结果如此令人惊讶?稍加思考,我们就会发现,这是因为人们没有觉察到自己也参与了导致上述效应的认知过程。也就是说,人们觉察不到自己在改变态度以使其与行为一致;并且个体觉察不到自己在某一情境中感受到情绪时,将情绪唤醒状态的来源也纳入了考虑。无数的研究结果让我们别无选择,只能假设这种高级的心理活动确实是在意识之外进行的。

这种无意识的高级信息加工有多普遍？尼斯贝特和威尔逊（Nisbett & Wilson, 1977）认为这种现象确实非常普遍。事实上，他们认为认知过程根本无法被直接认识；我们能直接知道的只有这些认知过程的结果，即想法和推论。解决结构良好问题的算法之类的认知过程中伴随着言语表达，我们可以据此追踪认知过程，因而能准确了解自己是如何得到一个判断或结论的。（例如，"我认识到这一定是个能量守恒问题，并应用了合适的公式"。）但对许多问题，尤其涉及社会判断的新问题，几乎不存在对潜在认知过程的意识表征。例如，当研究者要求被试对求职者进行评估时，他们对影响自己评估因素的报告并不比对影响他人评估因素的报告更准确。杰克对影响自己判断因素的报告，在预测其判断的准确性方面，并不比对影响皮特判断因素的报告更高。同样，女大学生预测影响自己每天情绪波动的因素，并不会比预测其他女大学生的更准确（Weiss & Brown, 1977）。事实上，无论是对自己还是对他人，归因过程的准确性都差不多。人们对什么能影响他们的判断和行为有一套理论，正如他们对其他各种社会过程都有一套理论一样。这些理论，而不是对心理过程的内省认识，似乎才决定了人们会如何报告影响自己判断和行为的因素。此外，这些理论中有许多显然是站不住脚的（参见 Wilson & Stone, 1985）。

我们对自己的认知过程了解甚少，这句话概括了本章的主要观点，下一节将继续对此展开论述。虽然我们对一些解释过程有所觉察，比如有意识地对他人行为的原因进行推测，但对于另外一些解释过程我们是没有觉察的。看似对刺激的直接知觉过程，通常深受超出意识范围的解释过程的影响。因此，我们自以为"它们是什么我就称它们为什么"，而不是"我看到什么就称它们是什么"。对自己的解释过程缺乏觉察致使我们忽略了一点，即他人与我们处境有别，可能以不同的方式来解释同一事物。当发现他人对刺激的评估与我们不同时，我们就会遽然下结论，认为他人性情怪异或动机可疑。如果我们意识到解释过程的重要作用及其内在的可变性，那么就可以避免这些错误结论。有时人们对同一事物有不同的解释，只是因为解释的角度不同而已，而不是因为他们本质上是不同的人。

对解释不确定性的忽视

像所罗门·阿希所说那样，当人们的知觉或行为不同时，这种差异可能反映的不是"对目标的判断"，而是对"判断目标"是什么的解释。这种情况最重要的一个后果是，当人们对情境做出错误判断，或未能认识到同样的情境可能被不同个体以不同的方式解释时，人们可能对自己所观察或了解的行为得出错误结论。真正的困难不在于人们主观地定义他们所处的情境，甚至也不在于他们以可变和不可预测的方式做出这种定义，而在于他们没有意识或没有充分考虑到这种可变性与不可预测性。在本章接下来的部分，我们将阐明这一忽视正是判断和归因缺陷的症结所在，也是过去 20 年来社会心理学家和认知心理学家致力于研究的地方。我们将再次不揣冒昧地谈及我们在自己的研究中所探讨过的现象（Nisbett & Ross, 1980; Ross, 1990）。

虚假共识效应

在一项关于归因缺陷的研究中，罗斯、格林和豪斯（Ross, Greene, & House, 1977）要求被试阅读一系列对假想情境的描述，每一个情境都要求被试在两种反应中做出选择。对于每一个情境，被试都要表明自己的反应将是什么，估计两种反应之间的共同性，并评估每种选择能在多大程度上让人推断出反应者的个人特质。例如，一个两难情境的描述如下：

当你从家附近的超市出来时，一个穿着西装的男人问你是否喜欢在那家超市购物。你非常诚实地回答自己确实喜欢在那里购物，并表明除了超市离你家近之外，那里的肉也不错，而且价格便宜。这名男子随后透露，摄制组已经将你的看法录了下来，并请你签署一份协议，允许他们将未经剪辑的录像用于这家连锁超市正在制作的一个电视广告中。你是同意还是拒绝签署这份协议？（Ross et al.,1977）

这项研究的主要发现被称作虚假共识效应（the false consensus effect），指的是人们认为相比另一种选择，自己在两难情境中所做的选择要更具普遍性且较少反映出个人特质。因此，同意签署协议的人认为大多数普通人都会这样做，少数没有签署的人可能特别害羞或疑心太重；不同意签署的人认为绝大多数人都会拒绝，同意签名的少数人则特别容易上当受骗或表现欲强。

这种现象与自我中心归因（egocentric attribution）很相似。社会知觉和归因领域的文献中，零星存在一些类似虚假共识效应的研究发现（Holmes, 1968; Katz & Allport, 1931; Kelley & Stahelski, 1970）。一般而言，对这类现象的解释是从动机的角度进行的，即人们需要认为自己的行为选择是理性而规范的。罗斯及其同事指出，一个更具认知性的过程也起到了一定的作用。他们注意到，给被试呈现的情境描述，必然留下了大量可供被试想象的细节和背景信息。同样不可避免的是，在消除歧义、填补细节，或者简言之就是理解假想的情境上，不同的被试会有不同的方式；这样一来，他们就会步入虚假共识效应。

想象一下前文简短的超市偶遇情境中所具体描述的内容。这个"穿着西装的男人"到底长什么样？他是如何提出请求的？（他是一个花言巧语戴着尾戒的骗子推销员，还是一个干净整洁、招人喜欢的小伙子，谁也不愿让他失望？）你当时穿的是什么衣服？（你是穿着汗津津的慢跑服，还是穿着时髦的新衣服？）你具体说了什么？你是怎么说的？（你说得既流利又机智，还是口齿不清、有点傻？）除了这些内容和情境细节之外，还有一个先前经验的问题。（你以前看过这类广告吗？如果看过，你觉得出现在广告里的人怎么样？）在对方提出请求时，你的想法和感受也是一个方面。（你当时的心情如何？生活中还发生了其他什么事？）签署协议的请求以及它发生时的情况让你想到了什么？（你是否害怕"被人利用"？是否恪守帮助"只是在做本职工作的人"的原则？对"自己在电视上被人看到"而带来的知名度感到高兴还是恐惧？）显然，某些人在阅读情境材料时会自行补充更多并未出现的细节。但是，对模糊情境的加工方式，不仅会影响你的行为选择，还会影响你对共识的估计，以及对两种可能反应的"意义"的评价。

不同个体可能以不同的方式消除书面或口头陈述的歧义，这一事实蕴意丰富——尤其是在这个世界，人们对彼此行为的很多了解都只是间接的。但有一个问题，语义歧义引起的虚假共识效应是否具有普遍性。也就是说，它是只出现在对假想情境的间接描述和报告中，还是也出现在我们对亲身经历中真实行为的评价里？为了回答这个问题，研究者进行了一项研究，让被试在一个真正的两难情境中做出真实的选择，然后让他们对在同样困境中做出了反应的学生进行共识估计和个人归因。研究者告知被试参与的是"沟通技巧"研究，询问被试是否愿意在校园里走 30 分钟，挂着一个写有简短信息"来乔家吃饭"（EAT AT JOE'S）的大广告牌，这样研究者就能记录大学生对这种"不同寻常的沟通技巧"的反应。研究者明确告诉被试，尽管自己很希望他们同意参加这个广告牌实验，但他们可以随意选择退出（并报名参加以后的实验）。然后，研究者首先询问被试自己的决定，并让他们估计，总体而言其他学生可能做什么选择，最后是让他们推断同意或拒绝参加此实验者的人格特质。

这个"真实"的两难困境实验，验证了之前问卷调查的结果。总的来说，同意挂广告牌的人估计有 62% 的学生会做出与自己相同的选择，拒绝挂广告牌的被试认为只有 33% 的学生会同意研究者的要求。顺从和不顺从的被试，对于同意或拒绝挂广告牌在大多程度上可以显示这两种选择者的性格上也有分歧。正如预测的那样，相比推断同样选择顺从的学生，顺从的被试会更加自信地对不顺从学生的个人特征做出更极端的推断；相比推断同样选择不顺从的学生，不顺从的被试也会对顺从学生的个人特征做出更强硬的推断。

广告牌研究表明，虚假共识效应不仅适用于估计模糊的假想情境中的行为反应。同假想情境一样，真实情境也存在不同的解释方式。因此，如果被试认为挂广告牌会招致同伴的嘲笑，或者研究者会平静地接受他们的拒绝，或者这一情境是对他们从众倾向的考察，那么他们很可能拒绝挂广告牌，并认为在这种情况下同意挂广告牌者的人格特质肯定是不寻常或极端的。相比之下，如果被试想象同伴会欣赏其体育精神，或想象拒绝参加实验会遭到研究者的怀疑和嘲笑，或者认为这一情境是对他们"正直"品质的考察，那么他们可能会同意挂广告牌。反过来，在这种情况下，他们认为拒绝合作的人属于"另类"，其行为是另类人格特质的体现。

需再度强调的是，要从解释的角度来看虚假共识效应不只是简单地认为不同的人对给定情境的解释方式不同。这还取决于另一个假设，即他们在这么做的时候，并没有意识或充分考虑到他们的同伴可能以完全不同的方式解释"相同"的情境。我们的观点是，人们没有意识到在一定程度上，他们对情境的解释只是一种建构和推论，而不是对客观不变的现实的真实反映。

过度自信的社会和个人预测

罗斯及同事经过数年的行为预测研究发现，人们在预测彼此的行为反应时主观上的确定感过强，往往与客观测量到的准确程度不相符。在社会预测的研究中（Dunning, Griffin, Milojkovic, & Ross, 1990），研究者无论要求被试对谁进行预测（比如，室友或者在预测任务中接受采访的人），无论设置哪种类型的预测任务（比如，对假想的两难困境的反应，对过去行为和习惯问卷的反应，或对实验室构建的情境的反应），这种过度自信效应（overconfidence effect）随处可见。无论是预测室友是否参加一年一度的宿舍联欢或选择某个专业，还是预测他们刚刚采访过的人是否会在拍照前梳梳头发，或者他是否将选择订阅《时代》杂志而不是《花花公子》，被试预测的准确程度很少达到他们自认为的水平。

也许更重要的是，人们对自己的学术选择、社会偏好和娱乐活动的预测，也表现出同样的过度自信（Vallone, Griffin, Lin, & Ross, 1990）。换句话说，无论预测他们比较熟悉的人（比如室友）的反应，还是预测最熟悉的人（自己）的反应，被试都高估了预测结果的确定性。此外，在一些预测中被试过度自信得甚至有些离谱，他们有意或无意地违背反应基础率，也就是说，当他们预测某一特定行动者，甚至他们自己的行为反应时，预测结果会迥异于其他人最常见的行为。（也有可能是因为一般情况下，人们的行为受到各种情境的压力和限制。）

个人和社会预测中的过度自信效应，不能归结为某个单一的原因或潜在机制。毫无疑问，就像大多数有趣而稳健存在的现象一样，它受许多因素的影响。事实上，错误预测和预测者的过度乐观，几乎存在于过去几十年间研究者所记录的人类推理的全部缺陷与偏差中，从对统计原理的无知（如均值回归），到对特质因素相对于情境因素预测力的普遍误解（Dawes, 1988; Kahneman, Slovic, & Tversky, 1982; Nisbett & Ross, 1980; Ross, 1977）。然而，当反思这些研究结果，以及现实世界中错误预测的实例时，我们越来越认识到，过度自信在一定程度上是由于人们没有意识到解释过程在情境评估中的作用。

社会预测中的过度自信源于解释过程的两个不同方面。首先，预测一个人在特定情境中的反应（即使这个人你非常了解，并且之前在多种情境中观察过），你必须知道或正确推断该情境的细节，尤其是影响行为选择的情境特征。其次，除了情境的客观特征，你还必须从行动者的视角来了解该情境的意义。情境客观特征或行动者主观解释的不确定性都会增加预测的难度和出错的可能性。未能认识或充分考虑到这种不确定性，可能使个体无法适当降低对自己预测的信心。

格里芬、邓宁和罗斯（Griffin, Dunning, & Ross, 1990）的一系列研究表明，当缺乏细节时，人们确实很难意识到自己无法准确地解释情境。在这些研究中，研究者要求被试阅读一些情境材料，并预测在这些情境中自己或者其他人的行为方式。即使没有真实依据能假定自己的解释是正确的，被试仍然对自己的预测充满信心，其自信程度与他们被要求去假定他们所有的解释都是完全正确时一样。

情境解释和基本归因错误

人们经常告诉我们一些事情的简要描述，例如，"简在超市对她两岁的孩子大吼大叫"或者"约翰上周四献了血"，而没有告诉我们相关的情境因素和细节。我们甚至亲眼看到了这些行为，但也只能去想象或分析对行为有重要影响的特征，比如，过去一小时中，简的孩子可能做了什么，以及过去这个孩子对温和的斥责有什么反应，或者约翰的办公室是否设置了献血人数最低标准，除了约翰，其他人都已经献过血了。

在这种情况下，我们通常会想当然地认为一个人具有与其行为表现直接对应的特质，而不会根据这个人的反应，重新审视他对情境的解释。这种朴素特质主义（naive dispositionism）的作用在某些情况下尤为明显，即当得知一个普通人表现出异常的行为时（至少根据我们目前对情境的解释来看是异常的），观察者更倾向于重新评估这个人，也就是说，不再假设这个人是普通的，而是开始寻找解释该行为的特质。我们认为，观察者难以重新评估情境的意义，也就是说，他们不会考虑该情境（无论是客观情境，还是人们对情境的主观解释）与自己之前假设的有哪些不同，尤其是那些使他们认为相关行为是正常的、没有反映极端个人特质的不同。⊖

本书作者之一的经历充分说明了这一点。作者的一位同事常年给高年级本科生教授方法课，据说他习惯于在这门课上给学生高分。了解这点后，作者开始从这位同事的人格特征中寻找原因。也许是为了迎合学生的想法？一种错误的平等主义？必须说明的是，作者事先并没有充分的理由假设该同事具有这种特征。不久之后，作者亲自教了这门课。虽然学生不是典型意义上的天才，但他们充满了活力和热情，所做的实验项目既有创意又有雄心。面对这种情境，作者也给了学生很高的分数！

常人特质主义（lay dispositionism）主要表现为仅仅对个体进行判断，也就是说，人们不会假设自己之前对情境的解释在某些重要方面是不准确的，也不会进一步考虑到更准确的解释会让个体的行为看起来不那么异常，不那么显露极端的个人特质。从本质上来说，我们谈的是一种归因保守主义（conservatism）的缺失，或者说，当根据一个人对行为和情境的最初解释而做出的特质推断是负面的时候，这是善意归因（attributional charity）的缺失。从表面去理解看似异常的行为，不去考虑这些行为很可能受到情境压力和限制的影响（包括目前尚不明显的压力和限制，或源于行动者对情境的主观理解的压力和限制），普通的社会知觉者与那些忽视基

⊖ 这里强调观察者几乎不会为了使异常行为显得合理而改变自己之前对情景的假设。——译者注

础率和平均值的直觉主义统计家一样，都犯了同样愚蠢的错误。双方都高估了"异常"观测所具有的意义；同时，双方都未能重视一个事实，即异常特质比普通特质要少得多。这种倾向是基本归因错误的核心所在，会使人们始终相信社会行为及其背后的人格特质中存在强大而一致的个体差异（Nisbett & Ross, 1980; Ross, 1977）。在下一章中，我们将审视关于经典人格特质预测价值的实证证据。在第 4 章和第 5 章中，我们将详细探讨常人信念和实证研究之间的差异。

第 3 章

寻找个人的一致性

前文阐述的一个重要观点是，当解释身边发生的事件时，人们往往会忽视或无法充分考虑情境的影响。我们认为当人们面对令人惊讶或极端的行为时，也就是说，当行为会促使情境主义者寻找可能导致该行为的极端或情有可原的情况时，这种忽视情境影响的倾向尤其可能误导人们。另一个与此相关的论点是普通大众没有认识到主观解释的重要性，即没有认识到只有根据行动者自身对行为情境的解释，才能了解行为得到预测和理解的程度。

如果人们忽视了客观的情境因素和主观解释的重要性，那么他们将观察到的行为归因于什么呢？他们又是根据什么来预测未来行为？从研究证据和日常经验中，我们得到的答案都是，人们是根深蒂固的特质主义者

（dispositionist）。他们从人的角度，或者更具体地说，从假定的人格特质或其他独特且持久的个人特质的角度，来解释过去的行为和结果，并对未来的行为和结果进行预测。

在这一章中，我们会回顾关于人格特质（如外向性、诚实和依赖性）解释力与预测力的证据。我们的回顾突显出人格特质明显缺乏解释力和预测力，至少在控制良好的研究环境下严格根据标准相关系数进行评估时是这样的。值得注意的是，无论是做实验的研究者还是整个心理学领域都对这些统计结果感到惊讶，其惊讶程度不亚于大多数在课堂上学习它们的学生。显然，这些结果以独特的形式证明了自身正如我们之前用以展示情境力量的经典研究一样，都十分挑战直觉，引发怀疑，蕴含的启示也都易于引起争议。这种普遍的惊讶和怀疑来源于什么？我们猜测，这些反应可能源于一个事实，即专业心理学家所大量采用的直觉理论和考虑的日常社会经验，在本质上与普通大众别无二致。在一些十分重要的方面，这些理论和经验均具有误导性。

本章首先简要介绍直觉的特质主义理论（intuitive dispositionist theories），这些理论最初导致了人格理论和人格评估领域的出现，并在今天继续影响着概念分析与研究。之后，我们会讨论一些令人不安的实证证据，以及对这些证据进行的各种实证和逻辑上的反驳。这一章的结尾是我们对一致性争论（consistency controversy）的评估，这是人格心理学半个多世纪以来的核心问题。第 4 章将更详细地介绍了有关个人一致性和可预测性的大众观点，探讨了常人特质主义的起源，以及可能助长特质主义的各种认知、知觉和动机过程。第 5 章则采取了不同的策略来处理实证证据和日常社会交往印象之间的关系，并且提出从本质上讲，关于行为一致性与可预测性的常人信念是有现实依据的，尽管常见人格特质所产生的实际影响可能比普通大众认为的要少得多。

传统人格理论概述

无论是普通大众的人格理论还是专业心理学家的人格理论，通常都从关于人类行为的两个基本假设出发，这两个假设似乎都是由日常社会经验所决定的。第一个也是最基本的假设是，社会领域中的许多甚至可能是大多数刺激情境对不同的人会引起截然不同的反应。事实上，正是这种反应的多样性，促使普通大众和专业心理学家在最初都假定特质差异的存在。第二个假设与日常社会经验相一致，即个体在应对不同情境时会表现出相当程度的一致性，因此也表现出相当程度的可预测性。把这两个假设放在一起，我们就得到了常人特质主义的核心观点——当不同的人对某一特定情境进行反应时，我们所看到的反应的变异性不是随机或不确定的，而是反映了不同行动者自身独特且持久的个人特征。

于是，人格研究者的工作从一对相互关联的任务开始，即确定一般来说决定人们行为的主要特征并找出测量这些个体特征的方法。对于人格学家来说，之后的一个更为理论化的任务是探索决定人格结构的具体特征在相互关联的方式上有何规律。最后，则是人格发展和改变的问题。个体特征首先是如何发展的？然后随着个体的经历和对经历的解释，又如何延续或改变？

尽管进行这些任务时需要克服一些棘手的方法问题，但研究者们确信作为研究基础的理论假设，其基本可靠性是不容置疑的。对任何观察者（包括理论家和普通大众）来说显而易见的是，人与人之间在反应与潜在人格上均有差异。同样显而易见的是，人们在不同情境下的行为，会展现出有关他们是谁以及他们的本性是什么的痕迹。人们似乎在友好、诚实、依赖、冲动等方面存在显著差异，这些差异随着时间的推移和不同的情境而显现出来。

日常社会经验进一步暗示了人格的组成规律。特征似乎形成了独特、有组织的集群，因此我们有理由谈论外向者、反社会者、独裁主义者、马基雅维利主义者、"妈宝男"、享乐主义者，以及其他无数的人格"类型"。事实上，如果不存在一致的鉴别特征，我们就很难解释为什么语言使用者会创造并持续使用成百乃至上千个广为接受的特质性词语。在一项早期的研究中，奥尔波特和欧德贝特（Allport & Odbert, 1936）在《韦氏完整版新国际词典》（*Webster's Unabridged New International Dictionary*）的现代版本中发现了 4500 多个这样的词语。几十年来，伴随着扩展眼界的共同社会经验，以及引人深思的各种看似全新的个人生活方式，这份词语名单进一步加长，包括"垮掉的一代""嬉皮士""雅皮士""超级妈妈""解放女性""包女郎"等。这些丰富的描述性词语必然与人们观察到的行为规律有一定联系，否则我们很难想象它们会流行起来。

经验和直觉还促使我们觉察到了个体差异的基础。我们经常看到儿童和他们父母之间的相似之处，这说明了遗传因素或父母言传身教所展现的价值观的影响，具体是前者还是后者取决于一个人对"先天与后天"的态度。很少有成年人会否认，他们自己的观点和为人处世的方式都植根于他们早期的社会经历与接触过的社会模式。因此，我们不仅能够觉察到鲜明的人格特质和类型，也常常能解释为什么它们会存在，甚至为什么我们讨论的个体几乎不可能成为别的样子。

简而言之，至少在西方文化中，日常经验和先哲的智慧似乎都支持一系列传统特质主义观点，这些观点形成了人格研究者的研究议题。多年来，这些研究者已经开发了详细的人格特质和类型分类法——一些受到人格结构和发展的具体理论（尤其是心理动力学理论）的启发，另一些受到了分析普通大众理解及特质词语使用方式的启发，还有很少一部分甚至受到了真实反应数据的统计分析的启发。研究者还开发了成千上万的评估工具，从涉及特定特质或行为的简单自我报告和自我描述问卷，到微妙的投射测验（如罗夏墨迹测验）和用于分析并量化个人特征及其高阶聚类的大型综合量表（如明尼苏达多相人格测验）。

无论最初的灵感是什么，传统人格学家通过实证及思考最终得出了个体差异的观点，这种观点与传统人格和社会行为的大众观点完全一致，实际上似乎是更详细的一种阐述。在概括性最高的层次上，我们可能会看到一个维度或因素对应外向性－内向性，第二个维度对应宜人性－非宜人性，以及第三个维度对应情绪稳定性－不稳定性（例如，Eysenck, 1967; Norman, 1963）。一些研究发现的其他普遍因素包括支配－服从、尽责性－不尽责和教养－粗鲁（例如，Digman & Inouye, 1986; Norman, 1963）。传统特质本身存在于比普遍因素概括性更低的层次上。因此，外向性与内向性的广义范畴还包含健谈与沉默、好交际与封闭、冒险与谨慎、坦率与隐瞒的特质。宜人性这一广义范畴也包含类似的特质描述，例如，好脾气与易怒性、合作性与违拗性等。

许多研究表明，对于什么样的人格维度和具体特征最有助于体现自己和其他行动者之间的差异，人们的看法非常一致。此外，在用某一特质描述特定个体时，人们也表现出显著的一致性。随着时间的推移，人们对自己和同伴人格特质的评估都会相当稳定。最后，基于自我报告和同伴评定的特质评估，人们的确能够预测日常生活和实验室中的实际行为。然而，正如我们在介绍本章所关注的问题时指出的那样，研究证据中潜藏着一个长期存在的问题，挑战了普通大众和专业心理学家共有的特质主义信念，现在我们将对此进行详细的探讨。

科学的发现和争论

考虑到个体人格差异的"明显性"、研究者的专业性以及巨大的研究量，普通大众可能会合理地预期，甚至担心人格测量和行为预测在很大程度上已经非常完善了，即现有的评估工具及方案能够对特定情境下行动者的行为进行相当精准的预测。然而，事实在很大程度上与这样的预测不符。可以肯定的是，研究者已经能够证明，在两种不同情境下测量的行为间存在统计上的显著相关。而且，各种人格量表与其他评估工具和客观测量的行为结果之间的相关，也达到了统计上的显著水平。最终挑战人格学家的问题在于效应量，或者更具体地说，是观察到的跨情境一致性水平与我们广泛认同的特质主义理论所预期的水平之间的差异。事实上，尽管得出的相关系数显著大于零，并因此证明了个体变量确实解释了观察到的行为中的一些变异，但这种相关低到足以使行为一致性和可预测性的程度比不一致性和不可预测性的程度更不突出，所提供的信息量也更少。

经过几十年的研究，没有一个"经典"的特质主义实证研究能与阿希的从众实验、米尔格拉姆的服从实验，或弗里德曼和弗雷泽的"登门槛"实验，甚至纽科姆在本宁顿进行的社会影响现场实验相媲美。也就是说，没有哪项著名的研究能证明，稳定的个体特征（无论是由研究者测量的还是过去的行为记录所揭示的）比专家或普通大众的预期更能预测行为。也没有任何研究表明，那些看似小且微妙的个体差异（无论是通过人格量表还是任何其他方式测量得出的）会在公开的社会行为中产生大且可靠的影响。相反，正如我们将要描述的，现有的行为一致性和可预测性文献通常更多地支持了传统人格理论的批评者，而不是其支持者。

1968 年的挑战

1968 年是人格研究的分水岭。就在那一年，沃尔特·米歇尔（Walter Mischel）和唐纳德·彼得森（Donald Peterson）各自在独立的文献综述中指出，在特定情境下，个体反应的可预测性都相当低——事实上，低到足以让人质疑普通大众和人格学家对行为一致性的基本假设。尤其是，米歇尔（1968）的人格测评教材似乎动摇了人格领域的根基。时至今日，余震仍在继续，尽管米歇尔最初的贡献只是简单总结了一些大多数研究者都知道的事实。也许这些事实中最重要的是，针对同一个人格特质（例如冲动、诚实、依赖性等）设计的不同行为测量之间的平均相关通常为 0.10～0.20，甚至更低。这意味着，以表示效应大小的百分比来说，就算了解了某人在情境 1 中的行为，我们对情境 2 的预测准确性几乎没有提高。比如说，在任何两种情境下，友好程度的相关是 0.16，这意味着在情境 1 中简比埃伦友好，那么简在情境 2 中也更友好的可能性仅仅增加到 55%（在完全未知的情境下，这种可能性是 50%）。此外，被设计用来测量某一特质的人格量表得分，与在任何情境中该特质引发的行为之间的相关常常为 0.20～0.30。事实上，无论是同一特质的两种不同行为测量之间，还是人格量表得分和个体行为测量之间，没有一个相关系数超过 0.30 的"界线"。

米歇尔对令人费解的客观行为测量弱相关的反应十分与众不同。与之前的评论者不同，他没有试图通过提出方法论上的缺陷来为弱相关辩解。他要求我们考虑这样一种可能性，即这些弱相关可能捕捉到了人类行为的一个重要事实，即跨情境一致性可能是例外，而行为的特异性才是规则。并且，他迫使我们面对这样一个事实：无论是我们乐于使用特质标签的习惯，还是我们对行为一致性的强假设，都不能依据客观的行为记录而合理化。为此，米歇尔明确提出了两项挑战。第一项挑战是考虑哪些知觉、认知和动机因素可能导致我们"看到"高度的行为一致性和可预测性，而这实际上很少或根本不存在。第二项挑战是找到新的方法去理解人们对其社会环境反应的决定因素。米歇尔强调，最终的目标是要对反应的规律性和反应的特殊性均做出解释，这种解释不是从特质方面，而是从认知能力、信息加工策略、个人目标、主观期望和其他"社会学习"因素等角度进行的考虑（Mischel, 1973；另见 Cantor & Kihlstrom, 1987）。

我们会展现米歇尔引起的反响并讨论他提出的各种挑战。然而，我们有必要先回顾一下他所引用的那些证明了行为缺乏跨情境一致性的研究，这样读者就能理解这些研究对当代人格学家提出的问题，并继续向人格理论家和坚称自己对行动者一致且可预测的日常印象并非认知或知觉错觉的普通大众提出这些问题。

跨情境一致性的实证研究

纽科姆与外向性的一致性

1929 年，西奥多·纽科姆发表了一篇关于夏令营中"问题"少年的研究。他的目标是检验外向性广义范畴下的人格特质或倾向，包括健谈、爱出风头、能量输出、支配性、对环境的兴趣、冲动、社交鲁莽、注意力分散以及偏好群体而不是单独的活动。为了探究行为的一致性，纽科姆确定了夏令营中的一系列行为，作为某一特质的证据。这些行为的选择方式，与今天的任何一位普通大众或人格学家相同。例如，是否健谈被定义为以下行为："讲述他自己的过去或他所取得的成就""大声而自然地表示高兴或不赞同""有针对性或泛泛地与辅导员聊天来询问和回答问题""独自一人或与其他人一起度过静默时间"，以及"吃饭时说话的次数"。辅导员每天都会在评估表上详细报告这些行为。例如，辅导员需要标明，在静默时间里，男孩是在忽视他人，还是在安静地交谈且不四处走动，抑或是大声地谈笑。辅导员还需估计，男孩在每次吃饭时花多大比例的时间在说话。

纽科姆将奇数天的每日行为记录进行平均，并将其与偶数天的每日记录计算相关。例如，静默时间内的健谈与用餐时间内的健谈之间的关系，这不是基于单次测量之间的相关，而是基于 24 个静默时间的平均值与 72

个（即 24 × 3）用餐时间的平均值之间的相关。我们将会在之后更详细地解释，这种反应的聚合（aggregation）可能会比考察个别场景时得到更高的相关。（因为相比单次观测，24 次观测的平均值是更加稳定可靠的测量，因此，得到的相关不会因测量误差而减弱。）然而，尽管如此，纽科姆发现任何两种有关同一特质的行为评分之间的平均相关仅为 0.14，面对这种典型的协变量检测范式，普通大众很难将这种水平的相关与完全没有关系区分开（Jennings, Amabile, & Ross, 1982）。

纽科姆的研究有一个特点，批评者可能会试图据此反驳其核心发现。他的研究对象有很明显的个人问题，以至于被送到了专门针对人际问题的儿童夏令营中，因此这不是一个典型的群体。事实上，正如纽科姆自己所指出的，这些被试的不典型性主要涉及与外向性和内向性直接相关的极端行为（指攻击性和极端胆怯）。然而，他对潜在批评者的回答非常简单：因为反应中的变异性大于一般人群，所以从逻辑上讲，结果应该是高于而不是低于未经选择的"正常"人群中的相关。然而，碰巧我们没有必要为纽科姆的研究进行辩护。已有其他研究使用了更具代表性的被试样本对行为的跨情境一致性进行检验，并且他们得到的结果基本上与纽科姆相同。这些结果一致表明，被试在一种情境下基于某种人格特质而做出的反应，几乎没有为他在另一种情境中基于同一人格特质而做出的反应提供任何预测上的帮助。

哈茨霍恩和梅与诚实的一致性

实际上，对行为一致性最早且仍是最具雄心的研究发表于纽科姆研究的前一年。1928 年，哈茨霍恩（Hartshorne）和梅（May）大范围地在课堂和非课堂情境中，考察了中小学生的诚实行为。他们测量的行为包括，偷取放在空教室桌子上的零钱的意愿，撒谎以避免让别的孩子陷入麻烦的意愿，以及在似乎不可能被发现的情况下，在课堂考试中通过加假分来作弊的意愿。此外，他们对研究中的许多具体行为都进行了不止一次检测，例如，他们进行了几次类似的课堂测试，在每一次中都测量了儿童作弊的意愿。因此，与纽科姆的研究一样，当研究者考察不同类型行为之间的相关时，他们在相关分析中输入的很多分数实际上是几个行为的平均值。同样，相比只考虑单一情况下的行为，这些测量的聚合本应使相关的水平超过人们的预期。然而，他们得到的任何一种类型的诚实行为和其他类型诚实行为间的平均相关只有 0.23。

1929～1968 年的一致性研究

纽科姆以及哈茨霍恩和梅的研究开销巨大，并且花费了大量的时间和精力，在过去的 30 多年里，没有人认真地尝试去复制或扩展这些研究。很少有人格学家愿意承认，从一个特定情境到另一个情境，行为的可预测性真如这两篇经典实证文献所指出的那样低。他们选择放弃早期基于各种方法论的研究，也没有试图通过弥补可能的方法论缺陷来得到不同的结果，而是转向了一种截然不同的研究策略。他们放弃了客观的行为测量，转而开始关注主观的纸笔式自我报告和同伴评估。例如，在各种情境下（"在聚会上"或"和同事在一起"）询问人们有多友好、自信，或有多认真负责。当研究者对包含不同自我报告题目的调查问卷进行统计分析时，弱相关成了过去。奇数和偶数测验题目之间，或某一测验的复本问卷之间，甚至测量同一特质的不同测验之间的相关都很高。反映长期自我评估"稳定性"的相关也是如此（Block, 1971; Conley, 1984）。相关系数在 0.60 至 0.80 的范围内是很常见的，信度（reliability）可高达 0.90。此外，至少通过纸笔测验进行测量时，不同特质之间的相关也可以达到相当高的水平；还有人声称，当使用复杂的因素分析方法时，这种相关最终开始揭示人格的结构。

同伴报告的纸笔评估也取得了一些成功。在不同情境中，特定的评估者对某一个体的评价表现出一致性，并且较长时间内进行的重复测量也表现出稳定性。

然而，其中仍然存在一些问题。对某一个体进行评分的不同评分者间，反映一致性水平的相关并不高。虽然相关系数有时达到 0.50，但低得多的相关系数更为常见。在诺曼和戈德堡（Norman & Goldberg, 1966）的经典研究中，兄弟会相识多年的朋友在大多数特质上进行互相评估，分数间的相关在 0.20 左右。然而，任何两个人对他们从未相识且只能见一面的人进行评估的相关也不比它低多少，平均值为 0.13。亲密熟人的评估和自我评价之间的相关很少超过 0.50，通常在 0.30 左右（Bem & Allen, 1974; Chaplin & Goldberg, 1985; Kenrick & Funder, 1988; Mischel & Peake, 1982a）。简而言之，相比客观行为研究，主观的纸笔评估得到了更高的相关；但只在研究者考察自我知觉的一致性或稳定性，或者评分者对目标个体认知稳定性的研究中，发现了一致的强相关。

相比不同评分者之间较低的一致性，纸笔评估技术的支持者面临着一个更为麻烦的问题，即效度（validity）问题。简单地说，即使单个评分者的评估（甚至不同评分者间的一致性）信度再高，也不能够证明被评价者的行为中存在一致性。评分者可能坚持某些信念或具有某种刻板印象，而这些信念或刻板印象没能得到客观反应数据的支持，或是只能通过某人的预设来解释这些数据。你可能觉得自己害羞、敏感、有责任心，但谁能说你是对的呢？同样地，两个不同的评估者，或者一个评估者和一个被评估的个体，可以就客观上没有根据的人格评估达成一致——前提是他们的评估是出于同样的一套内隐人格理论、刻板印象或在当地的声誉（例如，"戴眼镜的人很聪明""矮个男人很有攻击性"或"所有的范奥蒙德家族的人都很高傲"）。然而，由于纸笔测验的简便性以及较高的相关性，研究者几乎不愿再去进行艰苦而没有回报的客观行为一致性的探索。

西尔斯与依赖性的一致性

直到 1963 年，才出现了又一项雄心勃勃的对客观行为一致性研究。罗伯特·西尔斯（Robert Sears）对幼儿园儿童的依赖性进行了调查。幼儿的依赖性是一个对研究者很有吸引力的特质，因为幼儿的许多行为易于客观测量，且人们一致认同这些行为体现了依赖性。西尔斯研究了诸如触摸、抱着老师或别的孩子、要求安慰的频率和寻求关注的频率等变量。他测量了幼儿在课堂情境和实验室中对同伴、老师和母亲的依赖性。同样，西尔斯的变量不是在单一情境下对行为的单一观察，而是多次观察的平均值。尽管这一研究在统计上有所改进，但行为类别之间的平均相关仅为0.11，这一相关显然太低了，既不符合普通大众的直觉，也无法达到传统人格理论的要求。

实证挑战的意义

仅仅在西尔斯研究的 5 年之后，米歇尔和彼得森就对传统的个人一致性假设发起了挑战。从本质上说，他们所做的是清除完全依赖主观评估进行一致性研究中积累起来的不足，并重新关注少数采用客观行为测量的研究。在优先考虑这些客观测量时，米歇尔和彼得森注意到，人们显然反对将主观评估的信度用作证明长期稳定人格个体差异存在（更不要说确定大小了）的证据。他们坚持认为，虽然测量的一致性和随时间的稳定性是值得研究的有趣现象，但它们并不能证明所讨论的特质构念的有效性。他们还总结了现有文献中关于信息加工偏差和其他人类推理的缺陷，特别是对基于外表、角色或声誉的刻板印象的依赖，这些缺陷可能损害社会知觉甚至自我知觉的有效性。此外，在随后的 20 年中，人们对社会知觉和认知的偏差进行了大量研究，为上述批评提供了更坚实的基础（Dawes, 1988; Fiske & Taylor, 1990; Kahneman, Slovic, & Tversky, 1982; Nisbett & Ross, 1980; Taylor & Fiske, 1978）。许多被证实的偏差正是那种可能导致一致性错觉的偏差。例如，20世纪七八十年代，许多研究论文都提到，对"事实"的记忆会严重受到各种先入之见的扭曲。

值得注意的是，米歇尔并未认同不同情境下行为缺乏一致性说明不存在可测量或可预测的个体差异。相反，他强调说，在同一情境下个体可能会做出非常一致的反应，也就是说，随着时间的推移，个体对特定情境的特定反应可能会非常稳定。事实上，一些经典研究非常清楚地表明了这一点。稳定性系数，即在不同时间点对同一行为的两次测量之间的相关通常超过0.40，有时甚至更高。例如，哈茨霍恩和梅（1928）发现，在一次普通信息测验中抄袭答案的倾向，与6个月后在类似测验中抄袭答案的倾向之间的相关为0.79。纽科姆（1929）发现午餐时的健谈是一个非常稳定的特征，只是这与其他场合的健谈没有非常高的相关（参见 Buss & Craik, 1983, 1984）。米歇尔强调，人与人之间的巨大差异显然仅限于对特定情境的特定反应，例如，在餐厅的友好程度或与雇主对抗的意愿，而不是广泛的、跨情境的外向性或自信。

米歇尔对人格学基础的抨击不仅限于他对缺乏跨情境一致性的断言。他还声称，标准人格评估量表得出的特质分数与客观行为结果之间的相关也非常低，这让人格学家们更加不安。就算相关超过了0.30，个体的行为也几乎无法被预测，而通常的相关往往更低。他接着指出，相比简单的自我报告，采用间接微妙的投射技术进行评估的人格量表，在预测实际行为反应方面也不会更成功（通常也远不如前者成功）。

也许最易引起争议的是，米歇尔接着证明了被试延迟满足的意愿或能力（一种精神分析取向的人格学家所关注的特征）可能更多地取决于具体情境，而不是个体的人格特质。因此，无论是人格测量还是儿童在其他情境下的表现，都只能中等程度地预测（再一次，相关一般小于0.30）儿童在任何一种情境下成功地延迟满足，即放弃眼前的小奖励而换取以后更大的回报，但是通过操纵测试情境中一些非常微妙的特征，研究者能够极大地改变儿童的延迟满足。例如，一项研究（Mischel & Ebbesen, 1970）发现，当两种奖励都能让儿童很明显地看到时，大多数儿童很快选择了小而直接的奖励（平均延迟1.0分钟）；但当两种奖励都隐藏起来的时候，儿童会努力地延迟满足（平均延迟11.3分钟）。根据这些结果，米歇尔（1974）和他的同事发现，任何一种能让儿童把他们的注意力从眼前的奖赏上转移开的简单认知策略，都能大大提高几乎所有儿童延迟满足的能力。换言之，这种操纵环境（也许同时操纵了环境对儿童的意义）的影响，远大于任何广泛而持久的个体差异的影响，无论这一个体差异是冲动性或是耐心，抑或是任何其他个体差异（当父母和专业人士试图解释儿童面对现实世界的机会和诱惑时所做出的不同反应时，他们想到的都是这些个体差异）。

专业领域对 1968 年挑战的回应

贝姆重提普遍化 – 个体化方法的区分

早期对米歇尔的回应中，最有趣的部分也许来自达里尔·贝姆，他是一位杰出的社会心理学家（第2章提到的自我知觉理论的创始人），当时也正转型成为一位人格学家（贝姆的回应同时也在某些方面提前涉及了后文将详细阐述的一些观点）。与大多数批评者不同，贝姆没有轻视现有的行为数据。相反，他本质上承认了米歇尔的基本观点，即随机样本对一系列特质相关情境所做的反应能够体现出跨情境的一致性程度。他坚持认为，特质理论虽然受到较多限制但仍然是有意义的，至少某些特质能够恰当地预测某些人。

贝姆和艾伦（Bem & Allen, 1974）重提了 30 多年前由戈登·奥尔波特（Gordon Allport, 1937）提出并被米歇尔的导师乔治·凯利（1955）大量使用的一个区分。他们指出共同特质（common trait）中隐含的个人一致性是存在的，前提是研究者必须采用个体化（idiographic）方法来研究人格，而不是普遍化（nomothetic）方法。[⊖]（关注某一个体人格结构的独特面，而非假定每个个体在人格的各个维度上都能得到有意义的分数。）

个体化方法的核心特征是，首先确定适用于描述所研究个体的特定特质（或反过来，确定所研究特质的适用人群）。换言之，在寻找行为一致性时必须意识到，只有一部分特质维度适用于描述特定个体，同时也只有一部分个体可以用某特质维度进行描述。

个体化方法还有一个特征，在选取研究行为一致性的特定情境时，要考虑到个体。做到这一点有两种不同的方法。一种是，在大量情境样本中观察人们的行为，从而发现特定个体表现出的特定行为一致性（在新的情境中可能再次出现）。另一种是，研究者可以通过个体的生活史、需求、目标、解释图式（interpretive schemas）等类似的信息，预测在哪些独特的情境中，特定个体会表现出某一人格特质。不管是哪一种方法，个体化方法的实践者都不认为在任意给定的情境中，相应的特质"分数"能够有意义地反映人们的表现。只在对自己有意义的特定情境中，人们的表现才能反映出他们的人格特质。

贝姆和艾伦的理论假设，只有那些努力达到个人标准或努力给他人留下一致印象的人在对他们有意义的情境下，才会表现出一致性。换句话说，只有积极监控自己行为的个体所表现出的一致性，才能达到研究者预

⊖ 个体化方法和普遍化方法也分别被译作特殊规律法和一般规律法。——译者注

测和寻求的一致性程度，至少在特定情境下如此。例如，有些人会监控自身行为的友好和尽责程度，因为这些个人品质对他们来说很重要，是他们主要想留给别人的印象。出于同样的原因，还有些人也会努力一致地表现出自己的男子气概、知性、生态意识或爱国主义。但再次强调，他们只会在与该特质相关的情境中这样做。

不幸的是，贝姆和艾伦承认，他们的研究方法并没有基于其理论进行相应改进。他们的确试图识别出一群可能"一致"的人（其行为与另外一群"不一致"的人形成对照），但是他们在这样做的时候既没有对这些人的行为进行观察，也没有分析这些人的解释图式或个人关注点（personal concern）。此外，他们也没有根据特定个体选择最恰当的特质。他们只是简单地指定了两个特质——友善性和尽责性，然后将招募到的行动者（被试）按照"高一致性"或"低一致性"加以分类。对于友善性，他们根据被试的整体自我描述进行分类；至于责任感，则根据被试对过去某些行为的自我报告进行分类。也许最重要也最不符合其个体化原则的是，贝姆和艾伦没有根据具体的个体选择有针对性的情境或测量工具，而是简单地选择了研究者（他们自己）认为与指定特质相关的一些情境和测量工具，然后让所有被试接触相同且固定的情境。最后，应该指出的是，贝姆和艾伦只使用了非常少的行为测量工具——友善性有两个，尽责性是三个。他们所用的其他测量工具是由自己、父母或同龄人做出的主观概括性评价。

尽管研究者实际遵循个体化方法的程度有限，但他们的结果至少为其论点提供了初步支持。在友善性上，两个行为测量（即实验前被试与他人立即进行交谈的速度，以及实验开始后被试在小组讨论中发言的数量）之间的相关在"高一致"组中很高（$r = 0.73$），但在"低一致"组中就不是这样了（$r = 0.30$）。虽然前一个相关的强度令人印象深刻，但值得注意的是，这两种行为测量很难说是某种总体特质（global trait）的两种独立表现。两者都反映了个体与陌生人交谈的意愿，事实上，都反映了在某一特定环境的特定场合下，被试这样做的意愿。

对于尽责性，贝姆和艾伦采用了多样化且相互独立的三种行为测量指标——归还所借课堂读物的速度、完成课堂作业的认真程度、学生外表和宿舍的整洁程度。他们的数据显示，无论是"高一致"还是"低一致"组，任意两种测量指标都没有出现显著正相关。（"高一致"组的平均值是 −0.04，"低一致"组为 −0.19。）

面对上述看似令人失望的结果，贝姆和艾伦并没有感到沮丧，因为他们没有只用行为测量来支持其观点。与早期的人格学家一样，他们非常依赖自我评估，以及同伴和父母的主观评估。与之前的研究者相同，他们这样做的结果也不错。不管是友善性还是尽责性，他们发现"高一致"组被试的同伴评分、父母评分和自我评分彼此相关性较强（友善性平均 $r = 0.61$，尽责性平均 $r = 0.48$），甚至与相应的行为测量也存在较强相关（友善性平均 $r = 0.47$，尽责性平均 $r = 0.36$），"低一致"组中的相关较低。

贝姆和艾伦的论文（更多由于整体论证的强度，而不是数据的支持力）很快引起了人格学家和米歇尔主义者大量的争议与批评。前者认为他们的方法根本不够个体化，后者认为只有进行客观的行为测量而不是主观评估所得到相关系数才能用来论证其观点。此外，贝姆和艾伦报告中唯一涉及行为测量的较强相关，显然经不住重复检验。米歇尔和皮克（Mischel & Peake, 1982a）重复了贝姆和艾伦主要的研究程序，还增加了几个尽责性和友善性的测量，发现尽责性行为之间的平均相关为 0.13，友善性为 0.05。类似地，查普林和戈德堡（Chaplin & Goldberg, 1985）对贝姆和艾伦的研究进行了概念性重复，发现尽责性行为间的相关是 0.01，友善性行为间的相关是 0.00。更重要的是，尽管采用与贝姆和艾伦一样的分组工具，但在两个特质上，研究者都没有发现所谓"高一致"组比所谓"低一致"组在任何一种相关上更高。总之，虽然贝姆和艾伦的基本观点很有吸引力，但他们对人格的个体化研究所进行的初步尝试，并未解决行为不一致的悖论。他们的研究结果及其所启发的后续研究，只不过是额外增加了两种特质的行为数据，这些数据的相关强度与米歇尔在 1968 年发现的相同，甚至更小。

方法上的质疑以及另一种实证方法

除了贝姆和艾伦所呼吁的个体化评估外，面对米歇尔的抨击及其提出的挑战，研究者们主要的反应是不感兴趣地沉默、指责其为虚无主义、诉诸常识进行反驳，以及多次坚称米歇尔所引用的行为研究存在严重缺陷。批评者认为，这些研究采用了错误的情境和测量方式，或者选择了有问题的研究群体（例如，Alker, 1972; Block, 1977; Olweus, 1977; Wachtel, 1973）。这些防御性的回应常常上升到学科层面。社会心理学家和循规蹈矩的行为主义者之所以找不到反映真实个体差异的一致性，是因为他们过于依赖简单的客观行为测量。人格学家采用更加全面和主观的人格评估，以及由行动者自己或者同伴（在日常情境下观察行动者）进行的行为评估，这样可以很容易地找到行为一致性——虽然这难倒了纽科姆、哈茨霍恩和梅、西尔斯，以及所有追随这些行为主义者脚步的研究者。换句话说，人格学家仍然坚持认为，在某种程度上，简单的客观行为测量掩盖了特质差异在日常社会生活中的重要性，而不是阐明了这一点。

人格学家的挫败感很容易理解。事实上，第 5 章将说明我们赞成他们的观点，即社会行为中存在的稳定个体差异不完全是认知错觉。我们在日常生活中遇到的人，在行为方式上确实表现出相当强的一致性、可预测性和独特性。

但我们也认为，人格学家对行为证据的草率忽视，妨碍了人们仔细地分析现实世界中行为一致性和不一致性的来源。尤其是，当研究者不辞辛苦地收集了客观行为数据后，人格学家的观点几乎没有帮助我们理解为什么普通大众对人格的直觉，以及为什么采用全面的主观报告所收集的研究证据几乎没有得到确证。如果健谈这样的具体特质，或是外向性、诚实、依赖性这样的普遍特质无法得到正确评估的话，那么哪些特质是能恰当评估的呢？如果健谈不该用个体在餐桌上说话时间的百分比作为客观测量指标，那么我们应该怎样测量它呢？如果诚实不能通过测试作弊或偷钱的意愿来评估，那么我们怎样才能评估它呢？如果夏令营里的"问题"男孩、小学和中学的学生，或各种各样的大学生样本都不是评估个人一致性的合适人群，那么什么样的人群才是合适的呢？更一般地说，如果前文行为主义者的"失败"可以归咎于方法过于简单，如果全面和主观评估中的可靠性和稳定性确实反映了真实世界中的行为一致性，那么为什么研究者没有采用适当的行为测量、程序和被试群体来获取令人信服的实证证据，并以此揭示米歇尔主义者的错误观点呢？在缺乏成功实例的情况下，人们需要一种更概念化的反驳，既能解释纽科姆及其追随者看似失败的结果，又能解释那些从客观行为转向纸笔测验的研究者看似成功的结果。在最初的挑战过去 10 年之后，西摩·爱泼斯坦（Seymour Epstein）提出了这样的反驳。

爱泼斯坦提倡聚合测量

爱泼斯坦（1979, 1983）对米歇尔批判的回应引起了人格学家们的兴趣。从本质上，他认为过于关注个体单次行为或结果之间的弱相关性，会忽视聚合观察的理论意义和潜在的实际效用。爱泼斯坦指出，就像任何测验中的单个题目一样，单次反应也是高度不可靠的，更多地反映了系统因素和随机因素的作用，而没有反映所测量的潜在个体特质。因此，要想可靠且准确地测量一个行动者的特质，研究者就必须将几种不同的行为测量或"题目"取平均值，抵消掉影响单个反应的随机或额外因素，从而使信号从周围的噪声中凸显出来。换句话说，为了找到行为主义者所没有找到的一致性，我们只需确保相关分数更多地反映了潜在的个人特质（或"真实分数"）而不是"误差"。爱泼斯坦认为，这样做就能得到相对较强的相关，进而反映出真实、稳定的个人特质。

从某种意义上说，爱泼斯坦的观点纯粹是统计学上的，且无可争议。所有人都同意与单次观测相比，多次观测更为可靠，能够更准确地反映"事实"。（事实上，米歇尔在 1968 年的书中也提出了同样的观点。）此外，在许多常见的实际情境中，人们很容易认识到聚合原则的重要性。学校中最优秀的学生肯定也漏答过考题，甚至在某次考试中考砸了，但人们可以肯定地预测，这些学生在某些科目上的期末成绩（反映了许多单次测验的总成绩）乃至平均绩点（反映了许多单个科目的总成绩）会很出众。的确，这就是我们所说的"高学业能力"；没有人会质疑学业能力存在个体差异，人们也不会因为题目之间、或题目 – 考卷之间的相关性较弱，而认为无法测量学业能力的差异。基于此，爱泼斯坦认为，通过在单一情境下观察人们的行为并计算"题目 – 题目"的相关性，来探索诚实或友善性的个体差异，这种做法是愚蠢的。

爱泼斯坦提醒科研同行，当测量的聚合水平提高时，有一些简单、常见的统计公式可以预测测量的信度增加了多少，还可以反映真实个体差异的相关系数增加了多少。为了说明这些公式的适用性，并展示聚合效应（aggregation effect）的大小，让我们思考一个具体的例子：如果研究者抽取了大量涉及相同特质的行为，然后将这些测量的两两相关取平均值，会出现什么情况？具体而言，假设一组测量的平均相关为 0.16（对前文谈到的实证研究而言，该值实际上偏高）。

现在看来，0.16 的相关似乎没什么大不了的。事实上，詹宁斯、阿马比尔和罗斯（Jennings, Amabile, & Ross, 1982）的研究表明，对于不同持续时间的成对音调，或不同长度的成对线条，当其相关为 0.16 时，大多数人很难判断两组音调持续时间或线条长度是正相关还是负相关。然而，通过爱泼斯坦提到的斯皮尔曼－布朗"校正公式"，我们可以预测如果采用 25 个独立的外向性（或诚实性、依赖性、尽责性）行为测量（如前文讨论米歇尔挑战时回顾的那些内容），计算每个被试在这 25 个测量上的平均分，与同一特质的另外 25 个独立测量的平均分之间的相关，结果发现相关是 0.83，没有人会觉得这个相关不大，也没有人会认为它难以察觉。事实上，只对每个被试的 9 个独立测量进行平均，然后考查其与另外 9 个独立测量平均分之间的相关，也会得到一个清晰可见的相关系数（$r = 0.63$）。

爱泼斯坦（1983）不满足于单纯地从理论角度提出这一观点。他不辞辛苦地证明了，至少对于某些偏好和行为，使用多种测量方式确实可以将相关提升到"预言"的程度。（实际上，这表明了对测量方式独立性的要求达到与否，都对因聚合而提高的相关性没有太大影响。）传统的人格学因此前进了一大步。这表明了（或者看上去表明）传统意义上的个体差异确实存在，而且采用恰当合理的测量方式后，反映这些差异的相关可以变得相当大。

人格测验研究者特别热衷于爱泼斯坦的观点，因为它似乎解释了为什么标准的纸笔式自我报告或同伴评价，总体上表现出高度的跨时间稳定性，有时也表现出至少中等程度的评分者一致性。我们可以假定，这很可能是在不同时间、不同情境下进行多次观测的聚合结果。因此，并不是信息加工过程中共同的刻板印象或者其他偏差，而是聚合测量方式使人格学家采用这些主观评估方法能够获得相对较强的相关。

虽然爱泼斯坦的反驳使人格学家免受米歇尔挑战的限制，重新回到了发展个体差异测量工具的研究上，但是我们认为他的反驳可能具有误导性，让人们不加评判地接受聚合的实践和理论意义。本章的剩余部分，将阐明聚合优势的本质和局限性。

理解"一致性"相关

让我们假设米歇尔和其同事对证据的描述是正确的，也就是说，每个人在特质相关的一组固定情境下的反应相互关联，其水平与米歇尔所宣称的大致相当。与此同时，假设我们接受了爱泼斯坦的建议，即通过聚合而不是单个的测量进行行为预测。在许多相关情境中，基于对个体过去行为的了解而做出的预测，与我们对这些个体一无所知的情况下做出的预测有多大不同？长期来看，这些预测的平均准确性如何？这些问题的答案与一组更基本的问题有关，对此无论是人格学家还是其批评者都没有给予足够的重视。在一个（米歇尔和爱泼斯坦似乎都赞成的）人们表现出一定程度的行为一致性的世界里，个体在不同情境中的反应分布是什么样的？例如，"极端"个体表现出极端行为的频率有多高？这种人表现得平淡无奇的概率是多少？"普通"人看起来极端的频率有多高？

为回答这些问题，让我们假想一个研究，假设该研究满足了各种严格的方法学要求，得到了完美的数据集，也就是说，假设研究者在巨量的情境中测量了很多人的反应，一切都经过精心设计，用以探究某一人格特质（例如，友善、责任心或诚实）。进一步假设，每种情境下收集的简单、未聚合的反应与其他情境中的反应之间的皮尔逊相关恰好为 0.16——此前的文献综述表明，对大多数标准人格特质而言，这是一个宽泛的估计。最后，假设在某种程度上该研究也满足了所有获得聚合优势的必要方法学要求（主要是不同的观测互相独立），并且假设所有反应测量都完全符合正态分布，所以我们可以不受限制地使用各种计算公式。

现在，我们终于可以探索米歇尔所指出的弱相关，以及爱泼斯坦所建议通过聚合测量所得到的强相关背后的真正含义了。事实上，通过一些标准的回归和聚合公式（以及比我们更有经验的统计学家的指导），我们已经进行了必要的计算（Ross, Griffin, & Thomas, 1989）。计算结果让我们更好地理解了相关性水平（代表了特质相关行为的跨情境一致性）的潜在价值和局限性——在某种意义上，这正是相关性水平的意义所在。以下是我们对基本结论的概述。

（1）通过测量某一个体大量的特质相关反应，我们可以可靠而准确地估计该个体的总体平均行为或"真实得分"。因此，在未来的大量观察中，我们能够非常准确地预测该个体的平均反应。事实上，我们精确地预测出该个体的整体反应分布。但在某种程度上，个体的反应分布揭示出其特质相关行为是非常易变的（这恰恰是当有关的一致性相关系数为 0.16 时所必须揭示的），由此预测的任何个体行为反应的不确定性都没有实质上的降低。

（2）该行为样本必然显示，尽管个体反应分布的集中趋势稍有不同，但所有个体都会有各式各样的反应，且他们的反应更接近总体均值而不是极端值。（否则，有关的一致性相关系数应该高于 0.16。）因此，再多的聚合也无法让人做出这样的预测：在观察中最善于交际、冲动或有责任心的行动者，在任何情境中也会表现得非常善于交际、冲动或有责任心。反过来说，当某人在某一特定场合做出极端行为时，我们也永远不能假设该个体的总体平均行为或真实得分是极端的。

（3）然而，检验个体的反应分布和平均分能够达成这一预测目标：即使个体反应的相关低至 0.16，我们也能有针对性地预测不同个体表现出特定类型极端反应的相对可能性。的确，知道某人（即使）在某一个场合表现出了极端"高"的反应，我们就可以有把握地得出这样的结论：在其他场合，这个人更有可能做出极端"高"而不是极端"低"的反应。并且，如果在许多观察中发现某人的平均反应是极端的，那么我们可以预测该个体未来分数的最低值和最高值很可能确实存在非常大的相对差异。

基于单一观察的预测

　　一个典型的散点图（见图 3-1a）可以让我们更深入地思考行为一致性的假想研究。散点图中展示了两种不同情境下某一特质（如外向性）的反应，相关为 0.16。例如，散点图描绘了某所小学六年级学生某日在餐厅的社交能力，以及几天后他们在操场的社交能力。我们可以看到，在不同情境中，儿童表现出的外向性反应存在很大差异，且两种情境中反应之间的相关非常微弱，这种相关和完全没有关系（见图 3-1b）难以区分，至少无法通过简单的观察来区分。显然，这种相关如此微弱，以至于了解某人在一种情境下的反应对预测该个体在另一种情境下的反应几乎没什么帮助。更准确地说，在这种情况下，我们通过传统的回归公式做出的最佳预测，只能使平均或"标准"预测误差减少非常小的一部分（事实上，只有大约 1%）。原因非常简单，当要预测的结果非常易变时，就如上述六年级学生的外向性例子一样，基于对前一个反应的了解，我们能够做出的最佳预测（在几乎所有情况下）会非常接近参与研究的六年级学生所表现出的平均外向性。换句话说，这时我们做出的预测，基本与我们对该个体（过去的外向性）一无所知时做出的预测是一样的。

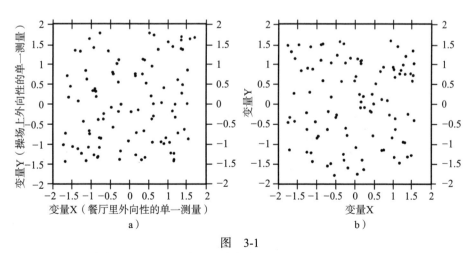

图　3-1

　　注：散点图 a）相关系数为 0.16，散点图 b）相关系数为 0.00。

图 3-2 以图形的形式体现了这一点。在两个分布中，下方的分布代表了对某一特定场合行为的观察，例如，周二操场上 100 名六年级学生表现出的攻击性程度。该分布呈现出常见的钟形曲线，某一反应越是极端，出现的可能性频率越小。挑选出的 5 名儿童，其攻击性水平分别为：低于均值 2 个标准差（百分位数为 2，表明只有一个儿童的攻击性比其更小），低于均值 1 个标准差（百分位数为 15，大约相当于攻击性分数分布的倒数第 6 或第 7 位），均值水平（百分位数为 50），高于均值 1 个标准差（百分位数为 85），高于均值 2 个标准差（百分位数为 98）。上方的分布代表了周五在自然历史博物馆的实地考察中，我们对同一批六年级学生攻击性的最佳预测，其中包括上述我们挑出来的 5 名儿童。

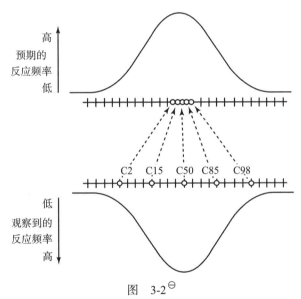

图 3-2[a]

注：基于对 5 个选定百分位数的单次前期观察（下方的分布）而做出对下次反应的最佳预测（上方的分布）。

可见，我们对任何一名儿童攻击性的最佳猜测都接近均值水平。当

---

[a] C2、C15、C50、C85、C98 之间间隔实际上不等，此为示意图。——译者注

然，他们的实际反应是非常易变的，但鉴于只有 0.16 的相关，我们无法预测谁会或谁不会做出极端反应。因此，即使是在操场上表现得攻击性最强（两人之一）的儿童，比如这个儿童是比利，他把埃伦和詹姆斯推倒在地上，并向害羞的查利尖叫道"滚开"，我们能做出的最好猜测也仅是比利比普通孩子的攻击性多一点，即在排队时，他可能会更多地推搡他人；在无聊的展览上，他可能更大声地抱怨以便让老师听到。事实上，他在博物馆里真正做出攻击行为（例如打架）的可能性，要小于他表现出低于班级攻击性平均值的可能性。反过来说，同样重要的是，简把其他女孩的外套从挂钩上扯下来，把自己的挂上去，并且在博物馆里跑来跑去，发出很大噪声而不得不被老师限制行动，因而她被记录为博物馆中最具攻击性的两个孩子之一，但她不太可能是操场上最具攻击性的孩子。实际上，她在操场表现出的攻击性水平，很有可能只是略高于均值。

基于多次观察的预测

聚合观察有什么优势呢？假设我们没有根据单次观察对这些儿童进行分类，而是根据 50 个、100 个，甚至是无限次的观察，可以肯定的是，在大量新观察中，我们会非常准确地预测儿童表现出的害羞、攻击性等的平均水平。事实上，我们会准确地预测出儿童全部的反应分布。也就是说，我们可以自信地预测他们未来的反应分布将与其过去的反应分布非常相似。但是，某一儿童在某一情境中行为的不确定性仍然不会减少。具体来说，了解每个儿童攻击性的长期平均值或"真实分数"并据此进行个体预测，只能将预测和观察之间的平均差距大约降低 8%。也就是说，相比简单地猜测在每种情境中每个儿童相对班级平均值的行为水平，这样做后平均误差会降低 8%。

要理解为什么误差的减少会如此之小，我们必须记住，从长期来看所有的儿童都是非常易变的，并且几乎所有儿童的均值都非常接近总体均值。（同样，如果不是这样，所讨论的相关就必须高于0.16。）因此，我们对个别儿童的反应所能做出的最佳预测仍然接近总体平均值，但是由于不同情境中儿童的实际反应分布变异性非常大，这些最佳预测往往是完全错误的。图3-3说明了在总体中处于不同百分位水平的某些儿童反应分布的性质。我们再次选择了假想研究中的5名儿童，他们在总体中的百分位数分别是第2、第15、第50、第85和第98。很明显，即使是最"极端"的儿童，表现出普通行为的次数也多于极端行为；即使是最普通的儿童，有时也会表现出极端行为。简而言之，当跨情境一致性的相关是0.16时，绝大多数儿童都会表现出相似且正常的反应分布，如果不加入变异性的限定条件，那么在这种分布中，人们不会使用"害羞的""有攻击性的"甚至是"普通的"这样的词去形容儿童。

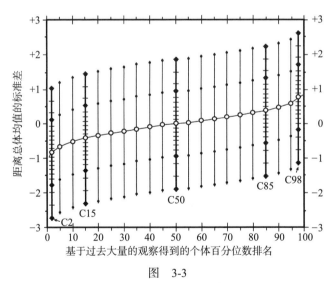

图　3-3

注：21个个体在总体中位于不同百分位上的个人反应分布。空心圆为个体平均值。实心圆为高
于和低于个体平均值1、2个标准差的分数。加粗线强调了第2、第15、第50、第85和第
98个百分位数的个体分布，线上的刻度线表示了每5个百分位数。

可以肯定的是，如果假定过去和未来的行为样本都足够大，儿童的性格特征也保持不变，那么他们过去平均水平的等级排序在未来也会保持不变。由此，正如爱泼斯坦的观点，高度聚合样本间的相关会很强。问题是，就像旧均值之间的差距一样，不同儿童新均值之间的差距常常相对较小，而围绕在均值附近的变异仍然相对较大。大数定律是一个强有力的原理，但就像不能从萝卜里榨出血一样，它也无法在变异性占主导的情况下，从聚合观察中创造出确定性。

极端行为的相对可能性

当简单的跨情境一致性相关为 0.16 时，无论聚合水平是多少，个体行为的变异性限制了预测中不确定性可以减少的程度。然而，这种水平的相关，对于某种日常社会交往中常见的预测任务非常有用，即识别那些相比同龄人相对更极端（处于分布两极）的人。

这种类型的预测对于各种"筛选"问题显然是非常重要的，在这些问题中，人们需要关注如何最大化理想的结果或反应的可能性，或最小化不理想的结果或反应的可能性。某些特定的计算再次阐明了这一点。以汤姆、迪克和哈里为例——假设他们是前文讨论的完美假想研究中的三位被试，我们现在讨论的是成年人的外向性。假设在单次随机抽样下，汤姆的得分比均值低 2 个标准差，即大约为第 2 个百分位数（例如，当其他人在办公室的派对上寻欢作乐时，他却躲去图书馆看起了计算机期刊）；哈里的得分比均值高 2 个标准差，为第 98 个百分位数（例如，在同一个办公室派对上，他戴着灯罩念了一首粗俗的打油诗）。仅基于这两"项"信息，我们就可以对他们随后的行为做出一些相当惊人的推断。尤其是当他们相遇时，我们可以估计出哈里做出真正的外向行为（观测行为中最高的 2%）的可能性大约是汤姆的 5 倍（哈里和汤姆分别是 4.5% 和 0.9%）。与随机选择的人或上次观察发现外向性水平处于平均位置的迪克相比,哈里做出真正外向反应的可能性也是前者的 2 倍多。反过来说,下次进行抽样调查时,汤姆做出真正的内向行为(即最低 2%)的可能性大约是哈里的 5 倍,是迪克的 2 倍多。

冒着向刚恢复热情的铁杆特质主义者泼冷水的风险,我们得赶快指出,绝对而言,任何三个个体都不太可能有如此极端的行为(哈里约 4%,迪克约 2%,汤姆不到 1%)。而且,对于外向的哈里和内向的汤姆,他们表现出恰好等于总体均值水平的反应可能性是表现出第 98 个百分位数(哈里)或第 2 个百分位数(汤姆)行为可能性的 4 倍。但不可否认,如果我们想进行"人员选拔"(即要求选拔出的个体最大或最小化地表现出某一极端反应或达到某一极端结果),那么对极端情况的观察,甚至单次的极端观察都具有应用价值。

当然,若我们基于聚合数据进行评估,这些相对可能性的差异会变得更大。如果 10 次前期观察均发现哈里、迪克和汤姆的百分位数为第 98、第 50 和第 2,那么下次观察中,推测哈里获得总体前 2% 的外向性分数的可能性是汤姆的约 35 倍,是迪克的约 5 倍。此外,如果我们已经聚合了足够多的前期观察,消除了三人反应分布中所有的不确定性,并且仍然发现了相同的百分位数排名,那么该比例会更极端。哈里戴着灯罩念打油诗(极端的外向行为)的可能性是汤姆的 100 多倍。反过来说,汤姆躲去看计算机杂志(极端的内向行为)的可能性也是哈里的 100 多倍。并且他们表现出该极端行为的可能性都是"普通的"迪克的 6 倍多。

通过更多的计算,我们可以确定在特定数量的观察中,个体做出极端行为的可能性有多大(见图 3-4)。例如,我们发现如果基于单次的观察将哈里和汤姆分类为外向的和内向的(以及第 2 和第 98 个百分位数),那么在接下来 10 次观察中至少出现一次前 2% 行为的可能性,对哈里是 34%,

但对汤姆来说只有8%。如果基于前期10次观察做出性格分类，那么对哈里来说该可能性达到了52%，汤姆则降到了2%以下。如果其性格分类是通过前期的大量甚至无限次观察所得出的，那么该可能性分别达到60%和不到1%。简而言之，对未来行为进行适度抽样，我们很可能观察到哈里（但几乎不会观察到汤姆）做出真正的外向行为。

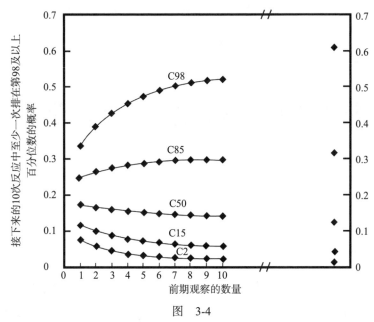

图 3-4

注：个体接下来10次反应中至少一次排在第98及以上百分位数的概率在基于不同数量的前期观察所得的百分位数排名上的函数。

普通大众似乎能够觉察到这种程度的极端性和可能性。这很可能是因为，常人特质词语往往不是基于长期"平均水平"的概念，而是基于在恰当的时间或合适的观察样本中，某些极端行为发生或不发生的相对概率。下一章会详细探讨关于个体差异和行为可预测性局限的常人信念的本质。届时，我们还将探讨本书的一个核心关注点，即关于个人因素和情境因素对行为相对影响的常人信念。

第 4 章

常人人格学和常人社会心理学

从开篇到上一章，本书展现了普通大众关于人格和社会心理学的内隐理论。我们已经知道普通大众很难意识到情境对行为强大且微妙的控制作用，也知道大众容易犯朴素特质主义的错误，即将情境因素错误地归因于并不存在的个体特质。

我们该如何了解普通大众是怎么想的呢？人格类型和人格特质相关词语成千上万，我们如何知道普通人在使用它们时是否足够小心谨慎呢？大众通常难以理性地看待基于特质的预测，一方面觉得用某一情境下的表现难以预测另一情境下的表现，另一方面又觉得一个人行为的长期一致性程度很高（但人与人之间的差异很小），对于这一点我们该如何得知呢？我们又如何知道普通人往往低估了情境对行为的影响？或许，只有心理学家才会对情境的影响感到惊讶。

现在，是时候去明确地了解常人心理信念（lay psychological belief）了。去看看普通人如何看待人格差异的存在和影响，去看看人们更倾向于用单一还是多种行为进行人格预测，去看看人们如何认识情境和特质这两种因素对行为的影响。

常人人格理论的定性特征

我们首先来看常人人格理论的定性特征。人们真如我们所说的那样，是根深蒂固的特质主义者吗？无论是从科学研究还是日常经验来看，当描述他人时，人们都非常依赖使用特质性词语。帕克（Park, 1986, 1989）的研究发现，虽然人们也会用行为、从属关系、态度、人口统计信息和身体特点等词进行描述，但人格特质（如善良、害羞、以自我为中心、随和）的使用频率最高，是位列第二的常用描述形式的两倍多。奥斯特罗姆（Ostrom, 1975）要求大学生列出他们想要知道的关于另一个人的信息，以便对其形成一个印象。结果发现特质信息占所有信息的 26%，而行为、从属关系、态度、人口统计信息和身体特点加在一起只占 19%。利维斯利和布罗姆利（Livesley & Bromley, 1973）的研究表明，在美国文化中，儿童随着成长会越来越多地使用特质词，最终使该类词成为自由评价他人时最常用的描述类型。在同一文化下，特质词语的含义似乎是一致的。坎托和米歇尔（Cantor & Mischel, 1979）以及巴斯和克雷克（Buss & Craik, 1983）要求人们评定不同行为在多大程度上代表某一标准特质。被试的评定结果具有一定的一致性，其水平接近于他们在评定各种物品（例如，桌子或沙发）在所属类别（例如"家具"）中的代表性程度。

比较人们使用特质构念（trait construct）还是情境或社会背景来解释行为的频率，展现出了普通大众的特质主义观点。琼·米勒（Joan Miller, 1984）让人们"描述一个你很熟悉的人最近做的一件错误的事情"，同时"描述一个你很熟悉的人最近做的一件对别人有好处的事情"。在描述每个行为后，研究者要求被试解释该行为发生的原因。被试对越轨行为的解释中，有一半涉及性格特征方面（例如，"他相当粗心和不体贴"）。这种解释的出现频率是从情境方面进行解释的 3 倍（"这很难看清，并且另一辆自行车骑得太快了"）。类似地，解释亲社会行为时，1/3 的解释将行为归因于特质，其出现频率比从情境方面进行解释高出 50%。因此，被试更像是特质主义者，而非情境主义者。

罗斯和彭宁（Ross & Penning, 1985）的初步研究也提出了类似的观点。在这项研究中，被试首先在不完全确定的情况下对特定目标个体的行为方式做出预测，然后发现他们的预测是不正确的。接受这样的反馈后，被试会很快重新假设行动者的性格，而在对行动者所处情境方面的信息提出新的假设上则很迟钝。例如，被试通过照片判断两位斯坦福大学学生之间的差别很大，但接着被告知与其预测相反，这两位学生都参与了一个"同性恋权利"的宣传活动。在这种情况下，被试更容易从特质方面进行解释（例如，这两位学生肯定是同性恋者或自由主义者），而不是从情境方面进行解释（他们一定是遇到了某种很难拒绝的请求，才会参与该宣传活动）。

也许最令人信服的证据来自温特和乌勒曼（Winter & Uleman, 1984; Winter, Uleman, & Cunniff, 1985）的一系列研究，揭示了普通大众对特质构念的依赖。他们的研究指出，在观察到行为的那一刻，特质性解释就已经出现，事实上特质性解释可能是行为编码的一部分。

温特和乌勒曼（1984）通过幻灯片向被试呈现了一些描述个体特定行

为的句子，例如"图书管理员帮老奶奶把东西提到了马路对面"，然后给被试一张"回忆表"，让他们尽可能多地写下自己刚看到的句子。为了帮助他们完成这项任务，研究者给他们提供了两种"回忆线索"。其中一组的线索是与幻灯片描述行为一致的常见特质或性格标签（例如，在上面关于图书管理员帮助老奶奶提东西的句子中，提示线索为"乐于助人"）。另一组的提示线索是与句子中主语或谓语语义关联密切的词语（例如，"书籍"作为"图书管理员"的一个关联词）。

不出所料，研究者发现相比没有特质线索词，在有特质相关词提示时，被试回忆出更多的句子。特质线索也比语义线索更有效，尽管在评价相似度或关联强度方面，语义线索更接近句子中的特定词语。有趣的是，被试在阅读句子时并没有想到这些特质概念。事实上，被试也难以相信这些有关特质的描述能够帮助他们回忆句子。

迄今为止的证据表明，人们会自动乃至无意识地根据特质来解释行为（另见 Lewicki, 1986; Park, 1986, 1989）。这也进一步表明，人们偏爱的特质与歌曲、故事和人格课本中虚构的特质非常相似。

常人人格理论的定量特征

大众会如何看待社会行为的可预测性呢？在理想情况下，研究者可以简单地让人们来猜测相应的相关系数，例如，一群夏令营营员在午餐时的谈话量和静默时间谈话量之间的相关性。但是，统计术语对于绝大多数人来说较为陌生。因此，研究者只能通过要求被试做出预测，或提供可转换成相关系数的可能性估计，间接地探究大众关于行为一致性的信念。

在一项研究中，孔达和尼斯贝特（Kunda & Nisbett, 1986）询问被试有关两个人在两种情况下表现出稳定人格特质的可能性。一部分被试阅读以下段落：

假设在一个特定的情境中，你观察简和吉尔，发现简比吉尔更诚实。你认为在下一个情境中，你再次观察到简比吉尔更诚实的可能性有多大？

另一部分被试需要估计在前后各 20 个情境中，个体行为的稳定性程度。当简在前 20 个情境中（平均）更诚实的前提下，被试预测她在接下来的 20 个情境中（平均）比吉尔更诚实的可能性。

关于诚实度排名的稳定性采用了类似的问题。在所有情境中，研究者要求被试在 50% 到 100% 的范围内进行可能性评估。研究者将百分比估计值转换成相关系数，与这些行为的实际相关系数进行比较。

被试在评估能力水平时，也回答了类似的问题。他们需要预测在拼写测试上得分高于其他人的儿童在接下来的测试上也能获得高分的可能性，以及在比赛中得分更多的篮球运动员在接下来的比赛中继续领先的可能性。此外，在 20 组拼写测试和 20 场篮球赛中，被试还须回答类似问题。图 4-1 显示了不同情境中，被试估计的社会特质和能力的一致性程度，以及实际的相关性（源于之前章节中关于社会特质的文献，以及孔达和尼斯贝特关于能力的研究）。

图 4-1 最引人注目的一点是被试对个体社会行为一致性的估计。被试认为的从一个情境到另一个情境的行为一致性要比实证研究得出的结果大得多。他们估计在两种情境下保持一致的可能性是 78%，这种可能性对应着 0.80 左右的相关性，而研究表明实际相关只有 0.10 左右。图 4-1 还显示，被试并没意识到聚合测量对稳定性的提升作用。被试认为从一种情境到另一种情境的一致性，仅仅比从 20 种情境到另 20 种情境的一致性小一点点！我们可以非常确切地说，被试完全没有认识到相对于聚合测量，单

次测量更不稳定。假设被试对单一情境与单一情境的相关性估计为 0.79，那么对 20 个情境与 20 个情境，他们应该估计为 0.99。或者，若被试估计的总相关系数（20 个情境与 20 个情境）为 0.82，他们应该估计单一情境间的相关性仅为 0.23。

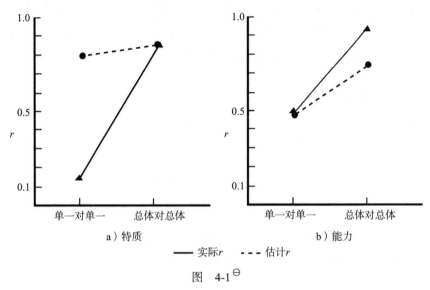

图　4-1 ⊖

为避免被批评选取了统计能力不强的被试，在这里提醒读者，本书一直强调普通大众和专业人士在行为直觉上的一致性。本着这种精神，孔达和尼斯贝特邀请了参加人类判断统计方面会议的专业心理学家，让他们进行与上述图 4-1 中大学生所做的完全相同的预测。这些专业人士中有一些人格学家，但大多数是社会心理学家和实验主义者。他们预测的结果与图 4-1 中的数据基本相同，但有一个例外。专业心理学家们意识到了特质并不能很好地预测行为。（或许我们应该说，他们是得到了提醒而意识到

⊖ "单一对单一"是指一种行为对另一种行为的预测，"总体对总体"是指前 20 种行为对后 20 种行为的预测。——译者注

这一事实。因为他们填写问卷时，沃尔特·米歇尔就坐在房间的最前面！）无论如何，心理学家对社会特质一致性的估计都低于普通大众被试样本。然而，他们仍然严重高估了从一个情境到另一个情境的一致性程度。此外，与普通大众一样，他们也没有意识到较大样本的观察结果在一定程度上提高了预测的一致性。结果表明，心理学家实际上低估了基于 20 个情境（聚合行为）预测出的一致性，总的来说，无论是在个人经验上还是数字估计上，他们的表现都不比普通大众更好。

如果单独来看，这些数据可能只是反映了被试在使用特定指标时遇到的困难，或者是面对不熟悉任务（即对假想个体进行假设估计）时遇到的问题。然而，还有一些证据表明，实际并非如此。首先，我们应该注意到，被试对能力的一致性估计比对特质的一致性估计更接近实证研究的结果。被试通过单次拼写测试和单次篮球比赛所进行的评估与实际稳定性非常接近。而且，尽管他们大大低估了从一组（20 项）能力测试到另一组能力测试的一致性，但他们似乎确实认识到，聚合测量比单次测量更可靠。

因此，只有在反映人格而非能力的行为中，人们才会极大地高估预期的一致性，并且忘记了聚合行为样本相对于个别例子的优势。后一点尤其重要，它表明人们会基于很小的证据，自信地做出特质上的预测，而且预测前对找出更多的证据毫无兴趣。相比之下，在对能力做出自信的判断前，他们会坚持考察相对较大的行为样本。

孔达和尼斯贝特认为人们对能力的预测更准确是出于以下原因。首先，观察能力的情境是固定的、高度可重复的。其次，与能力相关的行为相对容易进行明确"编码"。最后，与能力相关的行为常常以数字的形式评估，这极大地促进了大数定律的应用，从而提高了对聚合优势的认识。相比而言，社会行为更为模糊。乔在课堂上的友善程度和简在聚会上的友善程度无法在同一维度上进行编码。甚至界定社会行为维度的单位也存在问题。衡量友善程度的合适单位是什么？是每分钟微笑的次数，还是每次接触的美好感受？

布兰登、劳伦斯、格里芬和罗斯（Brandon, Lawrence, Griffin, & Ross, 1990）的研究提供了进一步的证据，表明普通大众相信特质相关的行为具有一致性和可预测性，而该观念与现有的最佳研究证据不一致。这一结果不仅适用于被试预测假设描述的人，也适用于他们预测自己提名的人。布兰登及同事首先让被试提名他们认为非常友善或害羞的人，然后要求被试预测这个人的友善或害羞程度在其同伴中的百分等级，并估计这个人未来在该特质相关情境下的反应分布。该研究最重要的发现是，被试预测他们提名的人在任何特定情况下都会非常友善或害羞。被试进一步估计，这个人表现出明显害羞或友善的行为频率会高于相对典型或普遍的行为模式。换句话说，被试理所当然地预测行为具有高度一致性，他们认为行为相关的具体数值，既不是客观的实证研究中从一个情境到另一个情境只有 0.10 左右的行为相关系数，也不是那些认为实际相关性要高于此的反驳证据所提供的数值，而是非常接近 1.0。

常人特质主义与基本归因错误

虽然普通大众关于跨情境行为一致性的观点非常具有启示性，但仍然是相当新的，需要进一步批判性审视。关于人们倾向于对行为进行特质而非情境解释，以及人们明明能推断情境特征，但仍然进行了行动者个人特征归因的观点却并不新鲜。该观点已经过严格的批判性审视。现在我们有必要回顾这些文献，以及一些近期的和未发表的数据。证据表明，普通大众非常相信的人格理论，只反映了最原始及残缺不全的社会心理学观点。我们将在接下来的部分介绍，人们会：①从明显是情境产生的行为中进行特质推断；②忽视了非常重要的情境背景因素；③在只有少量特质相关信息时做出过度自信的预测。

从情境产生的行为中推断特质

无法基于行为的限制因素来考量行为的含意

琼斯和哈里斯（Jones & Harris, 1967）进行的一项经典研究表明，普通大众对情境的限制非常不敏感。讽刺的是，该研究最初的目的是表明被试能够根据有关情境限制的信息做出恰当的推断。他们要求大学生被试阅读同学们写的文章或听同学们的演讲，并告知被试，该文章或演讲的观点实际上是被分配给表达者的。例如被试得知，这篇文章由一名政治学学生所写，该学生被指派写了一篇捍卫卡斯特罗（Castro）统治下的古巴的文章，或这场演讲由一名辩手所做，他被要求抨击大麻合法化的主张。尽管被试清楚地认识到，在这种没有选择的情况下表达者受到了严重的限制，但在估计表达者的真实意见时，被试明显受到了表达者所持立场的影响。他们假设表达者的真实态度也倾向于文章或演讲的立场，即同情卡斯特罗，或反对大麻合法化。这项研究表明，即使行动者的行为已经非常明显地受到了严重的外部限制，观察者也只愿意看到行为的表面价值，认为它反映了一种稳定的特质倾向（在该研究中表现为某种态度倾向）。

把志愿行为归因于特质而非提供的报酬

尼斯贝特、卡普托、莱根特和马雷切克（Nisbett, Caputo, Legant, & Marecek, 1973）的一项研究表明，人们在解释和预测行为时，如果有可能用特质词语去解释，那么即使是金钱激励这种明显广为人知的情境因素也会被忽视。研究者让一组被试（观察者）看另一组被试（行动者）参与一项决策研究的视频。所有被试都是女大学生。实验人员声称"在我们开始这项研究之前，我正好有一个真正的决策需要你们来做"。他解释说，学校"人类发展研究所"将主办一个周末活动，参与者是董事会和一些潜在的赞助人。学校需要在周末向这些人的伴侣提供娱乐活动和校园游览。如果被试愿意做活动的志愿者，可以获得按小时支付的报酬。一部分被试的时薪是 0.50 美元，另一部分是 1.50 美元（请将该数字乘以 3 或 4 便可得到该薪酬在 20 世纪 90 年代的价值）。低时薪组只有 1/5 的被试决定做志愿者；高时薪组有 2/3 的被试愿意成为志愿者。因此，被试愿意参与这项志愿服务，在很大程度上是由于能获得大量的金钱。

所有被试（观察者和行动者）都被问及他们对行动者（或自己）参加或不参加志愿服务原因的看法。其中一题调查了行动者的志愿行为在多大程度上是出自普遍的特质倾向，即参加有价值的活动："你认为该被试（或自己）接下来自愿为联合基金拉票的可能性有多大？"观察者认为，相比未参加志愿活动的行动者，参加志愿活动的行动者更有可能自愿为联合基金拉选票，无论他们在上述志愿活动中得到的是 0.50 美元还是 1.50 美元。观察者显然被行动者的行为误导了，他们认为该志愿行为反映了行动者乐于参加志愿活动的特质倾向，而不是出于一个有偿的"工作机会"。

忽视角色决定因素，偏好特质推断

如果人们不能认识到在一定程度上，是金钱激励而不是个人特质决定了行为，那么人们同样无法认识到在某种程度上诸如角色关系等更微妙的因素决定了行为的本质这一事实，也就不足为奇了。对此，罗斯、阿马比尔和斯坦梅茨（Ross, Amabile, & Steinmetz, 1977）做了一个看似简单的论证性研究。他们让被试玩一个简短的"大学杯"（College Bowl）式问答游戏，随机选择一个被试提问，另一个被试回答。提问者的任务是提出 10

个"具有挑战性但并非不可能回答"的问题，参赛者应大声回答这些问题。提问者一次又一次地利用角色优势展示自己的渊博学识，提出深奥的问题（例如，从鲸鱼身上提取用作香水基质的芳香液体是什么），并在参赛者回答错误时给出正确答案（是龙涎香）。

在游戏结束时，提问者、参赛者二人以及其他还未参与的观察者被试都评价了提问者和参赛者的一般知识水平。人们可能会认为，所有被试（提问者和参赛者）以及观察者都清楚提问者具有相当大的角色优势。也就是说，提问者的角色让他们不可能显露出自己无知，而参赛者的角色没有机会进行这种选择性的、对自己有利的展示。但结果发现，无论是参赛者还是观察者都没有意识到提问者的角色优势，他们都认为提问者非常博学，其学识远超参赛者或大学生的"平均"水平。

根据该研究中被试对提问者和参赛者"角色"重要性的忽视，我们能否进行推广并假设人们也会同等忽视更熟悉的社会角色的重要性？这种推论是有风险的，但幸运的是，汉弗莱（Humphrey, 1985）的一项精巧研究帮我们回答了这一问题。他建立了一个商业办公室的实验室缩影，告知被试研究者想要探究"人们在办公室环境中如何一起工作"。通过明显的随机程序，一些被试被选来担任"经理"并行使监督职责，另一些被试成为"职员"，单纯地执行命令。经理有时间学习他们的工作任务说明手册。在经理学习时，研究者向职员介绍了邮箱、文件归档系统等。接下来，这个新组建的办公小组在一起工作了两个小时。就像在一个真实的办公室里一样，经理理所当然地做着高技能水平的工作并指导职员的活动，而职员被分配去做各种低技能、重复的工作，几乎没有自主权。

当工作结束时，经理和职员评估了自己和对方的各种与角色相关的特质，包括领导力、智力、努力工作的动机、自信和对他人的支持程度。此外，他们还评估了未来在某一特定类型的工作中，经理和职员可能表现出的领导力与努力工作的动机。在所有特质上，经理对其他经理的评价都高于其对职员的评价。除了努力工作维度外，职员对经理的评价也高于其对职员同事的评价。

汉弗莱的研究与罗斯等人的简单论证性研究所揭示的结果完全一致，但前者更能推广到现实生活情境中，其关注的方面也大得多。人们发现，即使非常明确地随机分配了角色，特定角色的特权也非常明确，人们仍然很难透过表象深入思考，无法意识到角色因素之外的行为决定因素。（由此我们可以推测，在情境因素更加模糊的日常生活中，这种考量会更少，存疑的行为会被更多地从表面去理解。）

忽略情境背景而重视特质

在本章开始时，我们回顾了关于常人人格学（lay personology）的研究证据，反复描述了普通大众存在的特质主义倾向。相比研究证据所证实的，普通大众常常做出更强的特质推断。但也许我们对人们的话太当真了。当人们说"简很慷慨"时，他们的意思可能只是简倾向于在员工出去吃午饭时为他们买单，或者简愿意花很多时间陪孩子们一起活动，而不是说，在大多数可以评估慷慨的情境中，简的慷慨表现一直高于平均值。换句话说，人们可能会狭隘地使用特质性词语，但不会在每个包含特质的表达后附上一个引发他们考虑到上述特质的条件列表。如果是这样的话，普通大众对可预测性的个人信念实际上可能与事实相当一致。回忆前一章对一致性研究证据的论述，在不同类型的行为和情境之间，相同数据集表现出较低的一致性；在相似类型的行为和情境之内，有时却会出现相当高的稳定性。哈茨霍恩和梅（1928）的研究显示，学龄儿童在任何两项诚实测试之间的平均相关性都很低，但某些测试结果具有很高的跨时间稳定性。例如，被试在 3 月份的一般信息测试中抄袭答案，与其在 10 月份的另一项信息测试中抄袭答案的相关性大约为 0.80。

关于稳定性和一致性的预测

如果人们的特质属性在内隐上取决于环境和情境，那么他们的常人信念可能比孔达和尼斯贝特（1986）认为的更准确。但事实上，在另外一项研究中，孔达和尼斯贝特让一组被试评估同一情境下、同类型的特质相关行为是否前后一样，即评估跨时间的稳定性。另一组被试评估不同情境下、不同类型的特质相关行为是否一样，即评估跨情境的一致性。他们发现，被试对稳定性和一致性的评估都非常高，只有非常微小的程度差异。换句话说，没有证据表明被试能够明确地区分出稳定性和一致性。（在已有研究中，行为跨时间的稳定性一般很高，但跨情境的一致性几乎都很低。）

泰勒和克罗克（Taylor & Crocker, 1986）更直接地检验了人们在预测时对情境相似性不敏感的假设。在三种不同情境下，他们描述了目标人物的外向性或独立性行为。在一组被试中，研究者只提供单一环境的行为信息，要么三个都是学业环境，要么三个都是社交环境。对另一组被试，提供了两种环境的行为信息，即两个学业环境，一个社交环境（或者相反）。（学业环境包括"课堂"和"与教授在一起"，社交环境包括"聚会"和"与朋友在一起"。）然后，研究者要求被试预测目标对象在学业环境、社交环境和模糊环境中的行为表现。

如果被试完全依赖于情境进行特质推断，那么在过去观察过的某些情境中，他们应该更有信心目标对象会表现出与特质一致的行为。因此，如果目标对象在三种学业环境中都表现出外向行为，那么被试应该更确信地预测目标对象会在学业环境中表现出外向行为，而对社交环境的预测不那么有信心。此外，当行为信息来自模糊情境，即学业环境和社交环境都有时，其特质一致性推论应该比局限于单一类型的情境时更强。

上述预测没有得到证实。无论外向行为信息来自三个社交环境还是三个学业环境，在下一个学业环境中做出预测时，被试都认为目标对象会表现出外向行为。类似地，与行为信息来自单一类型环境相比，当行为信息来自不同类型的模糊环境时，被试也并没有预测目标对象会出现更极端的特质相关行为。因此，泰勒和克罗克发现，被试既愿意在不同情境之间进行总结概括，也愿意在情境之内进行归纳。这表明，人们并不能够认识到微妙的情境特异性，而这种情境特异性有时可以表征特质。

将特质与情境相对立

有一项研究综合了基本归因错误的两方面，即过于急切的特质主义和不够成熟的情境主义。这项研究是第 1 章详细讨论过的达利和巴特森（1973）以普林斯顿大学神学院学生为被试的经典研究。前文我们没有提到的一个细节是，被试还回答了一份问卷，考察了他们对宗教的兴趣主要是为了自我救赎还是帮助他人。这意味着达利和巴特森能够比较一个看似重要的特质变量和一个"小的"情境变量（即当被试碰到一个明显需要帮助的人时，他们是否认为自己很匆忙）的强度。填完问卷后，被试需要到校园另一幢楼的一间教室里去布道。我们可以回忆一下，一组被试被告知，他们的听众已经到场了，而不幸的是，由于研究者的进度落后了一点，他们已经迟到了。另一组被试则被告知他们有足够的时间。研究者已经为被试清晰地标出了前往另一幢楼的路线，于是他们出发了。

达利和巴特森的实验是基于一则寓言，即"善良的撒玛利亚人"寓言。在去另一幢楼的路上，一名倒在门口的男子向神学院学生招呼求助。神学院的学生提供帮助了吗？宗教取向的不同会对结果产生影响吗？被试是否匆忙会造成什么不同吗？答案分别是：一些，完全没有，差别很大。

不匆忙的被试中有 63% 停下来帮助"求助者"，但匆忙的被试只有 10% 提供了帮助。相较之下，宗教取向特质的测量对预测被试是否停下来提供帮助没有任何作用。因此，达利和巴特森的实验在某种意义上重复并修正了"善良的撒玛利亚人"寓言中的启示。他们的实验让我们猜测，所有路过但未提供帮助的祭司和利未人只是在赶时间！

但是我们怎么知道达利和巴特森的研究中，是否对被试进行适当的校准呢？万一被试认为匆忙与否不重要而宗教取向因素重要呢？

皮特罗莫纳克和尼斯贝特（Pietromonaco & Nisbett, 1982）给被试描述了一个与达利和巴特森的研究高度相似的实验（把倒在门口的男人换成假装膝盖受伤的女人，让神学院的学生打电话给她的丈夫）。被试认为绝大多数神学院的学生会帮助她，而且预测相比自我救赎的神学院学生，那些宗教信仰是基于帮助他人的学生，提供帮助的比例会高20%。他们同样认为，不管神学院的学生是否赶时间，结果都是一样的。被试相信"利他"的人会帮助别人，而"自私"的人无论手头有多少时间都不会帮助别人。

根深蒂固的特质主义

皮特罗莫纳克和尼斯贝特进行这项研究，不仅是为了证实上述关于人们偏见的事实，也是为了检验改变这些偏见有多困难。他们让一些被试认真阅读了达利和巴特森的研究后，对两种不同情境下的助人行为做出预测。一种情境是达利和巴特森研究情境的轻微变体；另一种情境中目标个体不是在实验室里，而是在去医院看望朋友的路上，这次求助者是一名孕妇，她的车显然出了问题，需要帮助。一些被试预测普林斯顿大学神学院的学生是否做出助人行为，另一些被试预测了随机选取的新泽西男性样本的助人行为。

结果发现，让被试阅读达利和巴特森的研究并不会显著影响到他们预测宗教取向这一特质变量是否发挥作用。但是，信息提醒确实影响了他们对匆忙这一情境变量的估计；不过，这种效应只有18%的差异，远远低于达利和巴特森报告的 53% 的差异。

塞弗（Safer, 1980）的一项研究也提出了类似的观点，他发现在米尔格拉姆实验中，学生倾向于将服从归因于特质而非情境的影响。研究者给学生们看了米尔格拉姆服从实验的电影片段。尽管影片强调情境因素在一定程度上迫使人们服从，但被试大大高估了在不存在这些因素的情境下电击的数量。因此，被试仍然是根据推测出的特质来解释行为，而没有认识到在米尔格拉姆实验中，之所以出现了如此令人不安的结果，是因为特定的情境起到了关键作用。

偏好基于特质而非情境的预测

牛顿、格里芬和罗斯（Newton, Griffin, & Ross, 1988）的一项研究或许为常人特质主义提供了最直接的证据。这项研究让被试选择出他们认为能够达到预测目标的人和准确的特质。从某种意义上说，这让他们能够做出"个体化的"或基于个人的"最佳预测"。受第 1 章渠道因素分析的启发，牛顿等人给两组被试提供了参与校园食品活动的机会。其中一组被试被他们的同伴提名为在大学所认识的人里"最不可能"参与该活动的人；另一组被试则被认为是"最有可能"这样做的人。每组都分为两半，其中一半被试得到参与活动机会的情境中，存在或微妙或较为直接的顺从渠道信息。一半被试在信中被点名要求捐赠一种特定的食物；他们拿到了一张显示食物收集箱位置的地图；也许最为重要的是，他们接到了一个简短的个人随访提醒电话。另一半被试则在缺乏顺从渠道信息的情况下得到了参与活动的机会。被试收到的信中只写着"亲爱的同学"，而没有明确点名；信中也不会指明需要特定的食物；此外也不会向被试打提醒电话和提供地图。

为了确定人们对情境预测力和个人预测力的常人信念，提名者被要求预测每位被试在两个实验条件下（顺从渠道信息存在或缺失）进行食物捐赠的可能性。

牛顿等人的研究结果直接明了。提名者认为在决定被试是否进行捐赠这件事上，被试的性格是重要的，而情境微不足道。具体来说，他们估计在顺从渠道信息存在的条件下，"最不可能"进行捐助的个体捐赠的可能性为17%；在顺从渠道缺失的条件下，他们捐赠的可能性为16%；他们估计"最有可能"的捐赠者相应的捐赠可能性分别是83%和80%。事实上，情境的性质才是更重要的决定因素。在顺从渠道信息缺失的条件下，只有4%的被试捐赠食物（"最不可能"被试的捐赠率为0%，"最有可能"被试的捐赠率为8%）；在顺从渠道信息存在的条件下，33%的被试都捐赠了食物（"最不可能"被试的捐赠率为25%，"最有可能"被试的捐赠率为42%）。

换句话说，提名者相信（至少一些人相信）通过了解同伴的声誉和人格能够做出自信的预测，并且提名者相信他们所提名的利他主义者和非利他主义者不会考虑相应的情境因素，而是表现出一贯的性格。但他们错了！事实证明，情境变量比行动者的相关性格更重要，至少要比同伴所看到的行动者的性格更重要。

总之，这些证据突显了常人人格理论某些核心原则的严重缺陷。事实上，这些证据与基本归因错误的一种极端表现是一致的。在只允许进行情境解释的资料中，人们也很容易做出特质归因，至多是做出行动者在特定情境下以特定方式行事的解释。然后，人们基于这些特质归因进一步做出预测，而这些预测又很少关注情境因素。正如我们将会看到的，就预测的准确性而言，人们通常会因为坚持特质主义理论以及由此产生的次优推理策略而付出非常高昂的代价。

对特质归因的过度自信

在实证和理论层面上，上述假设都得到了一些强有力的定量化解释。在罗斯等人以及尼斯贝特等人所做的两套独立系列研究中，研究者检验了基于特质的预测所付出的代价。

邓宁、格里芬、米洛伊科维奇和罗斯（Dunning, Griffin, Milojkovic, & Ross, 1990）的一项研究中（第2章曾提到），研究者向被试（观察者）描述了许多情境，一些是实验室情境，另一些是日常生活情境。然后，被试预测目标个体在这些情境下的行为。例如，在日常生活情境中，被试预测目标个体是否会在下个季度每周至少给家里打一次电话；在实验室情境中，被试预测目标个体"被要求提供照片时是否会梳头发"。被试被分为两组，在一组的条件中，被试进行预测前，能够获得很多关于目标个体行为的信息：他可以采访目标个体，为预测任务做准备。在另一组的条件中，信息相对匮乏：被试只能通过目标个体的名字和照片来进行预测。

结果很明显，信息丰富条件下的平均准确率（60%）只比信息匮乏条件下的平均准确率（57%）高一点点。这意味着，虽然被试通过旨在预测行为的采访获得了很多信息，但这些信息的价值非常有限。

但是，即使进行了采访，人们可能也不会宣称自己对行为的一次性预测是准确的。幸运的是，邓宁等人的数据能够评估人们是否认为关于目标个体的信息有助于他们做出预测。事实是，被试真的认为，即使他们只知道行动者的名字和长相，他们的判断也可能相当准确！在信息匮乏条件下，被试的真实正确率约为57%，而他们的预期正确率为72%。在信息丰富条件下，被试的真实正确率约为60%，而他们的预期正确率为77%。由此可知，在信息丰富和信息匮乏条件下，被试对自己的预测能力都过于自信。此外，被试的自信程度与实际正确率并不相称。相比于被试的信心水平较低时，当被试对预测信心十足时，他们的正确率仅有微弱的提高，这时准确性和信心水平之间的差距反而最大。结果就是，尽管被试非常自信，甚至几乎肯定自己是对的，但实际上他们经常犯错——这是一种危险的认识论立场（epistemological stance）。

在邓宁等人的研究中，有时被试做出的预测与他们对相关情境预估的基础率（或实验者给出的基础率）一致，有时则不一致。该研究的一个重要结果是，当被试的预测与假定的（或已知的）基础率相违背时，他们的预测准确率通常只能达到甚至低于 50% 的随机水平。在一项研究中，根据基础率进行预测的被试有 75% 的正确率，而违背基础率进行预测的被试只有 40% 的正确率。该研究同时也发现，尽管后者的实际准确率远低于前者，但后者对预测的自信程度仅略低于前者。当基础率非常高（情境因素具有高度决定性）时，枉顾基础率的代价尤其巨大。当基础率至少为 75% 时，遵循基础率进行预测的被试有 85% 的正确率，而枉顾基础率进行预测的被试只有 23% 的正确率。后者表现出严重的错误估计，但他们相信自己有 72% 的正确率！

这些研究的寓意似乎显而易见。对于由邓宁等人和牛顿等人（要求被试预测"最有可能"和"最不可能"参与食品活动者的行为）所研究的这类预测，基础率（无论是已知的还是假定的）都是预测的最佳基准信息。当基础率的数值较为极端时，人们不遵循基础率进行预测会冒极大的风险。即使预测者非常了解目标个体，结果也是如此。应该指出的是，基础率基本上代表了情境的影响。当情境的影响特别强时，事件的基础率会非常极端。因此，正如枉顾基础率是有风险的一样，忽视情境的影响同样具有风险。

A. 麦圭尔（A. McGuire, 1989）的一系列类似研究也提出了相似观点。在两种不同的帮助情境下，她要求被试（观察者）预测目标行动者的行为。

在一种情境中，研究者要求目标对象自愿参与一些心理学实验；在另一种情境中，研究者操纵目标对象，使其身处设定的情境：当目标对象爬楼梯即将超过一个拄着拐杖的女士时，这位女士的书包从肩膀滑落。此外，根据目标对象和被试的熟悉性，研究者还进行了分组。在一种条件下，被试的目标对象是陌生人，研究者通过简介向被试描述目标对象是几年级，属于什么组织，度过了怎样的一天等。在另一条件下，被试非常了解目标对象。

总体来说，预测结果只比随机预测稍微准确了一点。然而，观察者们（被试）认为自己的预测具有很高的准确性，尤其是在他们非常熟悉目标对象的情况下。实际上，非常了解目标对象的观察者并没有比那些只通过简介了解目标对象的观察者预测得更加准确。该结果与罗斯等人的研究结论完全一致。观察者的准确性比他们认为的要低，他们没能通过对目标对象的了解校准对情境基础率的预估，因而预测的准确性没有提升，尽管观察者自己相信他们的准确性提升了。当熟悉性对信心的提升远远超过所增加的实际准确率时，一知半解可能是件危险的事（另见 Borgida & Nisbett, 1977; Nisbett & Borgida, 1975）。

特质主义与面试错觉

回顾相关文献有助于理解面试错觉（interview illusion, Nisbett & Ross, 1980）。面试错觉假设，一个人可以从一次简短的初识面试中了解到大量有关他人人格特征的有用信息。这种信念之所以被称为一种错觉，是因为实证证据表明，非结构化面试对个人未来成就的预测效度较差，无论是预测大学生和研究生的学业表现，还是蓝领和白领的工作绩效，又或者是高管、律师、医生、科学家的职业成功水平，两者的相关系数很少超出0.15。事实上，大部分研究都发现，非结构化面试中的表现与实际成就的相关不超过0.10（Hunter & Hunter, 1984）。

前文回顾的研究表明，人们通常很自信地认为他们基于一个人有限信息所做出的预测是准确的。孔达和尼斯贝特（1986）的研究揭示了为什么这种错误信念一直存在。面试中的社会行为数据很难统一编码，结果数据（"是一个乐于助人的同事""是单位的好领导"）通常也很难编码。此外，正如艾因霍恩和霍格思（Einhorn & Hogarth, 1978）所指出的，关于工作结果的反馈常常是模糊的，甚至没有反馈。值得注意的是，人们通常根本不知道那些没有被雇用的人在工作中表现如何！

基于这些想法和顾虑，我们可以采用孔达和尼斯贝特开发的度量标准，准确地评估人们对面试有效性的估计与实际的差异，并与被试对其他信息有效性的估计进行比较。为此，研究者让被试评估面试表现能在多大程度上预测与特质相关的行为（成为美国和平部队中杰出的组织者）以及与能力相关的行为（在密歇根大学里的平均绩点（GPA））。研究者预期被试会同时高估面试表现对两种行为的预测效度系数，尤其是与特质相关的效度系数。

该研究涉及的概率估计与孔达和尼斯贝特用于表征行为一致性的方法相同，也就是要求一部分被试用比例估计在多少时间中，精神科医生面试打分较高的和平部队训练生，同样也会在社区组织工作中表现更好；另一些被试则评估在多大比例的时间中，招生面试时成绩更高的大学生，未来平均绩点也更高。

需要注意的是，面试的实际效度在每种情况下都低于 0.10，和平部队的预测中为 −0.06（Stein, 1966），平均绩点的预测中数值大致相同（例如，Klitgaard, 1985; Mayfield, 1964; Ulrich & Trumbo, 1965）。即便如此，从图 4-2 中我们可以看出，被试认为面试对两种成绩的预测非常有效。对于和平部队中的成功，被试估计的概率相当于 0.60 的预测效度！至于平均绩点，他们给出的效度估计也相当可观，达到 0.32。这意味着，被试认为面试是预测和平部队成功的绝佳指标，同时也是预测平均绩点的有用工具。

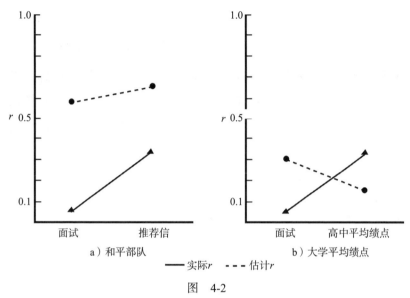

图 4-2

注：面试和高度聚合预测因子对个体在和平部队的成功程度、大学平均绩点的实际与预估的可预测性（Kunda & Nisbett, 1986）。

　　知道了像学业成绩这样的结果在一定程度上能够被有效预测，至少比面试官的印象更有效时，读者可能感到松了一口气。但是，为了做到这一点，我们必须测量行为或结果，这些行为或结果需要与我们感兴趣的结果变量非常相关，或许同样重要的是，这些行为或结果要足够多元且规模相当大。例如，高中成绩对大学成绩的预测效度在 0.30 到 0.45 之间。（图 4-2 中，被试低估了高中成绩对大学成绩预测的有效性。）甚至有一些预测因素能够有效预测和平部队组织者的绩效，例如（了解候选人的人所给出的）推荐信上的平均评分，效度系数为 0.35（Stein, 1966）。从心理测量学的角度来看，注意面试和推荐信的区别是很重要的。后者所提供的信息通常是面试信息量的数百或数千倍之多。因此，从纯粹的心理测量聚合角度来看，推荐人所获得的信息比面试官所获得的信息要有用得多。（此外，我们可以通过询问多个推荐人并汇总他们的判断来增加证据的有效性，斯坦（Stein）就是这么做的。）

我们可以推测，采用低效度的面试判断是否雇用特定的应聘者，可能会付出很大代价（Hunter & Hunter, 1984）。代价的大小与面试效度成反比，与竞争效度（即其他有效预测因素）成正比。因此，我们可以说，大多数采用面试进行选拔的机构会为这种做法花两笔冤枉钱——一次是花钱对候选人进行面试，另一次代价更加高昂，是他们在实际应用时采纳了面试数据的结果（即雇用了通过面试的人来工作）。

特质数据何时有用

正如上面的讨论所指出的，有时候了解他人的特质确实能够更好地预测行为（上述推荐信的例子）。现在我们讨论那些传统观点正确（至少大方向正确）的情况。

前文提示过，在某种情况下个体差异信息会非常有价值，即特定个体在特定情境下的基础率信息。由此，如果杰克过去在吃饭时说很多话，那么你预测他今天午餐时也很健谈是有道理的；类似地，如果你的伴侣曾抱怨人们在聚会上站在那里聊天、喝酒，那么你预测他在下次聚会上也会抱怨，这也是有道理的。事实上，普通大众对特质预测有效性的信念在某种程度上源于对过去成功预测经历的过度概括，但这些成功预测的经历往往是有限的，且只涉及个体在同一情境内的跨时间稳定性。

但即使在不同类型的情境下，预测也可能真的有效。在前一章中，我们详细阐述了一些基于特质的预测仍然准确的特殊情况：①这一预测是基于过去大量、多样的观察样本做出的，它针对的并不是单次的行动或结果，而是"长期的"平均预期；②这个预测涉及极端结果或事件的相对可能性，且相较他人，行动者在过去已被证实更为极端；③这些预测考虑到了总体人群的基础率，尤其是极端的基础率与其反映的环境压力无法忽视时更是如此。

考虑到行为表现上存在切实可见的个体差异，换句话说，不同人的反应存在极大的变异，从理论上讲，即使观察者并未见过目标个体在新情境下的反应，特质信息也可以帮助观察者做出预测。要实现这个目标，前提是你必须非常了解这个目标个体，长期预测他的行为，或者要预测的这个人在预测变量上必须表现得非常极端。

正如我们所看到的，大众并不具备这样的能力，但他们似乎相信自己可以预测各种各样人的行为，即使他们对这些人了解甚少，甚至是在单一陌生的情境中预测他人的行为。

常人特质主义的来源

人们对行为原因的基本解释怎么会犯如此大的错误呢？他们怎么会偏好采用对手头任务预测力很小甚至没有预测力的特质因素进行解释和预测，同时对强大的情境因素及真正有预测力的个体差异数据（如能力数据和声誉数据）如此不敏感呢？在本章的剩余部分，我们将思考常人特质主义的来源，正是常人特质主义导致人们高估了同伴行为的可预测性。在接下来的第 5 章，我们将探讨哪些因素可以减少朴素特质主义的偏差，并减少其负面影响。

知觉与特质归因偏差

我们比较推崇知觉方面的解释，这一解释最早可追溯到库尔特·勒温的思想，由弗里茨·海德（Fritz Heider）首先明确提出。

……行为……具有这样的明显特性，即倾向于涵盖整个场，而非局限于特定位置作为一种需要周围场的额外数据（即社会知觉中的情境）来解释的局部刺激。（Heider, 1958, p.54）

简而言之，在勒温和海德的格式塔术语中，当我们观察另一个人（即行动者）时，行动者是"图形"而情境是"背景"。人是活跃的、动态的、有趣的；这些是吸引注意力的刺激属性。相比之下，情境通常是相对静止的，而且人们对它的了解往往很模糊。观察者通常也不会花太多精力去弄清楚行动者追求的目标是什么，面临怎么样的障碍，以及可能的心情等。

为什么观察者会根据观察到的行为做出特质归因呢？海德再次明确表示：

……人不满足于简单地记录周围的可观察事物；他需要尽可能地把它们与所处环境的不变性联系起来……事件的根本原因，特别是他人的动机，就是一种与其有关的环境不变性；观察者给自身的经历赋予了意义……（p.81）

我们只需要额外解释一下，为什么人们在观察环境中的他人时，倾向于做出个体特质解释，而非归因于环境属性。简单来说，你所关注的就是你所归因的对象。事实上，20世纪70年代海德的归因文献中没有比这更好的概括了。例如，麦克阿瑟和波斯特（McArthur & Post, 1977）发现，相比于光线不足或静止不动的条件，当行动者被强光照射或正在移动时，他们的行为更少被归因于所处的环境。类似地，阿金和杜瓦尔（Arkin & Duval, 1975）也发现，相比动态环境，在静止环境中，行动者的行为更少被归因于环境因素。泰勒和菲斯克（Taylor & Fiske, 1975）的研究表明，在观察行动者 A 和 B 的互动时，如果观察者更多地看到 A 而非 B，那么他更倾向于将互动的结果归因于 A 的作用而不是 B。

行动者和观察者不同的因果性归因

顺便一说，前面的分析暗示了行动者和观察者对行动者行为原因的理解会非常不同。观察者倾向于归因为行动者的特质，而行动者倾向于将自身行为归因于情境的时机和限制。琼斯和尼斯贝特（Jones & Nisbett, 1972）认为，这种情况事实上非常普遍。相比观察者，行动者往往更少对自己的行为进行特质性解释。例如，在前文引用的尼斯贝特等人（1973）的研究中，观察者推断那些因为报酬而参加志愿活动的人是乐于助人的，而那些因为得不到报酬而不愿参加志愿活动的人并不乐于助人。但是行动者自己则用得到多少报酬来解释他们的志愿行为。同样的模式也适用于解释大学专业、约会对象的选择。行动者多将行为归因于目标刺激的属性（"我和她约会，因为她是一个很温暖的人"），而观察者更倾向于将之归因于行动者的特质（"他和她约会，是因为他很黏人，需要一个温和的女朋友"）。此外，尼斯贝特等人发现，行动者普遍认为，与他们最好的朋友、新认识的人，甚至是著名的新闻评论员相比，适合于形容自身特质的词语相对较少。当问题涉及被试自己时，泛滥的特质主义就会受到抑制。

迈克尔·斯托姆斯（Michael Storms, 1973）的一项研究认为，行动者和观察者的归因差异至少部分是出于知觉差异。研究者让两位被试（行动者 A 和 B）进行了一次旨在相互认识的谈话，并全程录像。谈话期间还有两名观察者在场，其中一名观察者的位置能够看到行动者 A 而无法看到行动者 B，另一名观察者则刚好相反。谈话结束后，研究者要求行动者解释自己的行为，而观察者解释他们更容易看到的那位行动者的行为。两位行动者都将自己的行为主要归因于情境因素，例如另一位行动者的行为和情境背景的异常。观察者更倾向于将行动者的行为归因于推断出的特质。然而，当观察者看录像带时（录像的画面集中在他之前没有观察到的那位行动者），即观察者这次看到了行动者所面临的情境，他现在给出了与行动者相似的归因。更值得注意的是，当行动者观看自己的录像时，他居然做出了与观察者相似的归因！

因此，斯托姆斯的研究结果支持了这样一种观点，即归因在很大程度上受到注意焦点的影响，行动者和观察者之所以进行不同的因果性归因，主要是因为他们通常关注了不同的事物。

解释与特质归因偏差

特质归因偏差背后的知觉因素毫无疑问会受到各种与人们解释社会行为方式有关的认知因素的促进和推动。下面将简要说明这些认知因素。

语言因素

沃尔特·米歇尔（1968）是最早注意到这一点的学者之一，他发现有一个事实能够促进人们的特质归因，即通常形容行动者行为的形容词同样可以形容行动者自身。由此，"有敌意"的人做出"有敌意"的行为，"依赖他人"的人做出"依赖他人"的行为，诸如此类。在行为和情境之间，人们通常无法建立这种语言的联系。（试想一下，"促进敌意的情境"这样的描述是多么别扭。）一个值得注意的例外是，认为任务是困难的（情境）会导致个体失败（行为）。

印象维持

一旦个体观察到某一行动者的行为或结果，并做出了特质归因，外界就很难改变他对行动者的假设，即使该个体后来又得知了一些足以挑战或推翻旧印象的信息时也是如此（Lord, Lepper, & Ross, 1979; Ross, Lepper, & Hubbard, 1975）。有证据表明，一系列广泛的认知过程共同维持了最初的印象（Ross & Lepper, 1980）。随后的行为很可能被解释为与最初的归因一致；表面上一致的信息被轻易接纳，而不一样的信息被合理地解释掉。

理论和意识形态

一些理论常常体现并增强了个体的知觉倾向，并使之合理化。西方的智识和道德传统在很大程度上使人们习惯了进行特质解释。从犹太－基督教坚持的个人道德责任，到资本主义和民主主义视为智识基础的行动自由，许多西方文化都强调行动者的因果作用，将不同的行为归于行动者本身的差异。马克思主义也许是一种关注情境解释的主要学术传统。行为主义、勒温的场论，以及大多数社会学理论框架都遵循社会科学的传统，采用情境化的视角，但是这些理论对整个社会的影响相当轻微。第 6 章探讨了非西方文化孕育出不同心理学理论的可能性。

统计学与特质归因偏差

应该指出的是，一些常见的统计缺陷也会引起特质归因偏差。首先，人们很难意识到特质之间中等程度的相关性（Chapman & Chapman, 1967, 1969; Kunda & Nisbett, 1986; Nisbett & Ross, 1980）。其次，人们对样本量与证据质量的关系知之甚少。前文提到相比于单次行为观察，对行为进行聚合观察会更准确地预测与特质相关的行为，但人们对于聚合观察的价值几乎毫无概念（Kahneman & Tversky, 1973; Kunda & Nisbett, 1986）。由于缺乏统计能力，人们往往根据知觉和认知偏差进行预测。

值得注意的是，正是那些允许或鼓励人们持有抽象人格理论的因素，往往会降低该理论在日常生活中进行预测的有效性（Nisbett, 1980）。最重要的是，人们很可能会夸大某些个体表现出特质一致性的价值。我们可以很有把握地推测，人们会习惯性地评估他人的特质，并且其评估往往过于自信和极端。这意味着他们会很轻易地做出信心十足的预测，但在经验丰富的人格学家看来，这种推测毫无疑问并不合适。

我们怎么会错得这么离谱呢

我们怎么会在这么重要的事情上犯这么严重的错误呢？这一问题通常可以用进化论来解释：对他人的判断往往关乎生存，因此我们不能认为自己无法正确判断他人。艾因霍恩和霍格思（1978）指出，这种进化论观点在心理学上是极其危险的。某些能力显然对生存有很大价值，但这一事实并不足以证明生物必须具备这种能力。例如，黑长尾猴经常面临豹子和蟒蛇的威胁，然而实验表明，即使种种迹象表明豹子就在附近（比如树上有一只死去的小羚羊），黑长尾猴也不会感到恐慌。同样，它们也无法通过视觉或嗅觉辨识出巨蟒的踪迹。

还有一个问题是，我们所讨论的这类人格判断，在人类的进化中是否真的那么重要。一位社会知觉的评论家认为，上述人格判断研究主要关注了"陌生人的社会心理学"，并断言人们在判断陌生人时犯的错，在判断密友时可能不会出现。我们认为，有可能上述人格判断研究和这一断言都是（或大体上是）正确的。本章讨论的常人人格理论可能主要适用于对不熟悉者的判断。进化压力则更多应用于对早期人类和人类族群中紧密关系的判断，而不是对陌生人的判断。因此，对于特定的、熟悉的情境，只要简单了解了个人的基础率，就足以在日常生活中做出相当准确的预测。也许直到人们开始交易和旅行，并因此结识了行为与思维方式都令自己感到不熟悉的个体时，大多数复杂的分析才显现出其重要性。

当然在今天，我们中的许多人大部分时间都和较为陌生的人在一起，因此我们必须不断地对身边的陌生人做出一些重要的判断。本章所讲的常人人格理论中的错误并不是无伤大雅的小缺点。

在下一章中，我们将检验本章所讨论的预测失败后会产生什么影响。在我们试图协调自己与他人的行为时，这种失败是否会造成混乱？答案似乎是否定的，因此这就形成了一个悖论。我们总是和较为陌生的人打交道；我们持有的理论，往往会使我们错误地推断他人的行为（过度依赖特质归因）；然而，我们似乎每天都能应付过去，并没有出现大量的预测错误。是什么让我们免入泥潭？这是本书接下来要关注的问题。

第 5 章

日常社会经验的连贯性

这一章从个人自白开始。尽管我们都看到了行为一致性客观研究中的证据（见第 3 章），了解了很多认知错觉和普通大众在行为预测时的缺陷（见第 4 章），我们却仍然相信，虽然社会中每个人的行为都各不相同，但事实上在大多数情况下，人们的行为具有相当高的一致性。我们坚信，大一新生宿舍里热情洋溢、爱耍活宝的查克，获得麻省理工学院奖学金、腼腆的电脑奇才诺伯特，以及曾经威胁过整个三年级学生的恶霸布奇，他们是完全不同的人，他们的行为方式彼此不同，与同伴的行为方式也明显不同，且这种差异不止存在于一个情境中，它会在很多情境下都表现出来。更令人难以置信的是，由于对这些人的刻板印象和期望，我们在解释他们的行为时产生了巨大的偏差，以至于会看到根本不存在的独特性和一致性。

不可否认的是，我们对他人行为的解释会参考他人过去的行为和我们对其人格的总体印象。比如，如果查克穿了一条鲜红色的吊带裤，我们会认为这是他为引人注目所做的搞笑把戏；但如果诺伯特也穿了同样的吊带裤，我们往往会认为他的时尚感比较奇异，或者认为他不关心自己的衣着。同样，如果我们看到布奇午餐时间安静地坐在操场边，这也并不能改变我们对其攻击性的看法，我们也不会将他表现出的安静视为与其性情不一致的证据。相反，我们会将布奇的这种行为归因于愠怒，并自然而然地认为，他坐在那里是在策划新的恐吓行动。如果一个不那么好斗的孩子表现出同样的安静，我们往往不会做这样的归因。但在承认这种解释偏差时，我们并不认为自己在推理上有何错误。事实上，我们坚信重视先前的经验和对他人更全面的印象是正确的，而完全"无偏见"的解释通常会使我们误入歧途。

作为现实生活的预言家，我们也会对自己的表现做出类似的推断。尽管能意识到自己常常会过度自信，但我们仍然坚信自己对现实生活的预测非常准确。我们确信，当球队在上半场表现糟糕时，教练惠普拉斯奇会严厉地批评队员；伊迪丝阿姨在下次的家庭婚礼上一定会坚决要求唱歌；好心的老查利会同意在星期天一早开车送我们去机场（甚至摆了摆手，并表示"不客气，一点也不麻烦"）。过去的经验往往验证了我们对这种预测的信心。

事实上，人们越是思索日常生活中体验到的现实，就越难以接受第3章谈到的有关跨情境一致性的"客观"研究结论。我们并不否认，相比纯粹的客观分析，知觉偏见、推论偏见，甚至动机性偏见可能会让我们发现更多行为的一致性和可预测性；但与此同时，我们也怀疑客观的行为研究能否真的捕捉到日常社会交往的一致性和可预测性。

为了调和日常经验与客观研究的科学证据，我们需要进一步反思日常社会事件的可预测性——我们相信，即便采用最客观的方式来描述我们的经验，也能证明这种可预测性，而有赖于可预测性，我们才能规划生活和开展日常活动。更具体地说，我们需要理解日常社会行为如何以及为什么是高度稳定和可预测的，尽管精心设计的实证研究所揭示的跨情境的行为相关程度和米歇尔及其同事所认为的一样低。

解决这一悖论依赖于一对相互关联的观点，本章后面将会用大篇幅对其进行论述。第一个也是最基本的观点是，现实世界的行为一致性不一定反映了人格特质的一致性。第二个观点是，可预测性不需要依赖于跨情境一致性，至少不需要依赖像哈茨霍恩和梅、纽科姆或西尔斯所检验的那种传统一致性。精心设计的、"公平"的实证研究与混乱的、某种意义上也"不公平"的日常生活测验在研究需求和限制上存在差异，而上述两个观点正是源于对这种差异的仔细审视。很明显，这一审视强调个人与情境因素的相互混杂，这种混杂使我们在理解、预测和控制他人行为时频繁地体验到规律性（偶尔也会感到惊奇）。

后文提到的观点并非我们独创。从戈登·奥尔波特到加德纳·墨菲（Gardner Murphy）再到库尔特·勒温，从 W. I. 托马斯到罗伯特·默顿（Robert Merton）再到欧文·戈夫曼（Erving Goffman），这些伟大的人格理论家和社会理论家们已经阐述或预测了我们现在提出的每一个观点。我们的贡献仅仅在于组织了这些观点，用以弥合科学证据和日常经验之间的鸿沟（参见 Cantor & Kihlstrom, 1987; Snyder & Ickes, 1985）。

科学的分解与现实世界的混杂

我们在计划和处理社会事务时所依赖的某些行为的一致性和可预测性，可能与经典构想的个体差异没有多大关系，认识到这一点并不需要太多思考。这种规律性有时可能反映的是情境的影响。我们身边的人，例如做检查的医生、教课的教授、指导我们的教练、聊天的同事，以及各种各样的朋友、邻居和家庭成员，这些人行为的可预测性在很大程度上取决于其所处情境的影响和限制的相对一致性——该情境至少会影响他们与我们的互动。

在日常生活中，我们几乎没有机会在完全不同的角色或情境中观察同一个人，以公平的方式检测其慷慨程度或延迟满足能力的跨情境一致性；也不会通过系统地改变自身的行为、状态和环境，或与他人关系的性质，来确定他人对我们的反应可能会如何变化。因此，我们不必（事实上，甚至没有机会）理解特定角色的力量，也不必将个人特质的影响从情境中分离出来。恰恰相反，我们相信，特定的角色和人际关系会使人的行为具有可预测性，尽管事实上，更广泛、更少"偏见"和更"科学"的行为样本所揭示的不一致性和不可预测性程度足以让我们大吃一惊。

个人和情境的科学分解

在现实世界中，个人特质和情境的影响常常"混杂"在一起，因此细心的研究者会费尽心思地去定义并测量真正的个体差异，这种个体差异排除了明显的角色限制与责任。也正是因为"混杂"，研究者需要在进行科学测验时对不同个体保持测验情境不变。

很少有人能认识到，仅仅通过计算人在特定时间内的攻击或冲动行为的频率来判断简是否比萨莉更具攻击性，不仅缺乏科学严谨性，甚至还是不公平的。假设简在曼哈顿开了一天出租车，同一天，萨莉在长岛郊区帮助弗莱彻牧师的妻子为即将到来的复活节布置鲜花。再假设，简吼了两声，骂了六次，还有一次攥紧了拳头；萨莉轻蔑地"哼"了一声，把花打翻在地时，喃喃自语了两次"哦，糟糕"，在这段时间内，她没有攥紧过拳头。这种客观反映的差异很难作为人格差异的确凿证据。如果只是增加这种行为观察的聚合性和信度（例如，通过在许多不同的日子观察简和萨莉，简继续开着出租车穿过拥挤的城市街道，萨莉仍然在郊区当保姆），稍微敏锐一些的普通大众都会发觉这样的人格测验不合理。更概括地说，敏锐的普通大众就像明智的研究者一样会（或至少应该）认识到，当人们在其迥然不同的生活中，对不同的压力和限制做出反应时，仅仅通过计算其行为的频率来决定有关其人格的理论问题是很愚蠢的。

称职的方法学家在寻求理论上合适且非混杂的人格测验时，意识到需要一种研究设计，在这种设计中，研究者可以观察到目标个体对相同的或至少相似的一系列情境做出的反应。有时，这可以简单地通过选择一群人来实现，让这些人处于同一情境（例如，正在接受基本训练的新兵，或纽科姆（1929）的研究中身处夏令营的儿童），然后研究者在这些人生活中自然出现的各种明确定义的情境下观察他们（例如，在吃饭时间内、长时间的徒步中，或一小时的休息时间里）。此外，研究者也可以有意地将人们置于一组固定且明确的情境中，来实现这一研究设计（例如，哈茨霍恩和梅的实验提供给被试撒谎或欺骗的诱惑，米歇尔的实验要求孩子们在当下的小奖励和随后的大奖励之间做出选择）。这两种方法的优点是消除或控制了角色需求和其他无关因素，因此研究者能够确定人们在特定行为中的总体倾向，并确定在不同环境下人们表现出这些倾向的一致性。

个人和情境的现实混杂

在日常经验中，我们几乎没有机会进行如此纯粹和具有决定性的个体差异检验。我们很少看到出租车司机在教堂里插花，或者插花师在应对粗暴调度员的苛责、并排停放的汽车和醉酒的乘客；更没有机会看到随机抽样的人，系统性地置身于这两种情境和其他的情境中。（尽管有趣的是，从马克·吐温（Mark Twain）的《王子与贫儿》（*Prince and the Pauper*）到埃迪·墨菲（Eddie Murphy）的电影《颠倒乾坤》（*Trading Places*），一些具有启发性的小说作品提供了"思想实验"，形成了与社会心理学理论一样的观点——衣服和情境"造就人"。）当然，有时我们会在新的情境中见到熟悉的人，在这种情况下，尤其是当新情境中的机会和限制与该行动者过去情境中的截然不同时，他们的行为往往会让我们感到惊讶。例如，一个七年级的女孩在沙滩上看到她的英语老师在跟他的大学同学嬉戏；一个市民看到严厉的交警（总是开罚单及教训超速者）安慰一个迷路的两岁孩子。或者想想上次你在回家的路上，看到一个日常表现得世故而成熟的成年朋友和她的父母交流时的样子，你就能意识到这一点。

当我们自己处在一个陌生的环境，或者至少对特定观察者而言不熟悉的环境下被观察时，我们也有过类似的情境主义体验。本书作者非常清楚，当教授们非专业的行为被学生看到时，学生们也会感到惊讶乃至震惊——例如，在网球场上错失一次凌空抽球的机会后就摔球拍、排队买"感恩而死"（Grateful Dead）乐队音乐会的门票、在汉堡店打弹球游戏或在沃尔玛超市对孩子们大喊大叫等。

正是个人与情境的混杂使人们表现出朴素特质主义。当我们预测教授的行为是具有学者风范的，独裁者的行为是专制的，或仆人的行为是卑微的时候，我们是否这样预测无关紧要。因为我们知道各种角色的影响，并依据角色的刻板印象对扮演者进行了判断，或我们已经从表面上理解了角色规定的行为，并由此判断了扮演者的人格特质。在每一种情况下，我们观察到的行为表现往往都会证实原来的预测，并证实对相关特质如学者风范、专制或卑微的推断是合理的。当然前提是，我们继续在不变的环境中观察行动者，环境中角色的要求和限制仍然有效，而且没有其他强大的情境因素突然介入。

在很难发现个体行为的直接决定因素时，错误归因也可能产生类似的良性结果。例如，不知道琼斯夫人是因为有一个暴力、酗酒的丈夫（我们可能从未见过他）才自我封闭，并不会影响我们对琼斯夫人未来行为预测的准确性，除非她逃离了束缚她的处境。同样地，不知道一个捐赠者的一贯慷慨有多少是出于税法政策，或者一个国会女议员一贯的自由主义言论在多大程度上反映的是她所在选区的偏见，也不会让我们承受任何不良的后果，除非我们寄希望于在没有税收优惠的情况下捐赠者仍然非常慷慨；或者当国会女议员成为总统的内阁成员时，她的言论能够转化为真正的政治行动。

观众引起的一致性和可预测性

如果我们花一天时间，跟踪一位摇滚明星、行业领袖或高中橄榄球明星，我们很快就会发现一些微妙的、不那么直接的决定行为独特性和一致性的因素。尤其是，我们会发现观众对这些名人的强大影响。观众们持续不断的吹捧、高度关注以及巴结讨好，会对任何人的行为产生强大和一致的情境性影响。名人们产生自我中心、自私冷漠，或纡尊降贵和高高在上的反应模式是相当不足为奇的，甚至是可以预测的。这样的反应模式不是行动者自身天性的简单映射。特别是，我们可以预期，许多以前谦虚、冷静的人成名后也会以类似的方式行事。（这种预期可以用一个政治谚语来表述：到华盛顿就任的政治家"若不成长，就会膨胀"（either grow or swell）。）我们甚至可以预期，出了名的人非常容易养成名人的行为习惯，即使当他们的老观众不在场而目前的新观众又不给他们一贯的反应时，名人们仍然会继续这样行事。

我们猜测，跟随一位牧师或一位受人尊敬的学者也会得出类似的见解。观众会期待并且通常会强化牧师的虔诚和关爱，以及教授表现出的智慧、心不在焉，甚至是轻微的古怪。此外，除了角色和地位外，观众影响行动者独特性和一致性的因素还有很多。明显的种族或民族身份、被污名化的残疾，甚至不寻常的外貌或身材，同样可以改变（某种意义上也是同质化）一个人遇到的社会情境的性质。事实上，我们大多数人只有在观众会对行动者的行为产生限制的情况下才会遇到上述这些人，而且只有在反复接触这样的观众之后，这些人才会形成相对僵化和可预测的反应方式。

在观众和行动者的互动效应中，一个特别有趣的例证是外表的吸引力。人们习惯了美丽的女人更容易嫁给成功的男人，从而改变自己的社会地位和工作环境（Elder, 1969）。外表的吸引力所带来的好处绝不仅限于求偶和婚姻。一些研究表明，从上学的最初几年开始，与相貌平平的同龄人相比，长得好看的年轻人往往被认为更有风度、社会成就更高、更聪明，也更有可能在学业上取得成功（Clifford & Walster, 1973; Dion, Berscheid, & Walster, 1972）。此外，长得好看的人也往往被认为更快乐、更外向、更善于交际，更少表现出离经叛道的行为，更有可能在个人和职业追求中取得成功（Hatfield & Sprecher, 1986; 另见 Albright, Kenny, & Malloy, 1988; Chaiken, 1979）。

就算考虑到预期和推断的差异，我们也不会对下面这一结论感到惊讶：人们在进行行为评价时，外表有吸引力的人相比那些相貌平平的人更有可能得到"无罪推定"。例如，有证据表明，相比一个丑陋的孩子，当犯错的是一个漂亮的孩子时，操场上的违规行为会被认为更轻微，建议的惩罚措施也更温和（Dion, 1972; 另见 Berkowitz & Frodi, 1979）。甚至人们的作品也会受到外表的影响。在评价一篇关于"电视的社会影响"的文章时，男性评估者像看重文章客观质量一样看重女性作者（照片附在文章旁）的外表吸引力（Landy & Sigall, 1974）。

斯奈德、坦克和贝尔伊德（Snyder, Tanke, & Berscheid, 1977）的一项研究阐明了这种偏差是如何影响观察者他们所喜欢或讨厌的行动者的行为。研究者先向男性被试展示了一张这些被试认为十分有吸引力或者平平无奇的年轻女性的照片，然后要求这些男性被试与照片上的年轻女性通过电话进行初次接触。随后，男性被试需要对刚刚交谈的年轻女性进行人格评估。此外，研究者还让第三方的评分者分别评估了男性被试（通话者）的行为和年轻女性的个人特征——在每一种情况下，评分者都只听到一方的谈话，并且第三方评分者不知道任何关于女性外表的信息，也不知道男性被试对这位女性外表的看法。

斯奈德等人报告的实验效应并不大，但所有测量结果都非常一致。首先，毫无疑问，当男性被试认为和他打电话的女性更漂亮时，他会评价该女性更具个人魅力。其次，也许同样不足为奇，即在这种情况下，只听到一方谈话的观察者认为该男性更为热情友好。最后，也是在目前的讨论中最重要的是，处于不同吸引力条件下的男性通话者似乎从与之交谈的女性那里得到了不同类型的回应，这些回应鼓励了一些错误的个人推断。由此，当男性被试认为对方是漂亮女性时，即使第三方评价者从未看到过相关的照片，仅仅听到女性的谈话，也会评价她更友好、更可爱（甚至更有吸引力）。该研究可能未必证实父母的告诫"心慈则貌美"，但该研究表明了"貌美则心慈"。其他的相关研究也表明，种族刻板印象和其他消极的人际期望也会产生类似的证实偏差（confirmation biases; Cooper & Fazio, 1979; Word, Zanna, & Cooper, 1974）。

当然，人们并不总是通过证实"观众"的预期来回应他们（例如，对于那些热切的追求者，尤其是将热情表现得特别明显的追求者，可能引起被追求者的冷漠、怀疑，甚至是利用），但总体的观点是清晰的。人们的外表特征与他们的角色和声望一样，是生活空间的重要组成部分及行为的重要情境决定因素。因此，不同的行动者（美或丑、富或贫、显赫或卑微、黑人或白人）可能会发现，自己对不同情境的反应并不能捕捉到这种差异，即使这种反应是纯粹"客观"的情境叙述（例如，参加上周六的西格马卡

（Sigma Chi）聚会[⊖]，或被福格蒂教授责备懒惰，或请安德烈亚帮忙调试电脑程序）。

一个人的外表、角色或地位对其他人的"同质化"效应使我们观察到了特定群体和个体的一致性和可预测性。关于这种影响，本书作者最喜欢的一个例子出自他们几十年前的一次讨论，一位现在的作者（当时是研究生）和一位富裕且有影响力的伦敦人（当时是伦敦市商会主席）讨论了警察的行为举止。学生抱怨纽约和伦敦的警察对学生的暴行，但那位衣着光鲜的伦敦市商会主席一挥手，由衷但自以为是地反驳道"这些关于警察不良行为的报道完全是胡说八道"。他接着说，他曾在很多场合看到，甚至与伦敦警察打过交道（"为什么？就在上周，他们让我停车，告诉我尾灯坏了"），发现警察们始终彬彬有礼、乐于助人。

还有一个不太极端、较为常见的例子，当父母听说孩子在学校、聚会或某个朋友家里的行为举止时，往往会感到惊讶。一方面是因为父母没有意识到不同社会环境对孩子的影响。另一方面则是因为，无论父母在什么时候亲自观察自己的孩子，他们本身就是孩子所在情境中的一个重要因素，相比其他因素更能诱发一致性。

更一般地，那些行为独特或极端的人可能无法理解别人在他们不在场时的举止。例如，那些经常在聚会上垄断话语权的人，或不断提醒他人在语言、思想、行为上不要性别歧视的人，或散发性魅力的人，这些人几乎没有机会看到他人在不受这种啰唆的、反性别歧视的或性魅力的影响时所表现出的行为。同样地，名人、牧师或教授也可能对特定个人、群体甚至一般人行为方式的理解存在偏差。

⊖ 兄弟会或姐妹会名称一般由希腊字母组成，"Sigma Chi"（ΣX）是一个成立于迈阿密大学的兄弟会。——译者注

再次回到我们关心的社会预测的准确性上，这种观众引发的一致性所产生的影响让人喜忧参半。一方面，只要个人与情境的混杂因素仍然在，那么基于过去经验的预测往往是准确的。另一方面，当缺少老观众时，再次预测这些人会如何行事，准确性可能会糟糕得多。

当人们创造自己的环境时

选择和改变情境

旨在探索人格的"公平"研究设计不仅消除了情境性的日常一致性，也减少了一些特质因素和情境因素交互作用所产生的一致性。人们在日常生活中，并不仅仅是"碰巧"遇到强迫和限制其行为的特殊情境。他们会主动选择置身于一些情境，还会改变一些碰巧遇到的情境（关于个人与情境互动的更详细讨论，见 Endler, 1983; Kenrick & Funder, 1988; Pervin, 1977; Snyder, 1981, 1983; Swann, 1984）。特别是，人们会积极主动地根据自己不同于他人的特征寻求自我发展的机会。下面这些例子展示了这种交互作用以及其对行为一致性和可预测性的影响。例如，医生、牧师、企业家和摇滚明星，他们起初根据个人偏好及能力选择了自己的职业。反过来，他们的选择又让他们处于特定的社会环境中，这种环境允许甚至迫使他们进一步发展并表现出这些偏好和能力。

这种涉及特质和情境的"交互作用"，在学者身上格外明显。学者可以通过学术和职业选择，通过交往对象，通过购买的阅读材料（甚至是通过关掉电视，因为电视是一种令人难以抗拒其诱惑的情境影响），有效地创造自己的环境。这种环境相对来说有利于知识的持续增长和智力上的表现，并且更少引起与获取知识这一目标相悖的行为。（虽然，我们应该再次强调，一个特定学者的行为通常与其观众们所认为的不太一致。）

当然，人们不仅"选择"情境，还会通过自己的存在、举止和行为来改变情境。例如，弗莱彻牧师肯定不会参加狂欢聚会，也不会去鸦片馆，而他的观众无疑会因他的存在而调整自己的环境（当他们邀请了弗莱彻时，会选择品位更高的嘉宾，当晚的娱乐活动也会更为文雅）。另外，如果弗莱彻偶然参加了狂欢聚会或去了鸦片馆，他可能会主动地采取一些行动来改变所处环境。（虽然我们不应该太自信地做出这样的预测，因为即使我们自以为根据过去的观察已经非常了解某些人的性格倾向了，但具有强烈诱惑的新情境确实可以改变人们的行为方式。）

人们对职业、爱好、志愿者组织甚至朋友和邻居的选择既反映了他们的个人特质，又改变了他们身处的情境，使之促进了这种个人特质的表现。即使在严格控制的实验研究中，我们也能看到这一点。凯利和斯塔赫斯基（Kelley & Stahelski, 1970）的著名实验提供了一个特别好的例证，这个实验使用了囚徒困境范式。该实验中有两名被试，他们无法看到彼此或进行沟通。研究者要求他们在连续的轮次中，做出合作或不合作的选择。研究者向被试呈现了相关的"收益矩阵"：当两个人都选择合作时，两者都得到适度的回报；当一方选择合作，另一方选择竞争时，后者获得较高的回报，而前者遭受巨大的损失；当双方都选择竞争时，都遭受中等程度的损失。然而，不同的被试以不同的方式来理解这种情境。很明显，对一些人来说，明智的策略是尽可能多地选择合作，与同伴一起形成适度收益的行为模式。这样的被试（就像所预期的，人们倾向于假设其他人对情境的理解与自己是一样的，从而高估了对行为达成共识的程度）几乎肯定地估计其他人会以同样的方式看待游戏对象并选择合作。同样明显的是，还有一些人会认为在这种情况下，"背叛"比合作能获得更多回报，他们采取相应的行动，并且假设其同伴也会这么想。

这种观念相互影响的结果很快就显现出来了。在第一轮博弈中，合作的被试倾向于引发同伴的合作行为，并促进同伴继续合作。由此，他们的预测往往是正确的。事实上，通过合作，他们不仅创造了一种使同伴相对容易选择互惠的情境（而且对同伴来说，选择竞争不太有吸引力了），还有效地创造了一种促进自己继续合作的情境，因为持续的相互合作使双方都能获益。

那些在第一轮博弈中选择竞争的被试也倾向于证实他们的预测。他们的竞争行为既阻碍了第一次选择合作者的继续合作（以免继续被利用），也让准竞争者几乎没有理由转向合作（以避免几乎必然被利用）。因此，那些在第一轮博弈中选择竞争的人同样发现，他们的预测得到了证实。更重要的是，不合作者创造了一个促进甚至迫使他们继续不合作的环境。因为这些被试可以（相当正确地）预期，如果切换到合作的反应模式，肯定会受到其他被试的利用，而正是他们自己第一次竞争的尝试以及被利用的恐惧促进乃至激发了其他被试的利用策略。

少有论述清晰地展现了行动者的观念和假设（无论最初是基于深刻的个人信念，还是基于相对偶然的情境解释差异）是如何产生了改变环境的行为反应，从而使这些反应也成为情境限制的一部分。在凯利和斯塔赫斯基的研究中，我们得出一则人格寓言（personality parable），虽然它没有第1章的情境寓言那么有名，但也许同样具有启示性。

对他人可预测性需要的响应能力

人们改变社会情境的最重要的方式之一是提供或征求一个具体的承诺，以使自己或同伴的行为更可预测。例如，我们愿意大胆做出自信的预测，珍蒂女士今晚将出席我们的晚宴（对这一预测，我们愿意投入资源并做出其他安排），这只是基于我们对她的性格和所处情境的了解。我们可能对她的总体合群性、是否喜欢晚宴，或者她对特定种类晚宴的爱好了解甚少，也不太了解她面临的时间压力、职责上的冲突、其他有吸引力的社交选择或其他情境限制。当然，我们也不知道她怎么理解我们的邀请，或她如何想象我们聚会的样子。所有这些不确定性都可能使我们的预测任务变得非常困难，不过事实上，她接受了我们邀请，今天早上她说会带上几瓶上好的葡萄酒，并且也没有打电话告诉我们计划有变，因此我们可以做出她会出席的预测。因为在我们周边地区，以这种方式做出承诺的人几乎不会让我们失望，当然，除非对方提前告知，否则我们不应改变自己的期望。

更广义的观点是，人们往往对必须预测他人反应这种处境达成了共识。因为在某种程度上，我们是否愿意及有能力让别人正确地预测我们的反应，以及用反应来证实别人的预测决定了社会的和谐。因此，在许多重要的社会行为领域中，我们会表明自己的意图，并且通常避免互相否认对方的预测。

需要再次注意，日常经验中的需求有别于那些旨在确认特质存在或检验社会预测准确性的研究设计的逻辑。在实验室或现场观察中，称职的研究者会不遗余力地确保被观察者对正在观察他的人漠不关心，或更好的是没有意识到正在进行的观察。他们会尽力确保，观察者没有向行动者传达任何希望和预期，行动者也没有告诉预测者他们的意图。当然，研究者也不允许行动者做出任何承诺或保证，不需要进行协商，也不需要考虑其他因素，不要求行动者的行为具有可预测性，当行动者出于某些原因做出令人惊讶的事之前，也不需要提醒相关人员。然而，排除这种现实世界广泛存在的"污染"，将让行动者的行为变得更难以预测，也会让任何有信心的预测者都预测不准（Einhorn & Hogarth, 1978; 另见 Swann, 1984）。

重要的是，要认识到那些我们所预测的行为反应可能是由多种因素决定的。人们所选择的角色、选择这些角色者所承受的情境压力、观察者传达给行动者的期望，以及行动者对观察者的承诺都可能会相互影响并彼此增强。正是多种影响因素的混杂才产生了行为的一致性和可预测性，并且通常使我们能做出正确的预测，即使我们忽视或误解了做出预测所需的某些证据。无论是因为身处一个公平、严谨的研究，还是行动者的社会环境发生了重大变化，当这种多因素混杂消失时，我们可以预料行动者的反应会出现明显的不一致，导致对其进行预测的错误率会非常高。另外，接下来我们将看到，当个人因素和情境因素以一种足够强大的方式相互作用时，可能会产生令简单情境主义者感到震惊的社会行为的连续性和行为结果的可预测性。

毕生行为的连续性

个体在一生中所表现出的行为似乎存在明显的连续性（Block, 1971）。当然，观察者对一个人的行为进行观察时，可能存在行为取样和理解的偏差，这种偏差可能会夸大他人行为的稳定性和连续性。很明显，无论是真实的还是感知到的，这种毕生的连续性都更多地反映了环境压力和限制的稳定性，而不是个体倾向或特质的稳定性。但从之前的讨论中，我们也可以明显看出，个体与环境的交互作用，即个体的主动选择和社会环境对其行为与声誉的反应，这二者的累积效应或聚合效应（cumulative or aggregated effects）也促使个体的行动及结果展现出重要的毕生连续性（参见 Caspi, Bem, & Elder, 1989）。更明显的是，如果进行严格的实验设计控制，确保被试面临的刺激情境不变，这些连续性将令人更难以察觉，事实上，这样做可能会阻止这种连续性显露出来。更何况，研究者肯定无法让被试置身于这样一种情境下，即被试先前的声誉会导致他人以完全不同的方式看待他们或限制他们的行为选择。

一些研究证实了这些个人－情境交互作用的累积结果。例如，极具攻击性的儿童会制造出令人暴躁的家庭环境，进而加剧儿童的攻击性（Patterson, 1982）。具有攻击性的儿童会预期他人也充满敌意（Dodge, 1986），就像凯利和斯塔赫斯基研究中好胜的被试预期他人也求胜心切一样。因此，这些儿童可能会做出引发他人攻击的行为，从而既证实了这些儿童的信念，即其他人充满敌意，又增强了他们随后的攻击意向。类似的过程也可能对那些异常羞怯、依赖或冲动的儿童，或者那些某方面倾向特别高或低的儿童，产生类似的个人与情境交互作用的累积结果。无论是通过有意识地选择活动和同伴，还是通过行为影响周围人的情绪与反应，具有某些特征的儿童创造了一种环境，该环境决定了他们后续的行动及结果。

在一项具有启发性的研究中，卡斯皮、埃尔德和贝姆（Caspi, Elder, & Bem, 1987）分析了关于伯克利年轻人的纵向研究结果，证实了青少年脾气暴躁（ill-temperedness）的累积结果。一组初步分析表明，男孩 10 岁时发脾气（temper tantrum）的得分预测了他们 20 年后在易怒性、情绪化和缺乏控制力上的他评分数（r 值介于 0.27 至 0.45 之间）。此外，分析显示，相比性情平和的同龄人，脾气暴躁的青少年更早退学。（考虑到老师和同伴对易怒且缺乏控制力者的反应，这并不奇怪。）他们也更少找到受人尊敬的工作，遭遇更多向下的社会流动（即使仅仅是因为缺乏教育，这一结果也不奇怪），离婚的可能性也是性情平和的同龄人的两倍（这一结果无疑既反映又加剧了他们的性情问题，同时也可能与其工作上的经历有关）。

卡斯皮、埃尔德和贝姆（1988）对羞怯和依赖的研究，也有了类似的结果。他们重复并扩展了布洛克（Block, 1971）雄心勃勃的研究，发现了生活状况的显著稳定性，以及多年来观察者对几个特质评价的跨时间一致性。在每个案例中，研究者的分析都揭示了这些特征在个体毕生中的稳定性。他们还阐述了儿童的特征行为模式（以及其他人对该行为的反应）如何创造出一种环境，该环境有助于个体维持性情的连续性，并使其工作经历和家庭关系更具有可预测性。

值得注意的是，根据我们在第 3 章中对聚合的讨论，毕生连续性的结果涉及了预测变量和反映多种事件的结果指标之间的关联。儿童只有经历过粗鲁甚至偶尔极端暴力的对待后，才会养成坏脾气，并受到他人的特殊关注。同样地，人们被炒鱿鱼或离婚，往往也不会只因为某一次的行为，而是某些行为的累积，最终使其变得无法忽视。正如卡斯皮等人所指出的，是累积的行为结果，而不是单次测量的累积性，产生了令人印象深刻的行为相关性。

具有讽刺意味的是，沃尔特·米歇尔（我们曾经详细讨论过这位理论家对传统人格理论的批判）报告了毕生连续性的证据。具体来说，在特定的实验室情境中能够成功做到延迟满足的 4 岁儿童，在成年后具有更高水平的社交和认知顺从性，从而取得更高的学业成绩。确实，学龄前的延迟满足时间与后来的美国大学入学考试（SAT）分数之间的简单相关为，语言成绩 0.42，数学成绩 0.57（Mischel, Shoda, & Rodriguez, 1989）。显而易见，即使延迟满足的能力相当薄弱并且只针对某些特定领域，也可能会产生如此惊人的结果。相比专注于手头的认知任务，在儿童的生活中，几乎总有更有趣的事情要做。至少在我们这个重视读书的文化中，那些更能坐得住的儿童，更有可能掌握认知技能，同时赢得声誉并发展自我概念，有助于他们进一步取得学业成就。

毫无疑问，那些与性情追踪研究中已经成年的被试进行互动的同龄人，他们在对被试的攻击性、羞怯或书呆子气等方面的评定，至少会表现出中等程度的一致性。此外，我们认为这些同龄人能够成功地对日常行为做出某些预测。同时，我们也很容易发现（鉴于第 4 章中邓宁等人（1990）及瓦洛内等人（1990）对"过度自信"的研究结果），这些同龄人具有强烈的特质主义倾向，或至少他们对特质的理解过于简单化。尤其是，我们认为，如果要求这些同龄人预测个体在一些"公平的"测验情境下（通过精心设计和严格控制，让成年人免受青少年时性情的累积影响）的反应，他们会表现出过度自信以及较差的预测准确性。

情境、解释和人格

我们分析了复杂的现实世界中人与（促进和限制人们行为的）情境的相互作用，这一分析缩小了由严格控制的研究和淆乱的现实世界观察，这二者所得出的看似相反的结果之间的差距。在本章的最后，我们探讨具有常识性和直觉性的常人人格学的优势和局限；然后，思考我们的分析能否用于建设一门更令人满意的关于个体差异性的科学——它与普通大众的特质心理学不太一致，与早期人格研究者的特质心理学非常相似，但它也许更有潜力，也更具力量与启发性。

重新审视常人人格学的效用

我们认为，通常来说，常人人格学在许多日常情境下都非常实用，即使它可能建立在过分简化甚至是错误的特质假设上。同时，在某些特定环境下，朴素特质主义会产生错误的推论，让我们做出不理智的决策。其中一些推论和决策是比较常见和无害的，另一些相对不常见但具有潜在危险。我们将干净、公平的研究设计与混乱的现实环境进行对比，有助于澄清什么时候常人人格学可能会给使用者带来麻烦。

常人人格学与更正确的人格理论之间的关系，类似于普通大众眼中的物理学与科学的物理学之间的关系（Holland et al., 1986; Nisbett, 1980, 1987）。尽管对控制物质世界的运动定律存在着相当程度的误解（顺便一说，在几百年前，最专业的思想家们也有同样的误解），但大多数人都能很好地应对身边世界的物体和力，而且某些人在特定领域（例如，击球、接球和投球）中展现出了惊人的技能（Champagne, Klopfer, & Anderson, 1980; McCloskey, 1983）。

例如，大多数成年人会预测，如果一个物体以给定的速度向前移动时（例如，他们走路时携带的一个包裹，或者捕食的猛禽爪子里的一只小啮齿动物）突然被放开，物体会笔直地向下坠落。当他们看到实际的物体坠落曲线是抛物线时会感到非常惊讶。这种误解（在伽利略和牛顿时代之前，这些误解并没有得到科学的精确解释）几乎没有造成什么后果。直到我们最近的进化史上，人类才有机会从快速移动的车辆上抛物，或者避免高空的物体直接落向他们。但 20 世纪初，空战的出现很快改变了这种局面。第一次世界大战的投弹手必须学会控制自己在目标正上方投弹的冲动。（值得注意的是，人们不再依靠"直觉"，而是开发计算炸弹路径的工具，最终解决了这个问题。）第一次世界大战的步兵也必须学会不去担心他们头顶上放下的炸弹，而是去关注那些从远处正向他们飞来的飞机上投下的炸弹。

一个物理世界中流传最为广泛且普通大众和早期学者们都有的重要误解，与我们对常人人格学的讨论有着更为直接的关系。正如勒温指出：

亚里士多德的动力学完全取决于研究对象的性质。相反，在现代物理学中，一个物理矢量的存在，总是取决于几个物理事实之间的相互关系，特别是取决于物体与其环境之间的关系（Lewin, 1935, p.28; 原文斜体）。

换言之，在古代物理学中，物体的"行为"只被理解为物体的属性或特质：石头放在水中会下沉，因为它具有沉重的属性或者说"重力"；一块木头漂浮在水上，是因为它具有轻盈的属性或者说"浮力"。

在这些一般来说还算实用的有关物体"行为"的视角中，缺少有关事件的关系（relational）视角。在沉浮例子中，我们必须考虑水的质量和放置其上的物体质量之间的关系；在落体的例子中，则需要考虑惯性运动和重力之间的关系。但这种朴素物理学的局限和错误观念，并没有妨碍普通大众看到一个可预测的连贯的世界。事实上，它们反而有助于促进日常经验的可预测性和连贯性。然而，这些误解导致普通大众在面临必须处理的新现象时会产生一些代价较高的错误判断，因此这些误解也不是全无代价。另外，在更强大但直觉性更弱的看待物质世界的方式出现前，这些误解也组成了人们有时不愿但最终也不得不扔掉的知识包袱。（当然，正如读者所知，在 20 世纪，牛顿所提出的关于时间、空间和运动的概念，逐渐被天才爱因斯坦和其他理论家所提出的更不直观但更强大的宇宙概念所取代。）

心理学没有牛顿，更没有爱因斯坦，心理学无法将朴素的、基于经验的概念替换为更精确和更科学的观点去描述个人与情境之间的关系。事实上，正如我们在引言中所讨论的，心理学最重要的启示之一，可能是让我们更深刻地认识到，为什么制定强大而精确的行为预测法则是如此困难。无论人们如何改进方法和概念都难以做到。尽管如此，但我们（本书作者）仍相信本章中对人与环境关系的社会心理分析，可以帮助读者勾勒出一个更有效的概念轮廓，来理解个人独特性和一致性的概念。

寻求更强大的人格概念

我们试图用一种不同的解决个体差异的方法来取代传统特质主义，这一方法的灵感源于本章的概念分析。我们设想，这种方法要既能兼容在严格控制的、公平的观察性研究（米歇尔回顾的那类研究）中所发现的低跨情境一致性，又能包含日常社会交往所展现的明显规律性。现在是时候勾勒出这种方法的轮廓了。

我们主要依靠以乔治·凯利、沃尔特·米歇尔、朱利安·罗特（Julian Rotter）、阿尔伯特·班杜拉（Albert Bandura）和其他年轻理论家（例如，Cantor & Kihlstrom, 1987; Markus & Nurius, 1986）为代表的社会认知学派。和大多数认知主义者一样，我们并不认为存在广义的跨情境一致性——无论是在外显行为，还是行为背后的认知和动机过程中都是如此。行为一致性的存在与否，都反映了特定个体与其社会环境之间动态关系的结果，这些结果可以理解但并不总是可以预见。因此，该方法在精神上必须是个体化的——尽管这一要求为研究者带来了负担且存在一些局限，但它让我们认识到强大且通用的人格量表的前景。也就是说，我们需要了解不同人的不同之处，以便理解他们行为的独特性和连贯性，并预测他们的行为何时以及如何是一致且可预测的。

我们的替代方法与传统人格学的方法之间的一个有关联但可能更基本的区别在于，描述行为本身时所采用的视角不同。如果试图使行为可解释且可预测，那么该方法必须从行动者的主观视角进行考虑，而不是从观察者或研究者的视角出发。具体行动（例如，给乞讨者钱、调低迟交论文学生的分数）甚至行动类型（慷慨行为、惩罚行为等）的客观计数，其价值是有限的。只有当我们理解了一个人的意图、战略假设、自我知觉和对相关情境的推断（即该个体对自身行为意义的理解）时，他的行为才具有真正的连贯性。

我们将详细讨论这些问题，并提出一些需要特别注意的事项。

目标和偏好

人类的行为是围绕各种短期、长期乃至毕生的目标来组织的。人们制订计划来实现这些目标，监控目标的进展，相应地维持或改变自身行为模式。因此，我们可以根据吉尔在各种相关的工作场所中言行的一致性，来理解吉尔在职场行为中的连贯性；对杰克职场行为的连贯性，我们可以根据他如何在不同情境中改变自己的行为，以及如何应对自身目标未能实现的情况来进行理解。西奥迪尼（Cialdini, 1988）出版的一本关于社会影响的书中，有一个故事能够很好地说明这一点。他感兴趣的是，找出餐厅服务员用于获得最多小费的最优策略。在一段时间内，他观察了一家餐厅中收入最高的服务员，想知道该服务员做了什么。结果发现，该服务员自始至终除了尽可能地多收小费并没有做任何事情。面对家人聚会，他温暖而亲切，会对孩子们眨着眼，期待着他们点餐；面对青少年的约会，他态度傲慢，咄咄逼人；对单独用餐的年长女性，他既热心又可靠。在这些不同的行为中，"一致性"仅仅在于该服务员精力充沛且深思熟虑地追求着职业目标。

长期以来，目标和偏好上的个体差异一直是个体行为差异的重要来源（Mischel, 1968）。此外，人格学家的方法往往是个体化的，他们发现人们不仅在各自特定的需要和价值观上不同，而且这些需要和价值观的重要性或中心地位也彼此不同。因此，对一些人来说，对美的关注似乎位于中心；对另一些人来说，审美相对不太重要。对社会和政治价值观的认识，同样是理解一些人行为一致性的关键，但对解释另一些人的行为没有多大意义。成就（特别是职业成就）的中心地位和重要性的差异也见于那些试图理解一种文化内部的个体差异与文化之间差异（正如我们将在第 6 章中讨论的）的研究（McClelland, Atkinson, Clark, & Lowell, 1953）。

素质和能力

要理解行为的连续性和表面上的不连续性，我们不仅要了解一个人的目标与标准，还必须了解此人实现目标、达到标准的能力。因此，如果要预测行为，我们必须尽可能多地了解个人的素质和能力。坎托和凯尔斯壮（1987）对这一问题进行了全面讨论，探索了他们所称的"社会智力"的各个方面，包括为实现目标制订短期和长期战略所需的技能和知识，以及领域特有的"专业知识"（例如，与同龄人相处，进行时间和资源的仔细规划，掌握有助于成功延迟满足的认知策略）。

这些研究者还强调，为了达到特定的目标，表面上相似的情境也可能需要不同的技能水平。赖特和米歇尔（Wright & Mischel, 1987）的研究很好地说明了这一点。对在控制攻击行为上有问题的男孩进行研究后，他们得出结论：同样的情境对男孩的自制力造成了不同程度的压力。当压力低于一定水平时，个体差异既不明显也不可预测。当压力增大，男孩的社交能力和冲动控制力受到更严峻的考验时，攻击性的个体差异就能被可靠地预测出来，并且这种可靠性程度远超米歇尔经典综述中的标准人格信度系数。这项研究所传递的内容清楚明白。和能力测验工具一样，有鉴别力的人格测验工具必须适用于个体特有的整体能力水平，并且在理想情况下，该测验对他们更具体的优点和缺点也很敏感。

情境的主观表征

人们在某一特定情境中的行为取决于他们对该情境的知觉，因此，若我们不了解人们如何解释情境，就很难预测和解释他们的行为。即使在心理学家专注于对人进行分类的几十年里，也有一小部分研究者（Lewin, 1935; Murray, 1938; Brunswik, 1956; Barker, 1968）呼吁更多地关注对情境的分类。自 20 世纪 70 年代的认知革命以来，情境表征的研究逐渐流行起来。（参见 Bem & Funder, 1978; Cantor & Kihlstrom, 1982 的综述。）

迄今为止，研究的重点一直放在那些可被用于描述特定学校、精神卫生专业机构、社交聚会，诸如此类场所的特征维度上，也会有研究者关注一些可以用来解释一般人行为反应的特征维度（Forgas, 1982; Magnusson & Ekehammar, 1973; Moos, 1968, 1973; 另见 Cantor, Mischel, & Schwartz, 1982; Harré & Secord, 1973）。情境解释过程中的个体差异也受到越来越多的关注。正如坎托和凯尔斯壮（1987）指出的，解释上的差异可能反映了即时需求或目标的不同。例如，对大多数客人来说，晚宴可能是一个娱乐情境；而对紧张的主人来说，这可能是一种社会成就测试；对出席的当地政客来说，则是一个自我推销的机会。这种解释上的差异也可能反映的是个人成长史和气质上更长期、更特殊的差异。例如，家庭聚餐和其他常见的社交情景可能会唤起一些人对温暖与快乐的联想，但对另一些人来说则是有威胁性或不愉快的（Pervin, 1976; 1985）。

归因方式和个人效能感

虽然研究者们刚刚开始探索个体在情境解释上的差别，但一个关于主观解释的差异已经得到了广泛的研究，并且这一差异与本书所关注的核心问题密切相关。这种差异与归因方式有关，不同的理论家给它起了不同的名字，包括"内部控制与外部控制的期望"（Rotter, 1966）、"自我效能"（Bandura, 1977a, 1977b）和"掌控与无助感"（Dweck, 1975）。一些理论家非常关注这种归因差异的来源（例如，Seligman, 1975）。另一些研究者则聚焦于开发合适的测量方法（Crandall, Katkovsky, & Crandall, 1965; Rotter, 1966）或是区分控制感的不同方面（例如，Collins, 1974; Lefcourt, 1972; Weiner, Freize, Kukla, Rest, & Rosenbaum, 1972）。重要的一点是研究者已经证明，当要求人们解释自己的成功和失败，或解释影响自身快乐与幸福的其他事件时，他们表现出的归因偏好模式迥然不同。正如我们将在第6章和第7章中进一步讨论的那样，这些归因方式的差异可能会产生不同的动机和行为结果。一些人觉得自己可以掌控自己的生活，对自己的幸福、成功甚至健康负责，于是他们采取相应的行动来改变自己的命运。另一些人则感到自己是无助的小卒，难以克服环境的障碍和应对人世的无常，他们也做出相应的反应，被动地接受自己的命运。

自我概念

更普遍的观点是，除了有关情境的知觉和信念外，对自己的概念也会对人们产生影响，这也越来越受到认知导向人格理论家的关注。黑泽尔·马库斯（Hazel Markus）和她的同事（Markus, 1977; Markus et al., 1985）已经证明，人们存在自我图式（self-schemas），或者说对自我的概括性理解，这种图式或理解用来解释自己和他人的行为。由此，有些人主要围绕互依性的自我概念来理解行为，有些人则围绕独立性的自我概念，但对于另一些人来说，这两个概念都不重要。具有互依和独立"图式"的人，相比于"非图式"的人，更容易以"我"或"非我"的方式，回答某些与此人格维度相关特质的探问。当被要求判断自己是互依或独立的时候，他们可以提供更多的证据，并且对那些似乎与其自我图式相矛盾的信息有很强的抵抗力。

同样，几位关注性别问题的研究者探讨了性别图式的作用。正如桑德拉·贝姆（Sandra Bem, 1981, 1985）所证实的，一些男性和女性会从很多方面监控自己的行为，了解自己男性化或女性化的程度；对另一些人来说，这不是一个非常突出的维度，他们只不过是在对情境中的机会或限制做出反应（另见 Markus et al., 1985; Spence & Helmreich, 1978）。很明显，种族、职业、政治意识形态和其他群体认同方面，很可能也在图式中心性上存在类似的个体差异。

同样地，这些研究着眼于高度个体化。自我图式的研究者假设，不同个体在不同的情境中会从不同的维度来监控自己。但值得注意的是，斯奈德（Snyder, 1974, 1979）的研究已经表明，人们在监控自己公开行为的倾向以及该行为所引起的他人反应上都存在全面的差异。也就是说，在很多行为层面和社会环境中，用斯奈德的简版纸笔量表进行测量，都能显示出自我监控的差异。有些人似乎能一直意识到他们想要创造的形象并成功塑造这一形象，而其他人似乎很少进行这种自我监控。自我监控到底是一种普遍的特质，还是一种和重要自我图式一同起作用的倾向，还有待进一步观察。

在一篇有趣的论文中，马库斯和努里乌斯（Markus & Nurius, 1986）认为，人们不仅根据当前的自我概念指导其行为，而且也根据"可能性自我"（即通过行为改变可获得的积极自我概念以及可避免的消极自我概念）来指导他们的行为。托里·希金斯（Tory Higgins）及其同事（Higgins, Klein, & Strauman, 1985; Higgins, Strauman, & Klein, 1986）同样探讨了这种可能性：通常可能不是自我本身，而是现实自我和可能性自我之间的差异主导了个体对社会环境的监控与解释（另见 Cantor et al., 1987）。

未来的人格理论一定会继续强调理解人们的目标、能力素质、策略、解释风格和自我概念的重要性。这些方向的研究很可能会发现许多人类行为决定因素的有趣事实，告诉我们在不同情境下对不同类型的人进行预测时所发现的一致性的本质和程度。但我们需要特别注意的是，即使对传统最狂热的研究者也没有理由让我们相信，特定情境下特定（非极端）个体的行为是高度可预测的。的确，个体差异因素的多样性会诱使我们得出这一结论。简在某一情境下的行为可能是出于她追求的某些目标，以及她拥有的某些自我概念。尽管艾丽斯的目标和自我概念与简类似，但因为艾丽斯在某些能力上不如简，或因为她采用了不同的策略，艾丽斯的行为方式可能与简大不相同。为了在存在大量个体变异的广泛情境中预测人们的非异常行为，我们需要知道的东西太多了，包括所有可能相关的情境和环境维度，以及它们在个体行动时产生影响的权重与显著性。对于科学家来说，他们需要和陌生人打交道，要观察范围广泛的行为，且缺乏关于情境解释和承诺的详细信息，他们对他人行为的预测必然会受到严重限制。相比之下，对我们大多数人来说，日常生活经验往往是高度可预测的。在日常生活中，我们可以在受限的情境中，观察我们认识的人，相互交流我们的主观感知，通过明确或默认的对他人可预测需要的响应来提高行为的可预测性。但是，在现代心理学中，没有任何启示比前三章所传达的信息更清楚和重要：日常行为的可预测性和连贯性是由存在严重理论缺陷的常人心理学得出的；在一些非常重要的个人与职业情境下，这些理论中的缺陷会导致相应的判断错误。

第 6 章

文化的社会心理学

在上一章中，我们将行为可预测性的讨论限制在了单一文化下的被试群体中，大多数时候甚至是单一的亚文化和社会阶层。然而，如果把讨论扩展到更大的人类样本中，我们会发现可预测性问题展现出了全然不同的面貌。

举例而言，假如我们要预测某个已婚女性在被问及职业时会表现出自豪、无可奈何，还是尴尬；她去商店时是穿衬衫和短裙，还是穿吊带上衣和短裤，抑或是穿着端庄的长袍并戴着面纱；她是乐意与一个排在她后面的男士交谈，还是连他的问候都不予理会。假设我们还要预测，当父亲坚持要求十几岁的女儿不要再见她的新男友，或者要求她改变饮食、衣着或对长辈讲话的方式时，这个女孩是会置若罔闻、激烈抗议，还是会温顺地服从。

假如我们的预测是关于一个坐在当地酒馆里的男性。如果有人问起他的庄稼、房产、情感生活、不断增长的腰围，或者他对死刑的看法，他是会觉得荣幸，还是感到被冒犯？询问者的身份，例如朋友、同事或陌生人，或者询问者的社会地位高低，会在多大程度上影响这个男性的反应？又或者当你被邀请参加一次聚会时，你可能要去预测女主人是否期待礼物，而她又会如何回应在脸颊、嘴唇或手背上的一个问候之吻。假设你的一个熟人刚刚丧偶，你去吊唁时会发现他是在撕扯自己的衣服，还是面无表情地坐着，又或是因为家中没有女主人而不断致歉？

对于社会交往而言，有能力做出类似预测，并且有能力理解符合或不符合预测的行为意味着什么是至关重要的。但是能否成功完成这类任务，与我们在人格鉴别上的能力没有多大关系。毋宁说，我们的成功可能反映了这样一个事实，即我们所面对的行为反应是由文化决定的，并且我们相当了解相应的文化或亚文化。

在当今世界，旅游和贸易让来自不同文化的人们有了前所未有的频繁联系，不同的民族群体在同一个国家毗邻而居，因此对文化作用的理解变得愈加重要。事实上，民族复兴和民族冲突是我们这个时代的一贯主题。

文化这一话题与本书的理论思考存在着深刻的关联。因为民族、种族、宗教、地区，甚至经济因素形成的亚文化不仅是历史的重要遗存，也是决定个体行为的强大因素。同时，它们也是个体对社会事件的主观体验和意义建构的重要来源。而且民族文化也构成了一个紧张系统，其中动力间复杂的平衡能抵御一般变化，然而悖论在于，当新的力量进入或旧有力量被移除时，文化有时又会成为社会剧变发生的渠道。

本章将讨论文化影响行为的方式，以及影响文化形成、保持和改变的因素。我们的讨论不是无所不包的，而是聚焦于当代的美国社会，以及那些塑造了美国社会历史并仍然在相互影响的意识形态和族群。本章的大部分内容都缺乏来自严格控制的实验研究或现场研究的数据支持。事实上，本章的内容主要源于影响深远的思想家们的观察和洞见，他们深入思考了在决定群体生活方式上，客观环境与主观解释间的复杂关系。

文化的情境决定因素

生态、经济和技术的影响

群体如何发展并保持自己区别于其他群体的特征？很多社会科学家（其中最著名的是卡尔·马克思）从外部生态或经济因素的角度回答了这个问题（LeVine, 1982; B. Whiting & J. W. M. Whiting, 1975）。狩猎采集社会鼓励个人的主动性，但也要求并强化了群体团结的价值观，因为高效的狩猎需要这些品质。农业社会不鼓励独立和攻击性，强调服从与责任，因为这些品质的组合对于有规律地获得资源及持续耕种是必要的。相比之下，牧民的生计依赖于他们的牧群，他们倾向于具有高攻击性，因为偷盗邻近部落的牲畜（最好同时消灭部落里的男性以免遭到报复）是一条可靠的致富之路，而没有能力或意愿进行争斗则会引来更多好斗的竞争者。

关于文化习俗和价值的演进，情境主义的观点十分具有吸引力。一些经典的相关性研究确实发现，人们的性格或价值观与他们生产食物和获得财富的模式存在关联（比如，Barry, Child, & Bacon, 1959）。但是这样的相关性研究很难确定因果关系，即确认社会共享的价值观念和行为模式是某种经济环境的结果，而不是产生该经济环境的（至少部分）原因。因此，社会科学家开始对各种各样的"自然实验"感兴趣，即历史的偶然因素悄然改变了社会生态的需求和机遇，让人们能够方便地观察由此带来的文化价值观、习俗以及制度变化的本质。我们接下来看看美国文化背景下两个引人深思的"自然实验"。

平原印第安文化的转变

新的产品和技术的引入（不论是来自贸易者、军事探险家、殖民者还是传教士）为世界上的各种文化提供了外部影响的持续来源。一项影响深远的技术转移实验是17世纪初美国西部的狩猎采集民族对马匹的引入。自他们开始接触这些从西班牙探险者手中逃走的马匹起，在6代人的时间里，一种独特而复杂的骑马游牧文化在美国大西部平原上蓬勃发展起来（Lowie, 1954）。

马的经济优势在于它使出行及运输更加便利（以前，交通主要依靠狗），也让捕猎大型动物（特别是水牛）变得简单（以前很少有人能靠走路有效地追捕它们）。马对平原文化的影响远不止对旧有生产方式的改进。拥有的马匹、劫获马匹的能力，以及在贸易或庆典上供给马匹的能力，成了衡量威望和权力的标准。部落内部及不同部落间财富和地位的巨大差异，成为社会生活的一个重要事实。此外，大的牧群（通常一个村庄就有几千匹）需要经常迁移以获得新牧场，从而刺激了以前相互隔绝的部落之间的联系。结果，文化的进步就这样发生在了这片广阔的土地上。当部落间为了更有效地捕猎水牛和使用水牛产品而互相学习工具与技术时，它们早期文化的特征就消失了。例如，克劳人（Crow）不再使用独木舟，夏延人（Cheyenne）不再种植玉米。他们还发展出了同样的尚武精神和对身体力量的崇拜，这使他们越来越不同于纳瓦霍人（Navajo）、霍皮人（Hopi）、易洛魁人（Iroquois）和其他非平原人。

上面的故事并非简单证明了技术必然改变文化。不是所有部落都会因为马匹的到来而变为好斗的骑马牧民。第一个获得马匹的部落在此之前已经形成了农耕文化，这个部落并没有因为马匹而发生明显的变化。事实上，这些农耕部落经常被那些更好斗的部落抢劫和欺压，虽然后者获得马匹更晚，但是他们将马匹作为自己文化的核心部分。尽管存在这一例外，但上述故事仍然清晰地展现了外部机会和限制因素的变化引发文化价值观与习俗快速转变的可能性。在之后有关紧张系统和文化变迁的部分中，我们会对这一话题进行更深入的探讨。

托克维尔谈美国民主和财富的演变

几乎在平原印第安文化因马匹而变化的同一时期，一项截然不同的文化实验也在这个新大陆的遥远东部进行着。具有不同社会背景的欧洲殖民者开拓着这片处女地的同时，开始为新的社会和政治制度打下基石。历史学家和社会学家长期以来一直在思考这块新土地上的机遇和需求与演变而来的政府形式之间的联系。他们想知道，为什么民主会以这种方式来到美国？

美国小学课本上的答案是，在民族国家时代之初，新世界的人们逐渐习惯了摆脱欧洲特有的独裁统治的生活方式。摆脱了英国君主制的束缚，没有任何世袭贵族，自信并热爱独立的清教徒农民和商人们建立了一种基于个人权利和民众代表（popular representation）的政府形式。虽然这种解释没有什么错，但是不完整。特别是，它并没有解释为什么美国政府从来没有退化成无政府状态或独裁统治（当有着与美国殖民者基本相似背景的清教徒于 1649 年在奥利弗·克伦威尔（Oliver Cromwell）的领导下接管英国政权时，这种情况很快就发生了）。

19 世纪伟大的美国社会观察家⊖亚历克西·德·托克维尔（Alexis de

⊖ 托克维尔是法国历史学家。此处原文为" the great nineteenth-century observer of American society"，意为他观察的角度适用于美国社会。——译者注

Tocqueville）给出了一个情境主义的答案。他认为，繁重的体力劳动、原始的社会结构，加上没有任何旧有的政府组织，迫使这些殖民者必须在他们自己建立的临时组织中相互合作。因此，建立和利用自愿组织来追求共同目标的习惯教会了人们自治的技能与技巧，这对于民主而言是必不可少的。托克维尔认为下述情况并非偶然。

当今世界上最民主的国家是这样的：人们把协力追求共同目标的技艺发挥到了这个时代的极致，并广泛应用这种新技能。（Tocqueville, 1835/1969, p.514）

这种"协力追求"的习惯对内部组织成员和外部政体都产生了影响。托克维尔在下面的观察中描述了内部效应。

当一个组织代表了某一观点时，这一组织的组成和结构必须变得更加清晰明了。它会细数它的支持者，并使他们加入它的事业共同奋斗；这些支持者开始与其他支持者相互了解，热情也随着支持者人数的增多而逐渐高涨。组织将不同才智的能量联合起来，并有力地引导他们朝向明确的目标。（Tocqueville, 1835/1969, p.190）

以实现多个不同目标为方针的组织最终都会展现出相当一般化的系统性结果。更大型的社会开始习惯于回应不同群体所代表的利益，人们从自愿组织成员身份中获得的技能也会影响政府的形式。

近几十年来，政治经济学家扩展了托克维尔的观点，将其用于解释美国经济的发展。埃斯曼和乌普霍夫（Esman & Uphoff, 1984）认为联合主义（associationism）对于经济发展的心理和社会基础都十分重要。

在可预见的未来，许多发展中国家都可能存在大规模的贫困，对于旨在消除大规模贫困的任何重要努力来说，会员制组织的有力联结是必不可少的。虽然其他成分（基础设施投资、支持性公共政策、合适的技术，以及官僚机构和市场机制）也十分必要，但是当没有卓越的地方性组织参与时，我们无法想象农村发展战略能将生产力增长与广泛的利益分配结合起来。（Esman & Uphoff, 1984, p.40）

因此政府的民主形式和高度发达经济体的财富特征，在某种程度上都归因于在自愿组织中工作的习惯以及由此产生的公民思维——这些特征，至少对于美国的情况而言，可以归因于生态和经济必需的结构性事实。当然，也有一些学者着重于从意识形态因素而非物质因素来解释美国文化和制度的发展以及资本主义民主的发展。我们稍后会探讨这类解释。但首先，我们将考虑一些非物质的但仍然相当有解释力的族群特征。

"中间"少数族裔的境遇

一个群体是如何让自己赢得贪婪、剥削、不忠诚、咄咄逼人、有侵略性的名声但同时又具有氏族性和排外性的？在欧洲，以及在美国（程度稍轻一些），犹太人长期以来一直受到这样的诋毁。对这种反犹刻板印象的解释通常都集中于犹太人独特的历史和文化特征，以及传统基督教教义中犹太人在基督受难一事上所扮演的角色。

然而，我们将视野扩展后会发现一个群体不需要如此独特的理由就能获得上述恶名。据说，每个国家都有"自己的犹太人"。东非有印度人和巴基斯坦人，西非有黎巴嫩人，土耳其有亚美尼亚人和希腊人，埃及有科普特人（他们是基督徒，因此使埃及成为一个"犹太人"是基督徒的国家）。这些群体被称为"中间人"，因为他们通常比统治阶级穷得多，但又比大多数当地人富裕得多，这是缘于统治阶级对他们所从事的职业不感兴趣，而其他当地人又缺乏相应的技能。他们通常是市场经济里的"中间人"，扮演着店主、经纪人、放债人和进口商的角色。他们往往居住在关系紧密的社区，与和自己有相同的独特文化特征（如服饰、饮食和宗教）的同族抱成一团。

这些群体的成员通常特别勤劳节俭，倾向于推迟享乐，但他们很少因为这些优点受到欢迎。相反，他们因财富而遭人憎恨，被视为寄生虫而遭人鄙视。如果这些"中间人"试图摆脱孤立，他们就会被指责为咄咄逼人和有侵略性。如果他们保持与外界隔绝的状态，就会被指责为排外和对国家不忠。不仅是欧洲的犹太人，还有土耳其的亚美尼亚人、乌干达的印度人，都曾被充满愤恨的同国人集体驱逐或杀害。

想想过去几百年来欧洲犹太人的命运。那段时期的大部分时间里，在大多数地方，犹太人都面临着敌意，他们所能获得的机会极其有限。他们常常被禁止拥有土地，不能从事特定的行业和职业，被限制在特定的社区或贫民区，并持续面临被驱逐或没收所有财产的威胁。这种状态促使犹太人要么完全放弃他们的身份认同（改信基督教，完全融入优势群体），要么保持一个有凝聚力的、保护性的、独立的亚文化，不太可能接受优势群体的语言、服饰或文化偏好。这还导致他们只能在对他们开放的、适合他们境遇的以及被强行赋予优先权的职业中谋生。因此，社区中的少数成功者可能是放债人（基督徒禁止从事的职业）或宝石和五金商人（和放债类似，这一职业非常适合被迫保持资产流动性的个体）。大多数犹太人只是在自己的小社区里提供商品和服务，因为在那里不需要优势群体的接纳，也不会经常遭受优势群体的敌视。

这些特点，即独特的衣着、语言和文化习俗，以及通常被鄙弃的职业反过来引发了进一步的社会排斥与敌意，或至少是对排斥与敌意的合理化。这种排斥与敌意转而又加剧了犹太人的孤立感和孤独感，并增强了他们的内部凝聚力。犹太人的幽默和民俗体现并强化了这种孤独感和持续的威胁感，以及依靠信仰或智慧而非公开对抗来维持生存的需要。

我们有理由相信，我们正在参与一项有趣的关于北美犹太人的"自然实验"。因为北美是多语言社会，在这个社会中有许多个人和群体，他们的技能与犹太人重叠或相同，所以犹太人不像在欧洲那些文化更统一的国家中那样突出。在某些国家（如荷兰、意大利、德国、英国），至少在某些时期，敌意和限制不那么明显，随着犹太人融入优势群体，犹太民族独有的特征也逐渐淡化。但在过去的半个世纪里，只有在北美，尤其是在美国，犹太人得到了前所未有的接纳和可以自由选择的机会。在作者看来，其结果是犹太人身份的显著弱化。对于作者这一代人来说，越来越多年轻的美国犹太人只能通过姓氏来识别，而不能通过任何有特色的外表、观点或习俗来识别。当优势文化不再认为一个人的特殊文化身份很重要并区别对待时，这种身份认同感就很难维系。

犹太人在美国的经历并非独一无二。对于大多数族群，只要他们学会了英语，培养出一代在公立学校接受教育的孩子，并勇敢加入不同的社区，从事不同的职业，他们就会发现自己的族群身份在社会交往中越来越不具有决定性的影响。但这种"弱化"和同化的模式也存在重要例外。身份非常明显且该身份被持续认为非常重要的种族群体，尤其是非裔和西班牙裔美国人，在美国有着非常不同的文化体验。相当多的优势群体成员继续区别对待这些群体，以至于让他们独特的民族或种族身份每时每刻都在凸显。我们在第 5 章中提到，个体所面临的情境包括他人对其外表、角色和行为的反应。同样，族群所面临的情境也包含族群身份所引发的反应以及优势群体展现出的接纳。在本章后面的部分中，我们将详细讨论族群地位这类情境因素如何影响个体行为以及该群体与优势群体的关系。

文化、意识形态与建构

前文讨论的内容是把文化视作客观环境压力和限制的结果，现在我们把重点转到社会心理学三大基石的第二个原理上。是时候考虑这样一个命题了：文化价值观和信仰可以决定人们如何解释他们的环境和经历。（关于这一命题的优秀论述请参见 D'Andrade, 1981; Shweder, in press; Shweder & LeVine, 1984; Stigler, Shweder, & Herdt, 1990。）我们想论证的并不是文化视角独立于客观情境而产生。我们想论证的是，一个特定文化或亚文化所独有的价值观、信仰和解释事件的模式（无论它们源于什么）是可以脱离于引发它们的情境而存在的，即使情境消失，它们也可以延续。的确，正如我们将要讨论的那样，在历史的某一特定时刻，一个群体的信念和意识形态，而非其客观环境的当前特征，可能成为其随后发展的关键。

新教的愿景和资本主义的发展

19 ～ 20 世纪伟大的社会学家马克斯·韦伯（Max Weber）认为，共同的文化信仰有时是历史的原动力。他关于资本主义发展的观点与卡尔·马克思的唯物主义针锋相对。马克思坚持认为，中世纪晚期的重商主义（mercantilism）导致了可供投资的资本过剩，这种过剩为新的生产方式提供了机会，这些生产方式进而不可避免地促进了资本主义的发展。对于马克思这位客观主义经济学家的观点，作为主观社会心理学家的韦伯并不认同。他认为，为了产生这种新的经济形式，所讨论的客观环境必须按照一种特定的世界观来解释，即新教伦理（Protestant ethic），这一世界观对世俗成就给予了前所未有的高度重视。

在论证自己的观点时，韦伯首先提到的是新教企业家与天主教徒竞争中取得的成功，以及年轻的新教职业女性明显的节俭和自律。他还指出，资本主义是在北欧国家发展起来的，而不是在一度较为富有的南欧国家。引用孟德斯鸠（Montesquieu）的观点，"英国人在三个方面的发展远超世界上其他国家的人，即虔诚、商业和自由"（Weber, 1905/1984, p.45），韦伯怀疑："是否有一种可能，他们的商业优势和对自由政治制度的适应，在某种程度上都与孟德斯鸠所称赞的虔诚有关？"

韦伯对这一问题的回答是，15～18世纪形成的新教徒式虔诚格外鼓励工作勤奋、创业活动和财富积累，这些都是成功资本主义的特征。他认为，虔诚的背后是希望表明自己属于"上帝的选民"，即属于上帝选中或"命中注定"会获得救赎，而不是那些"非选民"或注定要受惩罚的人。虽然无法确定自己是不是上帝的选民，但是上帝的恩典可以显现在个人生活的价值上——拒绝安逸、奢侈和肉体的愉悦，以及忠诚而精力充沛地追求并完成自己在俗世的使命。

被选中的基督徒来到世上，要尽自身所能来完成上帝的诫命，以增加上帝的荣耀。上帝要求基督徒取得社会成就，因为他要让社会生活按照他的诫命来组织……这使得服务于非个人且偏向社会效用的劳动看上去像促进了上帝的荣耀，因此是上帝的意志。（Weber，1905/1984，p.108-109）

然而，仅仅为上帝劳动是不够的。对共同利益的追求必须是充满激情和全心全意的，这样才能消除人们对自己是否被选中的疑虑。

一方面，相信自己被选中并与所有的怀疑做斗争被视为不可推卸的义务，因为怀疑是魔鬼的诱惑，缺乏自信是信仰不坚定因而恩典不全的结果……另一方面，为了拥有这种自信，热切的世俗活动是最合适的方法。它，且只有它，才能驱散宗教的疑虑，带来对恩典的确信。（Weber，1905/1984，p.111-112）

然而，光靠无休止的活动可能还不足以建立资本主义的新生产方式。这种新体系包括劳动分工，通过有效生产创造大规模市场，以及由此带来的价格下降。在这里，优势群体对待加尔文宗（Calvinists）"不服从者"的方式就变得非常重要。因为不被允许进入传统的圣公会学校，中产阶级的加尔文宗者创建了自己的教育机构。无疑，这些教育机构重视科学和技术这样的实用学科。新的发明和生产技术因此以前所未有的速度得到发展与推广。

然而，这种创新遭到了持怀疑态度的工人和传统竞争对手的反对，前者对他们需要服从的新规感到不满，后者可能会失去生意。根据韦伯的观点，这种创新要想成功是非常困难的，意识形态的支撑作用再一次变得非常重要。

……只有凭借非常确切和高度发展的道德品质，他才有可能获得来自客户与工人不可或缺的信任。再没有什么能给他克服无数障碍的力量了……（Weber, 1905/1984, p.69）

甚至连马克思主义者也同意，新的理性经济形式也要求同样的理性政治形式。为了效率，资本主义必须摆脱政府任意征税和反复无常的行为。此外，新中产阶级的财富让他们有勇气要求分享权力。因此，法律和政府越来越支持新阶级最大范围行动所需要的秩序与自由。

所以，根据韦伯的观点，英国人（以及其他北欧人）的三个美德以一种令人满意的方式彼此关联。虔诚是由于独特的宗教信仰，商业优势源于虔诚所赋予的精力和道德境界，自由的政治制度则是来自经济理性（economic rationality）所要求的政府改革。马克思主义的分析由此与韦伯背道而驰。韦伯认为，是对世俗成功的原因和影响的主观看法，而不是决定经济可能性的客观形势的必然变化，带来了人类历史上一个新的物质阶段。

在 20 世纪 50 年代极具吸引力和原创性的著作中，戴维·麦克利兰（David McClelland）、约翰·阿特金森（John Atkinson）和他们的同事（McClelland et al., 1953）进一步讨论了文化价值及其经济意义。他们首先阐明了，在 1950 年，新教改革几百年后，新教和天主教国家的人均财富创造截然不同，无论是旧大陆还是新大陆（the Old World or the New）。然后，他们试图展现父母价值观、育儿技巧和儿童接触到的文化民俗在其中的中介作用。最让人印象深刻的证据之一是，从历史上看，某个文化（包括非基督教文化）在某个时期的经济发展，可以通过上一代儿童文学中成就主题的增加来预测。他们还证实个人的成就意象（通过人们的写作以及对投射测验的反应来测量）与其所接触的社会化方式以及人们在各领域的实际成就之间有显著的相关性（尽管一般是弱相关）。然而，这些研究证据有一个缺陷，即研究人员无法确定美国新教徒比美国天主教徒表现出更多的成就意象（Veroff, Feld, & Gurin, 1962）。罗杰·布朗（Roger Brown）在他 1965 年的《社会心理学》经典教材中认为这个问题很严重，足以让人对整个理论都产生怀疑。我们之后会通过一些其他的证据来看，新教－天主教差异的缺失是否真让韦伯的论述陷入了尴尬境地。

联想主义与经济发展

在韦伯提出不同意见 100 多年后的今天，马克思主义者和韦伯主义者之间关于资本主义起源的争论仍然十分激烈。有人怀疑这场争论不会因为出现实证证据而罢休，但是帕特南及其同事（Putnam, 1987; Putnam, Leonardi, Nanetti, & Pavoncello, 1983）的研究表明，至少有可能证实先前存在的文化差异可以预测随后的经济发展。

帕特南（1987）首先引用了托克维尔的观点，即自愿组织有助于形成良好政府所必需的心理基础。然后他引用了埃斯曼和乌普霍夫（1984）的观点来论证这种组织在创建财富先决条件上的重要性。他接着指出，如果这些组织对财富的发展做出了独立的贡献，那么它们在某个时间点的存在，应该能够预测未来某个时间点的财富，甚至客观经济条件保持不变的情况下也是如此。

为了检验这个观点，帕特南收集了 1860～1920 年以意大利 15 个政府区域为代表的具有联想主义特征的数据。测量方法有很多种，包括互助会成员人数、对以群众为基础的政党的支持、这一时期的投票率，以及1860年以前存在的当代文化和娱乐协会（contemporary cultural and recreational association）的占比。经济发展状况主要以务工（industrial employment）相对于务农的比例来衡量，较高的务工率表明经济发展向好。令人震惊的是，一个世纪前的联想主义的文化事实比一个世纪前的工业化程度更能预测当前的经济发展。

事实上，19世纪的联想传统有力地预测了20世纪的工业化，以至于将文化传统保持不变时，1911年的务工率和1977年的务工率之间根本没有相关性……正如，在1900年，意大利的两个地区（其中一个地区相对落后但有参与自愿组织的传统，另一个相对发达（人们更健康、更富裕、更聪明，生产方式也更工业化）但缺乏这种参与文化）在这个世纪里，前者比后者在社会经济方面的发展要快得多。简而言之，同一时期文化与结构的关联反映的是文化对结构的影响，而不是结构对文化的影响。（Putnam, 1987, p.18-19）

尤希姆及其同事（Useem, Setti, & Kanchanabucha, 1988）对参与性经历的作用进行了类似的论证。他们研究了泰国不同村庄参与性发展项目的成功率。他们在不同的村庄建立了不同的自助项目，发现这些项目成功与否在很大程度上取决于有多大比例的居民加入过至少一个村民小组以及参加过村庄解决问题的活动。

这些发现有力地支持了文化决定论相对于经济决定论的地位。因为无论是在意大利的不同地区还是在泰国的不同村庄，经济结构力量带来联想主义的文化差异这种论点都是说不通的。如果这些发现被证实是规律而非例外，它们可能会相应地迫使我们修正当代社会科学的经济决定论倾向。至少，它们有助于确立文化因素在建立结构和经济事实上的重要性，这一点我们将在之后讨论社会变迁时再次谈到。

集体主义与个人主义

我们对意识形态、成就动机和联想主义的讨论，促使我们思考一个与之相关的、非常重要的、在世界各国文化和各民族亚文化中似乎都存在差异的维度，那就是集体主义与个人主义。哈里·特里安迪斯（Harry Triandis）及其同事对这个维度进行了深入的研究（Triandis, 1987; Triandis, Bontempo, Villareal, Asai, & Lucca, 1988; Boykin, 1986; Deutsch,1982; Hofstede, 1980; Hui, 1984; J. M. Jones, 1983; Markus & Kitayama, 1991; Spence, 1985）。这个维度对于理解很多态度和行为都是至关重要的。集体主义社会包括大多数传统的前工业社会、南欧和拉丁美洲天主教占主导地位的大部分国家，以及大多数亚洲和非洲文化，其特点是强调基于家庭与社区的关系及价值。一个人的首要内群体，也就是他的亲人、他的近邻社区以及在现代工业社会中他的工作圈子，是要求和回报的首要来源，是什么可取、什么被允许、什么不可想象的首要决定者。简言之，在集体主义社会中，内群体规范和角色关系提供了驱动个人前进的动力且指引个人前进方向的罗盘。

在新教改革发生后的西欧和北美国家，个人主义文化占主导地位，它与集体主义正好相反。个人主义文化的特点是强调个人的目标、兴趣和喜好。社会关系是由兴趣和志向的共同度所决定的，因此当兴趣和志向随时间推移而改变时，社会关系也随之发生变化。在这样的社会中，个人的选择，无论是衣着、饮食、朋友、职业还是配偶，都相对不受家庭、邻居或其他传统角色关系者的支配。

当然，在这样的社会中，个人并非不受同辈的影响，正如第 1 章谈到的美国关于社会影响的长期研究所证实的那样。更确切地说，在这样的社会中，社会影响的程度不完全取决于已有的基于传统的群体联结。因此，在某些情况下，相比于来自个人主义文化的个体，来自集体主义文化的个体可能更不愿意服从。例如，研究表明，在类似阿希的从众范式中，相对于美国被试，日本被试不太倾向于跟从群体做出错误判断，可能是因为这种范式没有让被试感受到来自内群体的社会压力，并且该范式也并未涉及真实社会内群体关注的传统话题（Frager, 1970）。与之类似，与美国伊利诺伊州的被试相比，日本被试更不重视陌生人或非本国人的意愿（Triandis et al., 1988），但是他们更能响应同事的意愿。

在传统的集体主义社会中，一个人一生可能只认同一个最重要的群体。群体成员由一个复杂的网络联系在一起，这个网络由不可改变的相互间的义务和期望组成；每个成员的成就或恶行构成了整个群体骄傲或耻辱的重要来源。在更个人主义的社会里，人们会发现进入一系列新的社会群体以及认识陌生人是相对容易和值得的，而且切断以前的联系也比较容易且可以接受。在个人主义社会中，社会联系也可能带有较少的特权和义务，个人的幸福，无论是精神上的还是物质上的，与亲属或社会群体的肯定和命运联系较少。

在某种程度上，个人主义取向是新教伦理和资本主义的遗存。个人与传统社区和行会的关系被基于方便、机会及自身利益的社交关系所取代。育儿技巧和目标也折射出此种取向。来自个人主义文化的父母更可能要求并奖励孩子的独立性和个人成就，而不太可能强调合作与认可寻求（Barry, Child, & Bacon, 1959; Hess, 1970; Laosa, 1981; Rosen,1959）。

个人主义取向不仅与促进了现代资本主义的经济价值和成就需要有关，还与平等主义有关。集体主义社会似乎能够接受天生特权或社会等级的不平等。在当代印度仍然存在极为传统的种姓观念（以及对轮回的信仰，在这种信仰下，特权或贫困被视为前世行为的后果），这正是集体主义特征的极端表现。一个不那么极端的例子是，在意大利南部的小村庄里，人们对医生、教师或贵族格外尊敬。在那里，我们了解到，传统的规范仍然很强大，在当地肉店排队的顾客往往会在他们认为的"上等人"（social superior）到来时退到一边，坚持"绅士优先"的原则。这种做法与美国校园亚文化中的规范形成了鲜明对比，美国校园亚文化是高度个人主义和高度平等主义的，如刚就任的秘书或研究助理与最杰出的全职教授享有同样的便利停车权（当然他们也要从少得多的薪水中支付同样高昂的停车费）。

平均而言，个人主义文化往往比集体主义文化更富有也更多产，尽管二三十年前作为工业强国领头羊的日本的崛起导致这种对比不像更早之前那样强烈（马库斯和北山（Kitayama）在1991年的文章中指出，日本经济进步背后的成就动机可能与西方的个人主义价值观无关，而与集体主义价值观即家庭、荣誉和集体忠诚有关）。个人主义文化是否更健康或更具智慧则是另一码事（Bellah et al., 1985）。健康心理学领域给出了一组关于个人主义代价的有趣数据。社会失范和孤独在个人主义社会中更为典型，这种社会隔绝（social isolation）的代价是沉重的，这一点从有关杀人、自杀以及因压力相关疾病致死的问卷调查和统计数据中都可以看出（Triandis et al., 1988）。一组格外引人注目的有关数据是关于心脏病患病率的。首先，美国白人的心脏病患病率是生活在日本当地居民的五倍多。其次，对于那些生活在美国的日本人，即使控制了生活方式变量（如饮食、吸烟和运动）后，高度融入美国文化者（即在家里也说英语而不说日语，并且用美国人而非日本人的方式教养子女）的心脏病患病率仍是那些未被同化者的五倍（Marmet & Syme, 1976）。这些发现指出，作为集体主义特征之一的社会支持是一种压力缓冲器。

总的来说，集体主义者在经济和社会限制方面付出了代价，但在社会支持方面得到了回报。个人主义者相对于集体主义者有更多的权利，在选择与什么人交往上也有更多的自由，但在个人有需要的时候也不能轻易地对他人提出要求。在个人主义社会中，心理治疗师充当了集体主义社会里亲戚、朋友和同事的角色。律师则在个人主义社会中充当冲突的调解者，这种调解常常是公开且拖拉的。在集体主义社会中，调解往往由长辈、族长或职场权威人士私下完成，而且通常更快、更令人轻松。

本书的作者都是北美人，他们都是彻头彻尾的个人主义者，然而他们乐于发现自己文化遗产中的一些深刻差异。罗斯在一个不信教的犹太工人阶级家庭长大，尼斯贝特则在一个信仰新教的中产阶级家庭长大。通过电视节目、文学作品及脱口秀表演，犹太人和非犹太人在家庭角色与家庭影响方面的许多差异已广为人知，甚至成了文化上老生常谈的话题，但这些差异仍然能够让我们感到惊奇。有一次，罗斯不经意地向尼斯贝特指出，自己生长在这样一个家庭里：家人期望他关心众多叔伯的意见，这些叔伯是他家人有需要时的依靠，他也经常去看望他们。尼斯贝特摇了摇头，主动告诉罗斯，他从小到大都不知道自己的叔伯是谁，对他们也没有什么指望；他们不太可能知道任何或许与他有关的成就或丑闻；即使他们知道，他们也不会在意；即使他们真的在意，他也不在意。也许这样的逸事有助于解释，为什么杰出的人格心理学家和临床心理学家乔治·凯利（1955）会既强调从个体角度理解社会现象的重要性，也强调在确定一个人的认知与反应是否为病理性时需要考虑来访者的族群文化。例如，凯利观察到，如果治疗师没有意识到犹太人生活在集体主义中，那么一名犹太来访者表现出对家人的过度关注可能会被错误地归因为一种病理性的依赖。

东西方社会背景与归因

过去几十年来，北美社会心理学家一直专注于描述人们进行特质推断和行为归因时的策略与偏差。近几十年的跨文化研究表明，在这种尝试中，我们可能犯了某种民族中心主义（ethnocentrism）的错误，或者至少没有考虑到不同文化或亚文化的差异性。个人主义文化导向的被试与集体主义文化导向的被试存在着一些颇具启发性的差异。

自我相对于他人的重要性

北山和同事（1989）有一个有趣的发现，在与同伴交往时，集体主义的日本人可能比个人主义的美国人更不倾向于将自己视作注意焦点。这个结论的证据虽然比较间接，却巧妙地延伸了相似性评估的经典研究结果。

1977年，阿莫斯·特沃斯基报告了一个惊人的发现，即对判断对象的相似性评估是不对称的。也就是说，被试倾向于认为马德里与纽约的相似程度超过纽约与马德里的相似程度，或者认为胡狼与狗的相似程度超过狗与胡狼的相似程度。这种不对称的原因显然在于，受试者倾向于把更凸显、更重要、认知表征更丰富的对象作为内隐的参照点或比较标准，从而判断更不凸显、不重要的对象与高度凸显、重要的对象更相似，而不是相反。与此一致，霍利约克和戈登（Holyoak & Gordon, 1979）发现，美国被试判断别人与自己的相似性远远大于自己与别人的相似性，也就是说，他人（相对不那么重要、凸显，认知表征较少）与自我（重要、凸显，认知表征更丰富）相比的相似程度高于自我与他人相比。北山及其同事在日本被试中发现了完全相反的模式，与个人主义"自我中心"的美国人相比，相对更集体主义的日本人认为他们的同伴，而不是他们自己，是更为凸显且重要的注意和考虑对象。

个人特征的一般化与情境化视角

有关的证据来自库森（Cousins, 1989）的研究，"我是谁"测试结果表明，集体主义的日本人不像美国人那样倾向于声称他们拥有广泛且跨情境的个人特征。在没有指定具体环境的开放性回答测试中，日本人列出的抽象心理特征（如"我是乐观的"）仅为美国人的 1/4，但列出的社会角色和情境（如"我是一个戏剧俱乐部的成员"）是美国人的 3 倍。在指定了具体情境时，日本人更倾向于用心理特征来描述自己（如"在家里我有时很懒"或"在学校我很努力"）。库森认为，就日本人认为他们的行为取决于社会情境而言，这种模式是合理的。相比之下，美国人倾向于认为自己有一套个人特征，这些特征独立于任何与他人的特定关系或特定的情境。

印度人没有基本归因错误吗

集体主义的亚洲被试对社会情境的重视程度也可能影响他们解释社会行为的方式。特别地，琼·米勒（1984）的研究表明，印度人比美国人更倾向于用情境因素来解释事件。正如第 4 章（在那里我们只讨论了美国被试的结果）所提到的，米勒要求被试描述并解释他们所熟知的人最近所做的"好"或"坏"的事情。他们的解释被编码成几大类，其中与我们的讨论最相关的是一般性特质解释（例如，"慷慨"或"笨拙"）与情境解释（例如，"在那里没有别的人可以提供帮助"或"天很暗"）。个人主义、个人导向（person-oriented）的美国被试用一般性特质来解释消极或越轨行为的比例是 45%，印度被试用一般性特质解释的比例却只有 15%。同样地，美国被试用一般性特质来解释积极或亲社会行为的比例是 35%，而印度被试只有 22%。相比之下，印度被试用情境性理由来解释越轨行为的比例是 32%，而美国被试相应的比例只有 14%；印度被试对亲社会行为进行情境性解释的比例是 49%，而美国被试用情境性解释的比例只有 22%。米勒还用了一个精妙的对照比较来说明，美国人和印度人的不同解释并不是由于被解释的行为有任何差异。她要求美国被试解释由印度被试写下的行为。与米勒的文化差异假说相一致的是，当美国被试解释印度被试写下的行为时，特质解释与情境解释所占的比例，与美国被试解释自己写下的行为时几乎相同。

这是否意味着印度人没有基本归因错误，从而让人质疑这个归因错误到底有多"基本"？也许答案是肯定的，但米勒的研究本身并不能证实这一点；因为确实有可能，在东方，情境因素在决定行为方面确实比在西方发挥了更大的作用。事实上，这是学者们对比个人主义和集体主义文化的一个基本假设。相应地，印度人可能并非展现了对情境主义更强的洞察力，而只是在解释更多由情境决定的行为。然而，我们认为，上述两者都有可能是事实，即在非西方的背景下情境影响既可能是更有力的行为决定因素，也可能是更明显的对行为的解释。因此，我们认为印度人和许多其他集体主义者可能真的不像美国人那样容易犯基本归因错误。

上述研究提供了一些现有的最清晰的证据，展示了不同的文化在解释世界的方式上存在本质差异。这些证据也暗示，明显的认知差异可能有其社会本源。

社会阶层和控制点

对于解释偏好，各种文化的不同体现在"横向"维度的差异上，除此以外，还有一个"纵向"的社会阶层维度。低社会经济地位的人比高社会经济地位的人更有可能用外部原因来解释与他们相关的事件（P. Gurin, G. Gurin, & Morrison, 1978）。例如，低社会经济地位的被试更倾向于相信"人们生活中许多不愉快的事情，部分是由于运气不好"；高社会经济地位的被试更倾向于相信"人们的不幸是由他们所犯的错误造成的"。低社会经济地位的被试相信"结识正确的人是决定一个人成功的重要因素"；高社会经济地位的被试更容易相信一个人有天分且做了正确的事情，才会获得成功，他们认为"结识正确的人与成功没有任何关系"。

这种解释偏好与价值取向（value preference）相关联。相比于低社会经济地位者，高社会经济地位者更重视自主性和个体内的因果（personal causation），这可能是因为他们的生计比低社会经济地位者更依赖于个人决策的有效性（Kohn & Schooler, 1969）。例如，高社会经济地位者比低社会经济地位者更重视自立和独立判断，且更关注事物如何发生以及为何发生。低社会经济地位者比高社会经济地位者更看重社会地位和与人相处的能力。在抚养孩子的过程中，高社会经济地位的父母强调责任和自我控制，而低社会经济地位的父母强调礼貌及对父母的服从。

因此，社会经济地位不同的人在推论因果时有不同的假设，他们与因果控制点（locus of causality）有关的价值取向也不同。高社会经济地位者认为人们得到的结果是他们自身行为的直接反映，而低社会经济地位者更可能认为结果不由自己控制。当然，在很大程度上，这些解释偏好也是现实情况的反映。相比于低社会经济地位者，高社会经济地位者实际上更能掌控自己的职业生活和个人生活。这两组人的价值观可视作对自身客观情况的反映。高社会经济地位的父母更喜欢在他们同辈、后代和自己身上看到好奇心和方向控制，因为这些品质适合管理者和专业人员。低社会经济地位的父母偏爱服从以及与他人和谐相处，因为这些特点是雇主和朋友看重的。（尽管如此，我们要注意，在本书所讨论的任何专业概念中，社会阶层之间的差异都不大。这是由于实际差异本身就不大还是自陈报告的方法掩盖了实际差异，目前尚不清楚。希思（Heath, 1983）的参与性观察研究[一]表明，在与独立、自立和个人效能相关的社会化行为中，确实存在着很大程度的社会阶层差异。）

社会不同阶层在意识形态和价值观上的差异支持了情境主义以及文化

[一] 研究者作为被研究群体中的成员，在参与群体活动中观察，以收集所需材料和信息的研究方法。——译者注

的经济决定论。从阶层成员所从事的以及心照不宣地打算让后代从事的工作来看，阶层之间的差异在很大程度上是可以理解的。这些观念上的差异一旦确立，可能会产生客观和主观的后果——给低社会经济地位者带来额外的限制，给高社会经济地位者赋予额外的优势。

体现文化差异的美国地域差异

解释风格的地域差异

解释风格上还有一种文化差异，与刚才讨论的国家和阶层差异有关，研究者可以通过比较美国的两个不同地区来发现。西姆斯和鲍曼（Sims & Baumann, 1972）发现美国的南方人比北方人更相信事件的外部控制。为了证实和探索这种差异，研究者给中产阶级被试呈现一些句子，让被试用他们认为合适的方式来完成句子。例如，当被试拿到"就我自己的生活而言，上帝____"这个句子时，南方被试更可能用"控制它"来作为结尾，北方的被试则更可能写下"照看我"。换句话说，南方被试认为上帝是一个主动的角色，并否认个人对自己的命运负有责任；北方被试则认为上帝是一个仁慈但本质上被动的角色，并且个人肩负着自己的命运。同样，在完成"我相信运气____"这个句子时，南方被试更可能用一个暗示运气很重要的短语（如"能使一个人变得富有或贫穷"），北方被试则更可能用一个否认运气重要性或意义的短语（如"并不存在"）。在完成"在世界上能出人头地，是因为____"这个句子时，南方被试更可能用反映道德或上帝意志重要性的观点，北方被试则更可能用反映工作重要性的观点。

然而，西姆斯和鲍曼（1972）的研究之所以具有启发性，是因为他们试图证实这种归因上的差异会带来生死攸关的结果。他们首先指出南方比北方有更多的人死于龙卷风这一令人费解的事实，因为两个地区龙卷风的强度或发生次数、龙卷风所经处的人口密度或者其他可能的物理因素都不能解释这种差异。此外，他们认为，死亡率的差异（实际上南方的死亡率是北方的数倍）源于北方人和南方人在预防措施上的差异，这种差异完全符合他们在完成句子时所表现出的不同的世界观。更相信命运掌握在自己手中的北方人，可能会关注天气预报，并在龙卷风临近时躲藏起来；听天由命的南方人则可能较少关注天气预报，当天气预报提醒龙卷风要来时，他们也不太可能躲藏起来。

为了支持这些观点，西姆斯和鲍曼（1972）让句子与龙卷风直接相关，例如"在龙卷风警报发出时，我＿＿＿"。结果和他们的假设一致，北方被试更有可能说他们"会仔细看"新闻，南方被试更有可能说他们"会看天空"。（显然，跟看新闻相比，真正的危险程度更不可能通过看天空发现，看天空也无法帮助个体采取恰当的预防措施。）同样地，当他们给被试呈现如"龙卷风的幸存者＿＿＿"这样的句子时，北方被试在完成句子时更可能指出幸存者需要帮助，南方被试则更可能强调幸存者的负面情绪。

应该指出的是，就像集体主义的特点一样，美国南方人归因上的特点是一把双刃剑。一些研究者调查了灾难（如婴儿猝死综合征或因交通事故死亡）降临家庭时会发生什么。那些归因方式更外部、更宗教导向的人会更快、更容易恢复正常生活（Bahr & Harvey, 1979; Bornstein, Clayton, Hlikas, Maurice, & Robins, 1973; McIntosh, Silver, & Wortman, 1989; Sanders, 1980）。

美国地区间凶杀率的差异

关乎生死的文化差异不止上述一种。众所周知，美国不同地区的凶杀率差异很大。大城市的凶杀率远高于小城镇或农村。（也因此，美国的凶杀率高于加拿大或其他工业化国家。）美国的北部和南部地区在凶杀率上也有明显不同。在南部的老联邦州以及西部更偏南的州，凶杀率远高于北部。

如何解释这种地区差异呢？几代人以来，大多数关注这个问题的研究者都认为，这种差异是文化上的。不同于由清教徒建立的北方社会，在南方定居的是前身为贵族和地主的傲慢骑士阶级（Cavalier class），以及那些曾住在苏格兰–爱尔兰边远地区的居民（Scotch-Irish backwoodsman）。这两个群体都不信奉韦伯所描述的新教伦理。基于英国贵族和偏远地区居民的传统，这些人更看重武器与战斗。托克维尔认为，奴隶制进一步加剧了文化结果上的差异。南方的白人男性不必工作，因此他们有时间打猎，使用武器，参加模拟和真实的战斗。在一项巧妙的"自然实验"中，托克维尔将有奴隶制的肯塔基州与自由民主的俄亥俄州进行了比较，这两个州在纬度上没有特别大的差异（肯塔基州偏俄亥俄州以西，而不完全在俄亥俄州以南）。

俄亥俄州的白人居民不得不靠自己的努力维持生活，将暂时的富裕作为生活的主要目标；他所居住的土地为他的事业提供了取之不尽的资源……他勇敢地踏上了命运为他打开的每一条道路……他对财富的追求近乎一种英雄主义。

但是肯塔基人不仅嘲笑劳动，而且嘲笑劳动所促进的一切事业；由于过着懒散的独立生活，所以他的品位是懒散人的品位；在他眼中，钱没有那么重要；他对财富的贪求远不及他对愉悦和兴奋的渴望；他的俄亥俄州邻居为收入所投入的精力，在他这里则变成了对野外运动与军事演习的热爱。他喜欢剧烈的体力活动，他熟悉武器的使用，而且从小就习惯于单打独斗，将生死置之度外。（Tocqueville, 1835/1969, p.378-379）

简而言之，南方人拥有枪支，并将其用于体育活动（包括决斗和寻仇）基本上是为了打发无聊的时间，毕竟他们的工作已经有人为他们做了。这样的行为对有着骑士传统的英国后代来说是很自然的。在骑士传统中，荣誉就是一切，羞辱必须用鲜血来偿还。

自从对全国犯罪率进行统计以来，人们就知道，南方各州的人均凶杀率高于北方各州，但并不能证明这是文化上的差异。其他与结构差异有关的解释也是可能的。不同州的城市人口比例不同。更重要的是，不同州有非常不同的经济和生态。农业经济或畜牧业经济可能需要现成的枪支，从而创造了一个促进枪支使用的渠道因素。甚至气候也可能对犯罪率产生影响，克雷格·安德森（Craig Anderson）及其同事（C. A. Anderson, 1987; C. A. Anderson & D. C. Anderson, 1984）的研究表明，高温与较高的暴力犯罪率有关。

有两项特别有趣的研究，它们试图超越单纯的统计对比来说明凶杀率的差异实际上是源于文化。其中之一是加斯蒂尔（Gastil, 1971）的研究，他发现美国某个州受到南方影响的程度（即其接收南方地区移民的程度）是该州凶杀率的一个很有力的预测因素。尤其是在美国西部各州，土生土长的南方人比例很高，凶杀率也很高。但是，这当然不是一个完全令人满意的论证，因为它仍然没有排除上述所有因素对各州之间差异的影响。洛夫廷和希尔（Loftin & Hill, 1974）也进行了类似的尝试，他们构建了一个有趣的衡量暴力的文化标准，他们称之为"合法暴力指数"（Legitimate Violence Index）。他们计算了美国每个州在暴力偏好上的指标，这些指标包括，暴力电视节目的人均收视率和暴力杂志的人均读者数、橄榄球运动员的人均数量、学校允许的体罚数量以及杀人案的死刑百分比。他们发现，这个指数与一个州的凶杀率以及该州的靠南程度有关。然而，这一做法仍没有控制所有必要的结构因素，即生态和经济因素。

为了提供一种不受这些额外因素影响的检验，尼斯贝特和波莉（Nisbett & Polly, 1991）做了更复杂的分析。他们推断，凶杀率的地区差异在小城镇应该最大，在大城市应该最小。因为相比于大城市间，同一地区内的小城镇在文化上更相似，不同地区间的小城镇则在文化上差别更大。（事实上，国际化的真正含义是一个地区小城镇所特有的本土文化的消失。）研究者进一步指出，如果凶杀率确实反映了文化因素，那么不只地区差异会在小城镇更明显，文化指数（如前文提到的靠南程度、合法暴力指数）也更能预测小城镇间而不是大城市间的凶杀率差异。事实上，他们发现情况确实如此。美国非西班牙裔白人在南方小城市的凶杀率是北方小城市的三倍。相比之下，南方大城市的凶杀案只比北方大城市多一点点。此外，小城市的文化变量与凶杀率之间的相关性也要高于大城市。

这些数据非常有力地说明真正的文化差异。它们自然排除了温度的差异，因为温度的差异与城市的大小没有重要的关系。为了进一步排除生态、经济和族群差异的解释，尼斯贝特和波莉对托克维尔的"自然实验"做了一个改变。他们考察了一个特殊的区域，这个区域的生态和经济情况基本相同，但在靠南程度上有所不同。这个区域就是大平原（Great Plain），一个从北达科他州一直延伸到北得克萨斯州的大农业区。非西班牙裔白人在北得克萨斯州小城镇的凶杀率是该区域更靠北的各州小城镇的好几倍。

有人可能会想，地区间凶杀率的差异是否可能是由于枪支持有率的不同。我们应该指出，如果枪支持有率确实存在这样的差异，我们将不得不确定这种差异是否本身就反映了文化影响而不是经济或生态影响。但实际上，我们并不需要这样做。尼斯贝特和波莉在一项以消费者调查为名进行的研究中，电话联系了北得克萨斯州与内布拉斯加州的数百人，发现两个地区都有大约70%的非西班牙裔白人男性拥有枪支。很明显，在出现侮辱或争吵时，这两个地区的大多数男性都可以用枪。北得克萨斯州的男性就更有可能用枪了，因为暴力可以解决人际冲突是他们文化知识的一部分。

出于以下几个原因，我们认为上述数据很重要：①这些数据在很大程度上确定了一些行为差异主要是由文化因素造成的；②它们表明，在导致文化差异的结构和经济因素消失后，文化差异仍会长期存在；③它们提供了一种可以确认是文化差异而非结构或经济差异的方法学策略，即如果这种差异是文化差异，那么它应该在较小的、不太国际化的地区更明显，并与其他文化变量有更强的联系。

文化规范的实施

我们应该记住，就像大多数群体规范一样，共同的文化价值观和传统会被群体成员重视甚至主动捍卫。从判断光点移动距离的谢里夫小组，到忠实固守关于社会问题的新的党派立场的本宁顿学生们，再到面对群体内"偏离者"的沙赫特讨论小组，社会心理学的研究历史告诉我们，人们会主动地强化他们的信念和对社会的理解，并且难以容忍异议。由此可见，不同的文化因其中的利害相比于社会心理学家所研究的非正式群体要大得多，会更热衷于使其成员在信念和价值观上保持一致。正是因为这一点，各种文化才能如此截然不同。

社会心理学还告诉我们，在什么条件下文化易于或难于加强社会现实的大一统观念（monolithic view）。与群体产生分歧的可能性在很大程度上取决于外部参照和支持的可得程度。由于隔离性是文化规范稳定性的关键，不同地区、不同文化之间日益增加的交流和接触必将对此种文化稳定性产生深远的影响。有人认为，中世纪邻近的欧洲村庄在文化上可能比今天邻近的甚至相对有一段距离的欧洲国家更加不同。两个村子里的农民往往穿着不同的衣服，有着不同的风俗和传统，在某些情况下，他们甚至说着互相难以理解的不同方言。相比之下，在今天的"地球村"，从伦敦到波士顿，到卡拉奇，到布宜诺斯艾利斯，这些城市的精英接触到的是相似的信息和思想，甚至彼此接触过，以至于旁观者很难看出他们在世界观与价值观上有什么区别。同样，去世界各国首都旅行的人很容易看到，即使是在不同的大陆，相似的青年亚文化也会比年长群体甚至同一社区的其他青年亚文化，有更接近的音乐、服饰和饮食偏好。

交通和通信革命的一个结果是，亚文化不断地被主流文化所吞噬，失去它们与众不同的特性。然而新的亚文化不断形成，旧有的族群特点在不断更新并焕发新的活力。下文将探讨社会科学家如何理解这些身份和群体关系的巨大变化。

作为紧张系统的文化

本章讨论了文化的客观方面与主观方面之间的密切关系，并且指出生态和经济影响，以及意识形态与价值观，会如何彼此加强同时又维持现状。与此同时，本章也指出了经济环境的变化，或与新社会和新思想的接触会如何改变文化规范与习俗。简而言之，我们已经概述了文化为何会构成本书自始至终都在描述的那种紧张系统。

现在是时候对这些事件的动态进行更细致生动的描绘了。我们首先会讨论两个群体的命运，它们被自身在美国的经历所改变，同时也给美国文化留下了不可磨灭的印记。这里的论述很大一部分都依赖于托马斯·索厄尔（Thomas Sowell, 1981, 1983）的两本关于美国民族历史的精彩著作。

美国的文化变迁

当波士顿前市长私下里说"这个种族永远不会融入我们，相反，将始终和我们不同且敌对"的时候，他心里想的是哪一个群体？提示一下，主流社会对这个群体的典型特征有一些刻板印象——笨、懒惰、暴力、迷信以及药物滥用，但也随遇而安、虔诚、爱好音乐，并且能以异常丰富多彩和令人信服的方式来说话。

正确答案是爱尔兰人。前市长发表评论的年份是 1840 年。人们认为爱尔兰人酗酒成性，而爱尔兰男高音的崇高传统又为他们赢得音乐方面的美誉。尽管这种描述与美国近几十年对黑人的刻板印象相似，但值得注意的是，在当时，作为邻居和雇员，黑人往往比爱尔兰人更受欢迎，不仅是在波士顿，在纽约和费城也是如此（Sowell, 1983）。一直到大萧条时期，这些城市的招聘广告上还常常标有"不要爱尔兰人"。

主流文化对爱尔兰人的态度仅仅是盲目的族群和宗教偏见吗？不完全是。伟大的黑人历史学家和社会学家 W. E. B. 杜波依斯（W. E. B. DuBois）认为，爱尔兰农民的经济状况比美国奴隶在解放时的情况还要糟糕（转引自 Sowell, 1983）。许多农民的生活条件和他们饲养的家畜差不多。事实上，在爱尔兰、英格兰和美国，爱尔兰人即使住在城市里也经常在家里养猪和鸡，这种做法不太可能让他们的邻居喜欢。他们也不太可能是那种会吸引雇主的工作者。索厄尔（1983）告诉我们，爱尔兰人的酗酒率非常高，他们暴力的恶名是应得的。（"爱尔兰战士"（fighting Irish）一词曾指代比圣母大学（University of Notre Dame）运动队[⊖]还具威胁性的事物，而"大混战"（donnybrook）一词指的是一场涉及数十人的斗殴，源自爱尔兰一个小镇的名字。）

索厄尔（1983, p.63）指出，爱尔兰农民在家乡长期所处的经济条件阻碍了爱尔兰人移民融入美国社会。农民耕种的土地、饲养动物的房舍以

⊖ 此处应指圣母大学爱尔兰战士队（Notre Dame Fighting Irish），在美式橄榄球界十分有名。——译者注

及他们居住的房屋都属于英格兰地主。根据法律，对房产进行的任何改良都只会增加地主的财富，因为当房产变得更值钱时地主可以提高租金。因此，贫困的农民几乎没有机会或动力去表现任何形式的经济主动性。然而，他们有足够的理由来自娱自乐（这也是穷人经常会做的事情），唱歌、讲故事、喝烈酒，无论他们移民到哪里，他们都会把这些文化特征连同他们极度的贫穷一并带去。讲故事和言语娱乐的传统带来了一个公开可见的重要结果，即爱尔兰对世界文学的巨大贡献，从约翰·米林顿·辛格（John Millington Synge）和肖恩·奥凯西（Sean O'Casey）到詹姆斯·乔伊斯（James Joyce）、萧伯纳（George Bernard Shaw）和布伦丹·贝汉（Brendan Behan）。

今天的爱尔兰人在社会和经济上的地位如何？他们把闻名已久的花言巧语和迷人魅力与他们后来发展起来的政治智慧结合在一起，长期以来一直在管理波士顿，还得到了前文提到的那位前市长其后代的接纳甚至是选票。此外，尽管他们没有接受新教伦理的教义，至少没有接受新教伦理的宗教教义，但他们在美国社会中的地位基本上与主流群体无异。事实上，爱尔兰人的收入、受教育程度和智商分数总体上都略高于美国平均水平（Greeley, 1976, 1989; Sowell, 1983, p.192）。然而，他们早期的文化并没有被完全改变。他们仍然跻身美国最杰出的作家行列，尤金·奥尼尔（Eugene O' Neill）、玛丽·麦卡锡（Mary McCarthy）、弗兰纳里·奥康纳（Flannery O' Connor）、玛丽·戈登（Mary Gordon）以及其他无数爱尔兰裔美国人的职业生涯都证明了这一点。不幸的是，当爱尔兰人遇到问题时，他们经常求助的仍然是酒。爱尔兰裔美国人酒精相关疾病的发病率是意大利裔美国人的 25 倍，是犹太裔美国人的 50 倍（Sowell, 1983）。

爱尔兰民族的传奇故事从以下几个方面阐明了紧张系统的动态变化。这个群体不像英格兰人、荷兰人和德国人那样在美国得到迅速发展并致富。在相当长的一段时间里，他们在经济技能和文化价值观上都与其他北欧群体截然不同。他们显见的贫穷、经济技能的缺乏、一些文化价值观和习俗（这些都源于其故土严酷的经济环境）加深了人们对这个群体的偏见，进一步减少了他们所能获得的经济机会。然而，在19世纪早期至20世纪晚期，已改变的客观经济现实和同化相结合，共同变为主导力量，使爱尔兰裔超越了贫困以及贫困诱发的独特文化的影响。

在来自天主教国家的移民中，爱尔兰人并不是唯一的后来经济地位高于新教徒的移民。到20世纪70年代，美国天主教徒在收入和职业声望方面已经赶超了大多数新教群体（Greeley, 1976, 1989）。（即使在控制了天主教徒更多生活在更富裕地区的情况所带来的影响后，这个论断仍然是正确的。）我们不知道天主教徒的成功是由于吸收了原来新教文化的成就价值观，还是因为像日本人和犹太人一样，他们的文化里本就埋藏了其他可以创造财富的价值观与习俗的种子，但至少有一些证据支持成就动机的趋同。回忆一下，韦罗夫（Veroff）及其同事没能证实1960年的美国新教徒比美国天主教徒有更多的成就动机。考虑到天主教徒当时在经济上取得的进步，这个结果现在可视作对麦克利兰总体看法⊖的证实而非否定。或许欧洲也在同一时间发生了这种趋同。无论如何，孟德斯鸠对英国人的观察⊖早已过时。法国（他的祖国）的人均国民生产总值几乎在几十年前就超过了英国，甚至经济一度落后的意大利也在20世纪80年代中期超过了英国。这些事实明显在提醒我们，文化差异是短暂的。但对于那些既缺乏历史视角也缺乏社会科学视角的人来说，文化差异似乎是亘古不变的。

⊖ 这里是指前文麦克利兰等人认为在1950年，新教和天主教国家的人均财富创造截然不同。——译者注

⊖ 这里是指前文孟德斯鸠认为英国人在虔诚、商业和自由这三个方面的发展远超世界上其他国家的人。——译者注

美国南部的黑人和白人

非洲人在美国的艰苦历程甚至比爱尔兰人更为复杂和戏剧化。这个故事最开始的部分并没有广为人知，我们将对此进行概述。感谢米赞·索贝尔（Mechal Sobel, 1987），她精彩地展现了非洲人和欧洲人对美国南部文化的共同构建，以及这两个亚文化之间的动态关系。

关于南方文化的一般假设是有两个共生文化——占主导地位的白人文化（适应了南方条件的英国文化）和奴隶文化（对恶劣的奴役条件的适应），以及同时存在的一部分非洲文化（这些非洲文化仅存留在表达方式、迷信、音乐和讲故事的民间传统中）。

在索贝尔的书中，她有力地证明了，出现于18世纪的南方文化是欧洲和非洲文化的真正融合。她首先指出，黑人和白人经常在一起相处。白人通常是由黑人保姆抚养长大的。至少在青少年以前，黑人小孩和白人小孩不分彼此地在一起玩耍。白人种植园主与黑人监工在一起的时间可能比与其他任何人都多。此外，极为重要的是，种族优越感的分裂主义思想在早期还没有发展起来。黑人和白人常常和黑人牧师一起在同一座教堂里做礼拜。正如索贝尔和其他作家所论述的，种族主义意识形态是后来才出现的，它让奴隶主更少受到良心的谴责，因为这些奴隶主发现，在面对宗教和政治的挑战时，奴隶制度越来越难以证明其合理性（van den Berghe, 1981）。

在这种相互接触的情况下，文化不可避免地会互相影响，尽管对主流的白人文化群体来说，南方种植园文化所包含的非洲文化成分和英国文化成分，它们的本质与来源已不再明显。索贝尔在叙述这种相互影响时首先指出，传统的英国文化和非洲文化在某些重要方面从一开始就很相似。回忆一下本章前面的讨论，在南方占主导地位的英国文化，其前身是前资本主义农耕传统，这种传统不重视劳动本身的价值，也不谴责懒惰。正如韦伯所指出的，传统的农民只是为了填饱肚子而干活。在这方面，英国文化与非洲文化相似，为了工作本身而工作在非洲人的价值体系中也无足轻重。事实上，在西非的大部分地区，男人一年中只在需要农耕的两个月里工作。这两种文化的迷信也非常相似。两种文化中的人们都相信女巫的力量，相信巨魔和其他森林精灵的存在。两种文化的宗教信仰也是一致的。复活对非洲人来说是一个新概念，但《创世纪》和亚当夏娃的故事与西非的传统故事是一样的。这些相似促进了相互影响。

非洲文化对新兴的南方文化有重大影响，特别是在农业实践和建筑方面。南方的许多农业技术改良自非洲。用干栏支撑房屋以远离地面上的昆虫也学自非洲，还有其他几种房屋建筑形式则直接借鉴了非洲更坚固的建筑类型。

南方文化的价值观也受到非洲传统的影响。从一开始，南方对亲属的定义就比北方宽泛，这种定义与对非洲常见的大家庭和氏族的界定相一致。索贝尔认为，与沉默寡言的北方人相比，美国南部人丰富的情绪在一定程度上要归因于非洲的影响。这种情绪丰富性在宗教表达上尤为明显。对宗教的狂热，包括生动的情感表达和通灵，是非洲习俗的直接转化。无论是黑人还是白人，南方的原教旨主义教派（fundamentalist sect）都表现出了这种狂热态度。死亡意味着与亲人团聚是非洲而不是英国的传统观念，这种观念渗透进了南方的宗教意识形态，甚至出现在历史悠久的新教教堂。南方的许多迷信也有其非洲文化起源。

非洲文化最重要、最持久的贡献也许是对南方语言的影响。正如许多学者（例如，Brooks, 1985）所指出的，非洲人带来了有着丰富谚语、隐喻和其他比喻的语言表达。人们普遍认为，非洲语言表达形式的加入对南方文学的伟大成就做了不少贡献。尼斯贝特和亨德森（Nisbett & Henderson,

1991）的研究证实了黑人在这方面的贡献确实十分重要。他们指出，从拉尔夫·埃利森（Ralph Ellison）、兰斯顿·休斯（Langston Hughes）、理查德·赖特（Richard Wright）、詹姆斯·鲍德温（James Baldwin）到托妮·莫里森（Toni Morrison）、艾丽斯·沃克（Alice Walker）、奥古斯特·威尔逊（August Wilson），当代黑人文学的贡献从人均来看比北方或南方的白人更多，尽管白人在高等教育和社会经济地位上更占优势。

我们还要指出，公认的南方黑人对音乐文化传统的贡献，首先影响的是南方音乐文化传统，但最终影响了世界的音乐文化传统。18世纪欧洲旋律与非洲节奏的碰撞导致了一场"大爆炸"，从黑人灵歌（Negro spiritual）到拉格泰姆（ragtime），到爵士，到节奏布鲁斯（rhythm and blues），再到摇滚、灵乐（soul）和说唱，都是这场爆炸的余波，这余波一直延续到今天。

因此，南方文化最开始形成于两种原本就有诸多相似的文化的融合，这种融合是对新的生态环境和政治制度（奴隶制）的适应，同时也改变了这两种文化。

当然，奴隶制的遗存对黑人的经济成功仍有着持续的影响，就像爱尔兰最初近乎奴隶制的政策对其的影响一样。正如索厄尔（1983）、奥布（Ogbu，1978）等人所指出的那样，奴隶的境况和后来种姓[⊖]地位强加的工作限制，影响了工作态度与工作技能的获得，这种影响至今仍然存在，至少在中心城区是这样。那些在20世纪60年代末美国民权运动中处于有利地位的黑人，也就是那些有相当好的工作和教育背景的黑人，已经迅速进入了经济主流。事实上，到1980年，受过大学教育的黑人夫妇的收入几乎与受过大学教育的白人夫妇相当（U.S. Bureau of the Census, 1981）。

⊖ 原文为"caste"，一般是指印度等国以血统论为基础的种姓制度，此处可能是指种族隔离与歧视。——译者注

但是对于那些在民权运动初期处于不利地位的黑人，他们的处境则变得更加糟糕。自 20 世纪 60 年代以来，失业率、入狱率和离婚率都在攀升。威尔逊（1987）将这种情况主要归因于蓝领工作的经济损失，蓝领工作长期以来一直是通往中产阶级的入口。这种损失比人们普遍认识到的要大得多，并且高度集中在黑人聚居的北方城市地区。无论如何，底层黑人更少的机会，以及由处于底层带来的社会病态的持续，让白人的种族主义和黑人的绝望长久存在。黑人仍然在等待客观环境和主观观念的变化，从而更充分和平等地参与美国的经济生活，以及他们曾有过许多影响的社会和文化生活。

日本传统文化和资本主义

世界上大多数民族都有戏剧性的文化演变故事。这些故事通常有两个彼此关联的主题。首先，环境发生了深刻变化。其次，原本的文化影响了当地人对这种变化的吸收方式。

最引人注目的故事之一是 19 世纪 70 年代资本主义进驻传统日本文化。当时日本被迫向西方开放贸易。日本早期的观察家得出结论，这个国家将永远不会富裕。这个观点部分基于日本群岛几乎没有自然资源，也部分基于那时候观察者的一个普遍信念（但这个信念对于当代的观察者而言无疑很荒谬），即日本人太懒惰、太贪图安逸以致日本不可能拥有高生产力的经济。然而，不到 50 年，日本人就证明自己掌握了资本主义的生产和分配方式。他们建立了一个成功且充满活力的基于生产力和出口的经济体，这一经济体在第二次世界大战之前发展到了顶峰，并在战后重建至更高的水平。更神奇的是，日本人改变了资本主义在他们国家的性质，并日益改变了整个世界的资本主义性质。这种资本主义性质的变化与管理人员和劳工之间更为合作的关系有关，这种关系符合甚至应该归因于日本社会的一个传统要素，即幕府将军和其家臣之间的关系（Doi, 1971）。

在传统的日本制度中，下级并不拥有"权利"。在过去，由于下级与上级没有合同关系，下级唯一的依靠就是上级对他们的友善和仁慈。这些情感源于上级对下级的栽培与欣赏。巧妙地唤起上级善意的能力在日语中被称为邀宠（amaeru）。（De Vos, 1985, p.160）

作为这种关系的现代延续，日本公司的老板被寄望于对员工有父母般的感情。

确实，对某人角色的社会期望导致他要用外显的行为来展示这些情感，不管他的内心是不是真有这样的感受……他对他权力羽翼下的那些人负有责任，他需要内化这种责任感……例如，在日本，业务主管、工长，甚至更高级别的管理人员有时会充当媒人，以确保下属能够拥有合适的婚姻。这被看作一种类似家长的责任，实际上是一种对下属的培养和关心。（De Vos, 1985, p.160）

因此，与西方企业相比，现代日本企业更像一个家族。管理者关心员工的日常生活，员工相信管理者会照顾他们的利益。日本在很大程度上避免了马克思所认为的两个阶级之间不可避免的利益冲突。这种管理技术在士气和效率上具有优势，因此在美国被广泛模仿——正是在美国，我们将在第 7 章中讨论，库尔特·勒温成了减少雇员 – 雇主冲突技术（这一技术不是基于日本的"家庭"模式，而是基于美国的民主参与理想观念）的先驱。

特质、族群和个体差异的调和

到目前为止，我们学到了什么？下面是一些重要的启示。

（1）经济环境及其他社会生活的客观事实，如一个群体被其他群体对待的方式，深刻地塑造了文化。其结果是，不同的文化可能在体现价值观和习惯的行为方式上存在深刻的差异。

（2）文化的主观方面，包括宗教或意识形态，影响群体对客观情况的反应，并在某些情况下对创造新的社会和经济环境起着至关重要的作用。

（3）虽然文化通常是一种比较保守并且抵制变化的紧张系统，但也可以是强有力的变革工具。当客观压力和限制改变，或主观建构因与其他群体的接触而改变时，文化有时会以深远且不可预测的方式发生改变。

（4）文化的某些方面会发生巨大的改变，而其他方面则不受影响。在美国大学校园和公司董事会中自信并受欢迎的犹太人后代，在他们身上已经看不到那些谦恭的小镇（shtetl）犹太人的影子。然而，2000年前犹太宗教和商业传统所建立的博学与实用传统，在当今世界的每一个西方犹太人群体中都能看到。如今，在大西洋两岸都很难找到肮脏、无知的爱尔兰人，但精通语言的传统依然存在，他们应对压力和不幸的主要方式也仍是酒精。

新兴的"文化心理学"和"认知人类学"（D'Andrade, 1981; Shweder, 1991; Stigler et al., 1990）可能最终会帮助我们以更令人满意和更系统的方式解释并预测文化演变进程的动力。这些新的学科处于人类政治学、经济学、社会学和心理学的交叉点上，从社会科学复兴的跨学科精神中获益。在从已有文化事实的混乱模式中寻找一致性方面，传统的社会心理学也同样起着非常重要的作用。

族群能否代替特质

这一章的开头几段提到了理解文化的复杂性有助于我们对日常社会生活中出现的行为做出适当的预测和反应。然而，我们希望，无论是那些段落还是本章的其余部分都没有传达这样一种印象，特质研究做不到的事情族群和文化差异研究可以做到，即理解族群或文化差异是预测个体差异的不二法门。虽然对一种文化或亚文化的了解可以告诉我们在许多社会生活领域中什么可能是可取的、被允许的或被禁止的，但它也有局限性。例如，它不能告诉我们在特定情况下比尔与杰克的行为会有怎样的不同，即使我们知道比尔生活在西南地区，是低社会经济地位的爱尔兰后代，而杰克是生活在洛杉矶的中产犹太人。不管不同社会之间的行为习俗有多么不同，这种差异在社会内部很少是巨大或不变的。同质化产生的原因与社会影响有很大关系，在整个社会里，不同群体的成员常常面对并受到相似客观社会现实的影响。本章中讨论的关于社会中的一些文化、族群和阶级差异，其实往往不是很大，至少根据一些传统的测量方法来看是这样的。例如，高社会经济地位和低社会经济地位群体在价值观与信仰上有很多共同点。只有在研究极端行为的发生率时，如酗酒或杀人的发生率，或对音乐、艺术、体育等特定知识领域的杰出贡献，族群差异才应该特别注意，这与第 3 章关于个体差异的统计结果相一致。

值得注意的是，虽然一些族群差异可以对应传统的特质维度（例如，新教伦理和大众理解的尽责性相对应，西班牙裔传统的和蔼可亲（simpatica），即人际回应（interpersonal responsiveness）可以与友好这一维度相对应），但还有许多族群差异并不是普通大众所理解的那样，也并非传统人格结构的一部分。例如，集体主义的许多方面（如亲属关系的重要性），社会阶层差异的许多方面（如内控还是外控），并不与一般人知道的心理维度相对应。因此在与人交往的过程中，人们可能忽略或误解了一些有趣而重要的文化差异。由文化的规范或解释差异造成的行为差异，可能被错误地理解为某些相关维度的个体差异；用与文化无关的因素对新领域的行为做出的预测很可能是错误的，至少在预测时人们不能太自信。

为什么族群在现代生活中越来越重要

20 世纪即将结束时，有两个事实主导着世界的格局，一个充满希望，另一个令人痛苦。充满希望的事实是，发达国家的经济和政治体系可能真的在走向趋同。令人痛苦的事实是，国家内部和国家之间的族群分裂似乎正在加剧。这种分裂体现在美国大学校园的种族冲突中，体现在民族冲突导致的苏联解体中，也体现在世界各地的部落和宗教仇恨的延续中。

这些事实可能是彼此关联的吗？我们可以把启蒙运动（Enlightenment）和宗教改革运动（Reformation）的理性主义与现代世界中最有效的经济形式联系起来。这种经济形式的基础可能是资本主义，但是它找到了某种方式（如斯堪的纳维亚模式下的国家财富再分配或日本资本家的家长式风格）来减轻资本的剥削倾向。这样的经济及其社会支撑是较理性且人道的。

但是，可能正是这些社会的理性与开放性反倒会播下族群冲突的种子。首先，在群体利益分配不均的社会中，不管这种不均是因为社会态度上的偏见还是因为不同群体在工作技能或工作态度上的差别，正是这些社会的自由为族群冲突的快速发生创造了条件。其次，新兴的经济发达社会几乎没有提供任何可以满足人类的意义需要和社群需要（the human need for meaning and community）的意识形态。在这些现代社会中，宗教是一股微弱的力量，族群则是尽管危险但有吸引力的替代品。

如果关于族群特点的新事实表现出一定的规律性，如果我们关于其根源的推测确有价值，那么社会学家就确实需要找出有哪些族群差异，向社会内的各个群体解释这些差异，并想办法削弱它们引发冲突的能力。

第 7 章

应用社会心理学

当社会心理学家将学科知识应用于解决学校、工作场所和社区中出现的问题时，他们的工作在很大程度上会受到情境主义原则的影响，而这也常常为情境主义原则提供有力的证据。普通大众的传统观念认为，问题之所以出现，主要是因为人性的弱点，或者是某类个体的弱点，而社会心理学家不愿这样"指责受害者"。取而代之的是，在分析潜在原因并提供可能的补救方案时，社会心理学家关注情境上的障碍及相应的克服策略。此外，我们这些受勒温传统（Lewinian tradition）熏陶的人更倾向于关注当下（immediate）的环境，尤其是产生行为规范的社会过程，以及在态度和行为关系中起中介作用的渠道因素。

虽然应用社会心理学知识解决相关问题的实施者肯定是情境主义者，但他们最终能否取得成功可能还要取决于他们对本书一直讨论的另外两种基本观点的认可，即主观解释的关键作用以及认知和社会系统的动态性本质。第一种观点要求实施者考虑（必要时改变）行动者对当前所处的特定情境和旨在改善该情境的干预手段的主观评价。第二种观点则要求实施者认识到人们生活的社会系统和加工信息的认知系统都是动态的。尤其是，经验丰富的实施者会意识到，在强大的力量作用下，社会团体和信念系统都会保持稳定，但当这股维持稳定的力量被有意或无意削弱时，这两类系统都会发生深刻的变化。

本章会讨论各种成功与失败的干预案例，我们将一次又一次回到这些基本的社会心理学观点及其启示上，这些启示不仅能帮到干预方案的设计者和实施者，而且能帮到所有生活在社会中的人，例如孩子和父母、学生和老师、患者和医生、雇员和雇主，等等。这些启示能有力地改变我们理解和应对各种事件的方式。生活中的各种事件（包括我们参与和观察到的日常社会交流、从同伴处间接得知的值得注意的事情，以及新闻媒体报道的重要事件）构成了我们的社会经验。然而，在学习社会心理学理论带来的启示之前，我们必须花一点时间来了解一些方法学方面的经验与教训。

给研究者和普通读者的方法学启示

训练有素的社会心理学家的专业性不仅体现在他们的研究过程中，也体现在他们如何应对媒体评论的社会问题和媒体提出的解决方案上。最值得注意的是，在缺乏可靠研究证据的情况下，社会心理学的教育让人对只基于理论分析或"临床经验"得出的结论深表怀疑。在某种程度上，这种怀疑态度来自人们对历史记录的认识。

我们已经看到，"专家"对社会趋势和结果的预测常常是失败的，而且根据理论或常识进行的看似合理的干预项目最后往往也是无效的，甚至适得其反。我们的怀疑态度也可以和之前提到的总体理论观点联系起来，即关于情境影响的微妙性、主观解释的变化性以及认知与社会系统的复杂动态性的观点。无论问题是艾滋病的长期社会后果、可卡因合法化的代价与收益、流浪汉的最优解决方法，还是各种儿童照料方式的相对优点，甚至是斯坦福大学或密歇根大学教育的不同优势，社会心理学的基本观点都能使我们认识到，在缺乏直接证据情况下所提供答案的价值是有限的。

同时，非正式推理的研究（Dawes, 1988b; Kahneman, Slovic, & Tversky, 1981; Kunda, 1990; Nisbett & Ross, 1980）提醒我们注意各种认知、动机甚至知觉的偏差，这些偏差使人们对自己的信念和预测盲目自信，而且让专家和普通大众都产生了错觉，以为自己理解过去事件的意义（Fischhoff & Beyth, 1975; Fischhoff, Slovic, & Lichtenstein, 1977）并能准确预测未来（Dunning et al., 1990; Vallone et al., 1990）。我们已经了解了很多进行应用研究时可能产生误导的方法学陷阱和人为因素，以及更多关于仅仅基于直觉或意识形态就做出判断与决策的缺陷。

当谈到社会政策问题时，学科经验促使我们维护精心设计、认真执行的实证研究的价值和成本 – 效果。我们已经看到，在解决法律体系的核心问题（Ellsworth, 1985; Hastie, Penrod, & Pennington, 1983）和测试旨在提高公共健康和安全教育项目的有效性方面（Evans, 1982; Meyer, Maccoby, & Farquahar, 1980; Robertson et al., 1974），实验室和现场研究是多么具有价值。因此，当正式实验可行时，我们举双手赞成它；当正式实验无法实施时（事实上，这种情况往往更常见），我们转而赞成采取在方法、统计上必要且具有解释性的预防措施（Campbell, 1969; Campbell & Stanley, 1963, 1966; Cook & Campbell, 1979; Cronbach, 1982）。

"真实验"的价值

关于正式实验的价值和"临床"评估程序的危险性，我们在医学年鉴上可以找到一些重要且引人注目的例证。一个经典的例证来自门腔静脉分流术（portacaval shunt）的研究历史。在一次不同寻常的元分析中，格雷斯、明奇和查默斯（Grace, Muench, & Chalmers, 1996）比较了研究者使用不同的研究设计，评估某种一度流行的肝硬化外科治疗手段所得出的结论，该治疗手段涉及直接将患者的门静脉连接到腔静脉。

我们发现，共有 32 项研究（占 51 项已发表报告中的大多数）使用了标准的临床评估程序。也就是说，研究者根据接受分流术的患者样本症状是否得到改善，得出该手术有效与否的结论。（不过我们可以推测，研究者也参考了已知的未接受分流术的肝硬化患者的结果。）几乎所有研究者都对分流术的有效性得出了肯定的结论（见表 7-1）。在第二行的 15 项研究中，虽然研究者并没有随机地将患者分配到分流术组或无分流术组，但他们直接比较了分流术接受者和未接受者的结果。这种分组方法再次让大部分研究者得出了肯定的结论。只有 4 项研究使用了随机分组程序，能称得上是真实验（true experiment）。这几项研究让医生得出了正确的结论，即门腔静脉分流术并没有真正让患者受益。这意味着，使用非正式研究程序发现的肯定结论要么是安慰剂效应（将在本章后面讨论），要么是未将患者随机分配到不同治疗条件而导致的偏差。

表　7-1

设计	有效性程度		
	显著的	中等的	无
无对照	24	7	1
对照，但未随机化	10	3	2
随机对照	0	1	3

注：1. 针对一批研究的元分析纳入了 51 项门腔静脉分流术的研究结论及其研究设计。精心
设计的研究表明，这种手术几乎没有任何价值；设计不良的研究则夸大了手术的价值。
2. 弗里德曼、皮索尼和珀维斯（Freedman, Pisoni, & Purves, 1978, p.8）总结自格雷斯、
明奇和查默斯（1966, p.685）。

这些可能的偏差一旦被指出来就非常显眼。当只有一部分患者要接受一种新的治疗时，那些被选中的患者更有可能是"优质候选人"，也就是说，这些患者没有其他使治疗或评估更复杂的疾病，或态度积极并可能遵从医嘱，甚至可能得到了家庭的高度支持（亲属渴望自己的亲人接受最新、最好的治疗）。但是当这些"优质候选人"的治疗后状况比接受标准治疗（或根本没接受治疗）的患者更好时，这种差异与新疗法的治疗优势几乎毫无关系。这可能仅仅反映了"优质候选人"在先前健康状况、医疗依从性和家庭支持度方面所拥有的优势。社会实验也会产生类似的偏差，例如将"合适的"或"有功的"囚犯经过特殊改造项目后的再犯率，与标准情境中进行改造囚犯的再犯率进行比较。

虽然个案研究和设计不良的比较性研究有自身的缺点，但它们至少让我们不会在完全没有研究证据的情况下继续做蠢事。在 20 世纪五六十年代，作为贫民窟清除的一种手段，"公园里的塔"（Tower in the Park）项目被广泛采用，从中我们可以看到一个仅凭常识和善意进行干预的悲剧性历史案例。这些项目背后的逻辑似乎很简单：找一个满是破旧的三四层公寓楼的城市街区，把里面的人安置在街区中央一栋 20 层的大楼里，把剩下的空间改造成游乐场和公园，然后坐享这种环境"升级"必然产生的社会效益。

令充满善意且单纯的城市规划者没有想到的是，旧式公寓街区有着良好的生态平衡。客观的物理条件可能很糟糕，但至少公寓里的每个人互相认识，他们在日常生活中频繁地接触，维持着人际关系。邻居们对彼此抱有善意，遵从着社会规范行事，就像任何正常运转的社区一样。此外，每个人都清楚地知道谁住在公寓的前部和靠近走廊的地方，妈妈们往窗外瞥一眼就可以看见孩子正安全地在人行道上玩耍或坐在门廊上。在新的塔楼中，这种紧张系统遭到了破坏：在日常生活中，人们很少有机会发展人际关系或监督彼此的行为，所以非正式的社会压力和团体凝聚力大大降低。不受欢迎的外人和罪犯无法被赶走，因为他们和住户没什么区别，也因为社交孤立的住户不太可能认为自己有责任解决集体的问题。孩子们不得不被关在公寓里，或是不受监管地穿过大楼，在公园的角落活动。很快，社会失范、恐惧和绝望（更不用说蓄意破坏），加剧了塔楼社区社会条件与物质条件的恶化，而旧公寓社区尽管长期处于贫困之中，但它的社会系统一直运转良好。

在这项大刀阔斧却命途多舛的穷人生活干预进行了 20 年后，政府开始拆除破损的塔楼。为这件蠢事所付出的经济代价可达数千亿美元，人们遭受的痛苦则难以估量。有人认为这种可怕的损失本可避免，方法是在各个城市中心先建造 6 座这样的塔楼，然后评估其可行性。也就是说，在决定后续任何贫民窟清除的项目设计前，至少应对居民和周围社区的幸福感进行几年的监测。

我们绝不是在暗示，使用小规模评估性研究必然能够得到明确指导社会政策的答案。相反，过去几十年里进行的许多有名的干预性和评估性研究引发了关于如何正确解释研究结果的激烈争论。然而在每个案例中，我们都认为相关的调查结果起到了重要作用，它使花言巧语的可信度下降，并使问题变得更加尖锐，以便后续辩论与研究，而从中吸取的教训远大于付出的代价（参见 Kiesler, 1980）。

回想一下 1968～1978 年进行的雄心勃勃的负所得税或收入保障研究（Moffitt, 1981）。正如人们所料，当收入低于规定的"最低"水平时，实验组被试会收到报酬，但他们每周平均的工作时间反而比控制组被试要少（部分由于他们失业更频繁且时间更长）。这种差异主要是由于非户主的工作时间大幅减少。例如，在规模最大、研究最深入的西雅图和丹佛相关调查中，相比于丈夫只减少了 9% 的工作时间，妻子减少了 20%，未婚年轻男性甚至减少得更多（Robins & West, 1980）。就我们所知，与许多项目倡导者的期望和预测相反，在获得收入保障的家庭中，家庭解体率并未降低，反而更高（例如，在丹佛和西雅图高达 35% ～ 40%; Hannan, Tuma, & Groeneveld, 1977）。

这些结果引发了一些难以回答的问题：已婚妇女，尤其是有孩子需要抚养的已婚妇女，减少工作时间（或更准确地说，大多数人根本不工作）是可取的还是不可取的？收入保障是否以某种方式增加而不是减少了家庭问题和冲突？这一项目是否仅仅使得矛盾夫妻因为具备了经济条件而选择分居？尽管让人难以回答，但是上述问题反映出了值得争论范围的缩小。批评人士不能继续声称，在收入保障面前，"没有人"或"几乎没有人"会选择工作。支持者也不能继续声称，家庭解体率的下降证实该实验的成本是合理的。研究者和项目规划者都会更清楚地知道，在接下来的干预中他们想要评估或改变的是什么。

同样地，20 世纪 60 年代早期进行的保释金研究（Ares, Rankin, & Sturz, 1963; Riecken & Boruch, 1974; Wholey, 1979）引发了我们对在不需要保释的情况下释放刑事被告是否可取的讨论。结果的确证实，这样的政策不会使被告未能出庭受审的比例高到令人无法接受。受益于无保释政策的被告，其拒不到庭率低于 2%，低于一般被告的基础率。同样地，正如我们稍后将讨论的那样，针对 20 世纪 60 年代开端计划（Head Start program）而精心设计的几项评估性研究也无法终结关于这些项目成本效益的争论。但 20 年后，它们既限制了自由派支持者不切实际的承诺，也限制了保守派批评人士对这些项目的无理驳斥。

霍桑传奇

当社会心理学家逐渐意识到正式实验设计的价值时，他们在实验社会心理学方面也变得更加成熟。1924 年，在位于芝加哥的美国西电公司的霍桑工厂，随着一个重要事件的发生，整个故事徐徐拉开了序幕。早期的"科学管理"爱好者在那里进行了一项研究。这些人就是所谓的效率专家，他们的"时间和动作研究"（time and motion study）常常遭到讽刺，也很不受欢迎。让这些专家大为惊讶和失望的是，他们很快发现，通过设计出更有效的方法，然后仅仅告诉工人相应地改变行为，并不能轻易提高生产率。因为工人对这种侵扰行为感到愤慨和不信任，认为这些侵扰行为有辱人格，这种设计是想将他们变成机器人。因此，他们拒绝了。（读者对此应该不会感到惊讶，因为你们现在已经清楚地认识到了主观感受的重要性和紧张系统的运作方式。）

一项关于照明条件影响的小型研究为解决生产效率问题提供了一种截然不同的方法，尽管从某种意义上来说，它的结果是阴性的，但它为我们提供了出发点。具体而言，霍桑工厂的研究者发现，虽然改善照明条件最初提高了工人的生产率，但当长时间系统地操纵照明条件时，生产率和照明条件之间没有检测到任何关系。这向研究者暗示，与物理环境无关而与被测者的感知和感受有关的因素，可能起着至关重要的作用。

1927～1932 年，在哈佛商学院社会科学家的协助下，一系列后续研究进一步支持了这一解释。这些研究中最广为人知的是一项"时间序列"实验，该实验关注 5 名女性装配工的生产率，她们被安置在一间单独的测试室内，根据总产出发放计件工资。在 23 段时间内，持续时间从最短的 3 周到最长的 30 周，研究者监测了这个小组的生产率，同时系统地操纵了该小组休息、用餐的时间和次数。这个实验的结果，或者更确切地说是研究者总结这些结果后提出的对人类关系的解释（Mayo, 1933, 1945; Roethlisberger, 1941; Roethlisberger & Dickson, 1939），很快成了心理学和管理学入门教材上的真理。

研究结果是这样的，被试对环境中的几乎每一个变化都做出了反应，即都提高了生产率，无论是增加休息和用餐的频率与时长，还是减少这些安排，甚至完全不安排休息和用餐。最终结果显示，在前 13 个实验阶段（也是最常被引用的），工人的生产率持续提高，直到比实验前的基线水平高出 30% ～ 40%，这个结果几乎与所使用的特定休息时间表无关。大多数报告特别重视最后两个实验阶段。在第 12 个实验阶段，工人失去了周六早上的休息时间，并且被剥夺了之前的阶段一直有的两段休息时间。然而，结果显示总生产率提高了 11%。然后，在第 13 个阶段，两段休息时间恢复了，公司也开始提供免费的午餐时间饮料，结果生产率又提高了 4%。

在解释这一结果时，人际关系倡导者认为，13 个工作阶段所采用的休息时间表和实验操纵的具体性质无关紧要，生产率的提高仅仅是因为工作组内社会关系的改变以及工人与上司关系的改善。梅奥（Mayo）及其同事指出，这 5 名装配工被安置在一个远离其他工人的测试室内，就已经被赋予了一种特殊的地位，有助于增强团队凝聚力和团队精神。同样重要的是，这个小组的成员突然发现自己从上司那里得到了更多、更友好的关注，上司第一次积极地寻求她们的反馈和建议。上述因素再加上新的工资制度，使她们的收入只取决于自己小组而不是整个工厂的生产率，促使她们形成了有利于提高生产率、互帮互助和对管理持更积极态度的群体规范。同样，勒温传统的追随者后来也强调，这种安排使这 5 名工人摆脱了压制生产率的工厂规范的制约作用——1931 ～ 1932 年，在霍桑工厂的"银行配线室"（Bank Wiring Room）进行的一项独立研究中，研究者观察到了工厂通过口头和身体上的谴责来强制执行规范的情况（参见 Homans, 1952）。

近几十年，由于一些方法上的缺陷（包括缺少在同一时期内工作条件保持不变的控制组）以及指导最初报告和后续结果解释的明显意识形态偏见，霍桑实验受到了言之有理的批评（Bramel & Friend, 1981; Franke & Kaul, 1978; Parsons, 1974）。值得注意的是，霍桑的工人明显比教材上描述的更有自知，不那么幼稚，更容易被善意的话语和管理层的关注所左右。例如我们发现，工人为了保持生产率的提升而承受着隐形的（有时是外在的）社会压力，这既是为了保留在相对有吸引力的实验工作条件下持续参与的"特权"，也是希望实验的成功可以引起全厂范围内工作环境的改善。我们还发现，在漫长的实验过程中，当两名工人表现出敌意和不合作时，她们就会被换成两名更愿意为实验成功做出贡献的女性。事实上，我们发现在全部 23 个观察阶段中，生产率提高最大的两个时期是在这种人事变动之后，以及更晚出现的大萧条之后（大萧条显然增加了任何工作的价值和吸引力）。

但这些批评并没有削弱霍桑实验的重要性，而是指出了认可其更大意义的途径。在随后几十年里，霍桑实验已经远不只是客观验证了社会关系和工作场所士气的重要性，也不只是提醒研究者，不应该让控制组与实验组被试感到自己受到了不同程度的特殊关注和监控。今天，它让我们记住了一个更具普遍意义的经验，即必须始终关注研究者和被试之间的互动。它使我们认识到，无论是在实验室还是在现场，研究的参与者都不是被动的操纵对象，而是具有认知能力的个体，他们会关注自身行为所传达信息带来的后果。或许最重要的是，霍桑的传奇故事提醒那些精明的读者，在赞同任何结论之前，都要认真审视其研究方法，以及被试的不同动机可能产生的影响。

当"大型"干预失败时

从霍桑实验中学习到的方法学经验让我们在解读应用成功的案例时更加谨慎。尽管有霍桑效应的影响，但许多明智的、精心设计的应用性尝试确实失败了；值得思考的是，从这些失败中我们能吸取什么科学经验，又能得到什么社会启示。

情境主义、自由主义和干预政策

在许多人看来，我们称之为情境主义的学说和应用社会心理学的传统都与自由主义的政治哲学密切相关。这种联系是可以理解的。在过去几十年中，自由派人士呼吁废除学校种族隔离，发放食品券，提供医疗补助、产前保健、职业培训、禁毒教育和补偿性教育，无论是他们的基本假设还是提出的补救措施，都说明了他们肯定是情境主义者。但这个等式不应过于简单。保守派提出的实施更严厉的刑事处罚、加强警察监视、改善学校纪律，甚至通过税收优惠措施来鼓励雇用"骨干"失业者，这些提议的主旨同样也是情境主义（尽管这些措施的多数支持者可能会拒绝对相关问题的情境主义解释）。当然，许多情境主义的干预措施，包括增加安全带使用量、减少吸烟或改善饮食习惯的项目，按理说都不能被称为自由派或保守派。

但显然，过去几十年间的政治环境对社会科学家最常提出的分析和补救措施并不太友好。人们普遍将我们与肯尼迪、约翰逊时期实施的社会措施（虽然这些措施未能满足许多游说政府提供必要资金资助者的奢望和允诺）联系在一起，这听起来有一些历史依据。同样，至少在新保守主义评论家的指控中，我们所认同的一个观点是，青少年罪犯、长期逃学者、福利骗子、吸毒者和性犯罪者应该被"娇惯"，也就是说应该得到帮助或治疗，他们不必为自己的行为负全责。我们还被误以为认同另一个令人不快的观点，即要解决最紧迫的社会问题，就需要增加联邦开支（因此需要增加税收）。的确，许多有思想且进步的人们声称，"善意但天真"的社会科学家所倡导的干预项目已经接受了检验，并以失败告终，说这些话时他们更多的是悲伤而不是愤怒。

　　不可否认的是，雄心勃勃的情境主义干预往往会失败，或者至少远远达不到承诺和预期的效果（参见 Abt, 1976）。有时这种失败并不具有特别的指导意义，至少从理论家的角度来看是这样。纸面上看似有前景的项目被执行得如此拙劣和敷衍，以至于它们的失败几乎不能告诉我们任何情境分析的可靠性——就像一个失败的实验室实验，当我们发现问题出在拙劣的实验操作时，其结果就变得毫无意义一样。其他的失败只能证明我们低估了需要克服的环境因素。但有些失败提供了社会心理学见解，这些见解不甚明显却与我们学科的核心知识密切相关。的确，正如我们现在看到的那样，一个经过深思熟虑、精心设计和认真实施的干预项目如果失败了，那么它所提供的经验可能和我们在教材中引用的任何成功的实验室实验一样深刻，所提出的问题也同样具有挑战性。

一个历史案例：剑桥 – 萨默维尔青少年研究

　　1935 年，理查德·克拉克·卡伯特（Richard Clark Cabot）开启了一项有史以来最有雄心和令人兴奋的干预项目。其目的是满足青少年的需要，这些青少年所处的环境和过往的行为使他们更可能违法犯罪（Powers & Whitmer, 1951）。该项目在马萨诸塞州东部人口稠密地区的工人阶级家庭中招募了大约 250 名男孩，其中许多人被学校、警察或福利机构明确判断为"有风险"，参加项目时他们的年龄为 5 至 13 岁不等，在项目中他们平均待了 5 年的时间。在干预期间，自由派社会科学家使出了浑身解数。社会工作者每月探访每个孩子两次，并提供一切必要的帮助，包括（在大约 1/3 的案例中）积极介入家庭冲突。社会工作者给 50% 的男孩安排了学习科目的辅导。超过 100 名男孩（约占样本的 40%）接受了医疗帮助或精神治疗。类似地，干预项目也满足了他们的社会和娱乐需要。大多数青少年都接触过童子军、基督教青年会等青少年组织，大约25%的人参加了夏令营。简而言之，这是一项多层面、长时间的干预，许多社会科学家都希望看到它直到今天仍在进行，但也承认由于它过于雄心勃勃且成本高昂，无法在当前的政治环境下成为现实。

然而，剑桥－萨默维尔研究最值得一提的特点与干预本身的性质无关，而是堪称典范的研究设计质量。首先，采用真正的随机分配程序使约250名接受干预的实验组青少年的结果可以与对照组"配对同伴"的结果进行比较。其次，不同寻常的是，研究者进行了艰苦的随访以探究长期效应——在干预后持续40年的随访中，他们至少成功收集了约95%的原始样本的一些基本结果数据（Long & Vaillant, 1984; J. McCord, 1978; J. McCord & W. McCord, 1959; W. McCord & J. McCord, 1959）。

因此，剑桥－萨默维尔项目所采用的干预范围和评估程序的质量都使我们不得不认真看待其结果，但这些结果无疑令人失望。尽管社会工作者对项目有积极的印象，而且许多接受调查的项目参与者也有同样积极的回忆，但冰冷、确凿的统计比较结果只揭示了项目的失败。在青少年犯罪方面，干预组和控制组没有任何差异（每组中约1/3的人有"官方"犯罪记录，另外约1/5有"非官方"犯罪记录）。在成年后的犯罪行为方面，接受干预的被试表现也没有比控制组好多少——每组15%到20%的人侵犯过他人人身安全或非法占有过他人财产。事实上，控制组的成年人犯罪率略微低一些，并且在至少其中一项令人不安的指标（即多次犯罪）上，这种差异达到了传统意义上的统计显著性水平。其他涉及健康和死亡率、职业成功和生活满意度的测量也得出了同样的结论。在一次次的测量中，没有证据表明实验组的表现优于控制组；少数几个有显著差异的测量中（例如，酗酒率和达到白领或职业地位的百分比），控制组的情况似乎更好。

像剑桥－萨默维尔研究这样的结果，让一些政治保守派的解读者为削减面向弱势青少年的社会项目开支而辩护，并坚称是个人的价值观、能力和性格决定了谁会成为罪犯，谁会成为诚实的公民。更为自由或激进的解读者倾向于用坚定的情境主义术语来回应，他们坚持认为，导致众多青少年做出严重反社会行为的环境力量实在太强大了，如果不显著提高青少年的社会经济地位并改善他们周围环境的质量，就完全无法与之抗衡。还有一些解读者可能会坚信，一些特定青少年走上犯罪道路在很大程度上是运气使然。但是这些言论不应使我们忽视剑桥－萨默维尔结果提出的复杂而关键的问题：各种渠道的支持性手段怎么可能一点都没有帮助到至少某些孩子，也没能减少哪怕一点点的社会越轨行为。

我们无法用确凿的证据来回答这个问题，但我们可以提出一些推测，将剑桥－萨默维尔的结果与本书一直强调的三个主题联系起来。第一个主题毋庸赘言，是情境影响的力量。剑桥－萨默维尔干预所操纵的情境因素在其潜在的"效应量"上可能是无关紧要的，至少相对于其他无法操纵的情境因素的影响来说是无关紧要的。虽然这个简单的答案可能至少部分正确，但并不完全令人满意，尤其是考虑到众多参与者的评价，他们认为干预措施对他们是有效且有益的。我们认为，要找到一个更令人满意的答案，必须从这样一个假设出发，即干预措施确实可能帮助一些人，因此缺乏净收益（实际上这暗指一些净损失指标）意味着一些青少年不知何故肯定受到了伤害。在寻找这些有害影响的可能来源时，遵循的又是本书经常提到的两个主题，即主观解释的重要性以及在日常社会情境中力量和限制因素的动力性质。

贴标签和归因

跟任何社会干预一样，在剑桥－萨默维尔项目中，我们必须警惕这样一种可能性，即干预的意义及其蕴含的信息并非完全有益，无论对于目标人群还是那些与之打交道的人来说都是如此。干预行动意味着需要这种干预。一名社会工作者的到访意味着确实存在不足之处，需要得以弥补，这如同告诉所有人，不良后果就在眼前，或者迟早会出现。这样的信息在某种程度上给接受帮助的人贴上标签或带来了污名，从而改变其他人随后的行为。（"我最好不要推荐约翰去杂货店当送货员，因为他参加了一个针对少年犯的项目""今天申请工作的约翰·罗科看起来是个好孩子，但前段时间他不是遇到麻烦了吗？我知道多年来一直有社会工作者去他家"。）更重要的是，这些信息可能会改变接受者对自身性格以及采取个人行动的能力和责任的看法。

比较过程

讽刺的是，旨在解决问题的社会干预会增加而不是减少接受者的被剥夺感，使他们的主观感受比以前更糟糕。至少剑桥－萨默维尔的一些青少年可能对他们得到的帮助或取得的成果感到失望，这是因为他们并未将其与自己最初的情况进行比较，而是将其与他们希望或期待的帮助类型和结果进行了比较。与中产阶级的社会工作者、家庭教师和夏令营辅导员的接触可能加强了他们对自身生活和前途的相对剥夺感与挫折感。也许更重要的是，干预的结束可能使他们感到失去了一些东西，并使他们怀疑自己未来面对这种损失时的资源和能力。

干预的意外动态后果

社会干预行动不仅改变了人们的认知和理解，也改变了社会系统与社会关系的动力。除了强化有效的抑制力量（例如，来自主张和执行反社会规范同伴的压力）之外，社会干预还可能削弱一些本来会产生建设性影响的力量。在剑桥－萨默维尔的情境下，来自外部机构的干预可能会阻止家庭求助于神职人员、特殊教师，甚至是原本可能会提供帮助的隔壁邻居。同样，当外界的帮助明显存在时，个人和社区可能不太有意愿和责任感去建立或发展自身的支持性体系。就像剑桥－萨默维尔案例一样，外界的帮助不会永远持续下去，其终结便可能产生不良后果。

关于权衡的说明

为了解释批评者提出的问题，即这些假定的微妙有害影响是否真的超过了为弱势青少年提供急需的咨询和鼓励所带来的明显好处，我们需要在成本与收益之间进行权衡。假设在没有任何干预的情况下，10% 的目标人群会表现出特定的问题或异常行为（例如，严重的成年人犯罪）。再假设有关的处理或干预是非常有效的，也就是说，它"挽救"了 50% 本来会出现问题的人。进一步假设，那些本来不会表现出问题的人所造成的损害相对较小，我们假设是 8% 的"伤亡率"。一个简单的计算表明，干预的净效果是负的，也就是说，问题的总体"发病率"大约为 12%（即 50%×10%+8%×90%=12.2%），而不是 10%。当然，这样做的目的并不是证明干预注定弊大于利。（相反，意外的收益可能比意外的代价更多且更显著。）它只是再次强调了预测长期干预后果的难度，因此，需要周密、精心设计的评估性研究。

希望我们对剑桥－萨默维尔干预失败原因的推测没有掩盖这项研究的一个最重要的启示，即我们对促进社会健康发展各种因素的相对重要性和相互作用的无知程度之深。实际上，这一启示不只适用于干预的外部影响。再回想一下引言提到的剑桥－萨默维尔研究中控制组青年的生活状况。在一个极端情况下，有些男孩的父母是工人阶级的典范，也就是说，父亲有稳定的工作，母亲是勤快的家庭主妇等。在另一个极端情况下，有些男孩的家庭存在一整套复杂的社会病态，例如，父亲长期失业和酗酒，母亲患有精神疾病，家庭生活依赖于多个社会机构等。然而40年后，对于一系列的结果变量，包括逮捕和监禁率、精神疾病的发病率、收入与就业记录以及所处的社会阶层，来自似乎能创造出最好及最坏预后的家庭的人之间只有很小的区别或几乎没有区别（Long & Vaillant, 1984）。

因此，相较于社会科学家雄心勃勃项目中的干预组同伴，家庭条件对控制组青少年似乎并没有产生更持久的影响。有些人事业成功，成为好丈夫和好父亲，对自己很满意；有些人则犯罪、失业、酗酒，成为施虐的丈夫和父亲。这些结果既不能通过环境测量来预测，也不能通过环境干预来改变，而普通大众和社会科学家的共识是环境干预非常重要。

这并不是说我们完全不知道什么因素会影响人们最重要的生活状况。例如，我们知道控制组青少年的智力可能是未来生活状况的可靠预测指标。从第5章引用的卡斯皮、埃尔德和贝姆（1987）的研究中，我们还知道有乱发脾气问题的男孩比起同伴更有可能在成年后失业和离婚。这些可以预测生活状况的个体差异，例如智力和气质，不仅是早期养成的，甚至可能与遗传因素有关。与社会阶层相对应的生活环境优劣所带来的影响可能超过智力，甚至早期学业成绩。例如，相比于高中成绩好的工人阶级儿童，高中成绩差的中产阶级儿童更有可能上大学（Sewell & Hauser, 1976）；反过来，一个接一个的研究都证明，获得学士学位是成年人社会经济地位最有力的预测因素之一。

除了我们对成年人成功的原因和相关因素的一些先入之见可能需要修正之外，剑桥－萨默维尔研究还展现出紧张系统相关的重要规律。大多数人类的心智比我们直觉所认为的更强健，也较少受到早期或晚期创伤的影响（Kagan, 1984）。类似地，像剑桥－萨默维尔一样的普通社区对潜在异常个体的影响比我们意识到的更强大和稳定。同样的道理，如果不能避免社区生态对个人产生的影响，那么积极的干预措施，无论出现的时间有多早或看起来多么有效，至少平均而言，它都难以产生巨大或持久的影响。

当"小型"干预成功时

虽然投入巨资的大规模干预常常失败，但事实证明规模相对较小的干预有时非常有效，特别是当它们专注于有效的渠道因素，以及强迫和限制大量人类行为的社会影响时。我们从该领域的经典研究开始，这些研究对勒温小组讨论技术的发展具有开创性意义，并在几十年后继续影响着我们的思维。

勒温的讨论小组和民主程序

库尔特·勒温及其同事在第二次世界大战期间和战后进行了一系列著名的现场研究（1952 年由勒温总结），证明了如何在相对较短的时间内通过识别和重新定向群体影响来改变根深蒂固的行为模式。一项令人难忘的研究始于营养学家在试图改变战时的食品消费模式时，遇到了令人费解但有据可查的困难，具体地说，就是试图说服美国人用未被充分利用的牛腰、牛心等动物内脏来代替当时供应不足的传统切割肉。事实证明，海报、小册子等媒体上的呼吁是无效的。即使是精心准备的讲座（面对面地向非自愿的听众强调营养价值和低成本，推荐食谱与烹制技术，并向听众解释通过扩大食品资源来支援战争的必要性，以此激发他们的爱国主义）也没什么效果。来自家庭成员的真实和想象的抵制，以及根深蒂固的"像我们这样的人"就该消费并享用某种食物的文化规范，都是一个个巨大的障碍，寄希望于通过纯粹的信息来说服大众是行不通的。

仔细观察并分析了限制力量和渠道因素后，勒温找到了挽救办法，即与家庭主妇们组建小型讨论小组，勒温认为家庭主妇们是决定哪些食物可以上桌的关键"把关人"。在这些小组中，一位训练有素的领导者简要介绍了这个问题，然后鼓励参与者简单地谈论"像您这样的人"如何克服使用新食物和新食谱带来的障碍（主要来自家庭成员的反对）。后来，在讨论结束时，领导者让这些主妇们举手示意，在下一次小组讨论之前，她们是否打算尝试这些新食物。结果极富戏剧性。在控制条件下，一场信息量满满的讲座只成功地让 3% 的听众为家人提供了至少一种新食物，而被分配到讨论组的家庭主妇有超过 30% 的人毅然进行了尝试。后续研究表明，小组讨论技术可以用来改变各种类似的根深蒂固的行为，包括健康实践和儿童保育。例如，在一家妇产医院，当营养学家单独建议农村母亲给她们的新生儿服用鱼肝油时，在最初的测试期内，只有大约 20% 的母亲听从了营养学家的建议。当同样的信息在一个六人讨论小组中介绍后，即时依从率增加了一倍多，达到 45%。

这些研究的简单性不应使我们忽视勒温干预前分析的深刻性，也不应使我们忽视所使用的某些特定技术的复杂性（Bennett, 1955）。通过在新创建的参照组中巧妙地引入一个新的规范，同时通过让参与者举手示意来传递支持该规范的共识并诱导参与者对该规范做出行为承诺，勒温利用了强大的社会和动机过程。在接下来的 20 年里，他的学生等知识的继承者在各自的实验室和培训小组中继续研究。这些早期研究的基本信息颇为明确，如今其重要性仍不亚于当年。首先，提供信息往往是改变情感和行为的一个令人失望且无力的手段，哪怕信息十分重要且有说服力。其次，将个体从现有的群体压力或限制中解放出来往往是实现改变的一个强有力的手段，尤其当个体随后又接触到新的规范、受到新的社会影响时。

根据我们之前对霍桑实验和"人际关系方法"的描述，最后还有一个关于勒温传统的小组研究很值得一提。科克和弗伦奇（Coch & French, 1948）解决了一个为人熟知的工作场所难题，即如何诱导工人接受生产方法的改变，同时不会招致怨恨、降低士气和降低生产力。这项经典研究的背景是一家睡衣工厂（并非巧合的是，其所有者是勒温以前的学生、后来的传记作者，阿尔弗雷德·莫罗（Alfred Morrow））。这家工厂雇用了大约600名工人，其中大部分是农村妇女，根据工厂负责人对不同任务所需时间的仔细评估，妇女们领取计件工资。科克和弗伦奇组建了三个可比较的工人小组进行研究，要求每个小组在睡衣的缝制或装箱方式上做出一些看似很小的改变。

在控制组中，工人们只是简单地集合起来，并得知生产方法的相关变化（以及计件率的相应调整）。和过去的情况一样，这组的反应是消极的。他们表现出了敌意和怨恨（17%的人很快就辞职了），生产率大幅下降，后期其恢复相对缓慢且不完全。事实上，8周后，只有38%的工人恢复到原先的生产率水平。在第二组中，研究者以一种完全不同的方式向工人们介绍了所需的改变。首先，研究者组织召开了一次小组会议，以一种生动而具体的方式提出了通过更有效的生产方法来降低产品成本的必要性（向工人展示以非常不同的生产成本生产的同类产品）。然后，工人们选出代表与管理人员会面并学习新的生产程序，代表们稍后再向其他工人解释并帮助他们实施新程序。这一代表性程序的结果比控制组要好得多。在士气和劳资关系方面，这组没有出现明显下降（没有工人辞职），并且在两周内恢复了先前的生产率。第三组工人一开始也得到了类似的处理，只是所有的工人都成了代表，或者说是作为"特别操作员"，被派去帮助实施所需的生产方式改变。在这种全员参与的情况下，收益更为明显。生产率的初始降幅很小，而且下降只持续了一天。此后，小组生产率稳步攀升至比以前高约15%的水平。此外，工人们士气依然高昂，显然没有人抱怨，也没有人辞职。

再一次地，这个示范实验的简单性并没有表现出实验前分析的复杂性。在设计干预措施之前，研究者遵循勒温的最佳传统，仔细分析了抑制生产率并导致工人特别抵制生产程序改变的动机因素和群体过程。用于提高生产率的特定技术同样包含了许多微妙的特点（例如，鼓励工人将建议的改变和实施细节作为自己团体的规范，而不是未经他们商议和同意而强加给他们的）。此外，认为所有说服人们改变行为的问题都可以通过群体决策来解决，是对勒温学派观点的错误解读，更不是本书的精神。这项研究的基本信息仍然是清晰且具有时效性的，因为当今的美国工业面临着来自竞争对手前所未有的挑战，这些竞争对手似乎已经将这一信息铭记于心。密切关注群体动态和员工的主观生活是提升生产率和绩效的关键；取得这些收益不需采取过于激烈、昂贵或令人厌恶的措施。

在勒温率先提出参与式管理（participatory management）和工作小组决策程序（work-group decision procedure）思想 40 年后，这些理念作为"日本式"管理技术被引入美国。它们确实应该被贴上这个标签，因为日本人第一个广泛使用它们，但其起源并不完全在日本国内。日本社会心理学家三隅二不二（Jyuji Misumi）告诉我们，库尔特·勒温曾在 20 世纪 30 年代初访问日本，对日本工业界和学术界产生了深远的影响。事实上，他还曾被聘为东京大学产业关系讲席教授。考虑到当时全球战争即将爆发，勒温明智地转而来到了美国。讽刺的是，他关于产业关系的思想对战后日本的影响仍然远远超过对美国的影响。勒温留给美国的遗产主要是由勒温的学生开发的，包括意识提升团体、会心（encounter）团体、自我实现（self-actualization）团体以及自助（self-help）团体，这些都是当代美国生活的普遍特征（参见综述 Back, 1972; Lieberman, Borman, & Associates, 1979）。

亲社会行为的"榜样"效应

个体可对他人施加影响，这是实验研究和现场研究中得出的最一致的效应之一。适当的社会榜样（social model）的存在可以改变食物或酒精的消费速度。它可以改变一个人的笑或哭、趋近或回避、延迟或寻求满足、克制或流露感情，以及行为表现得具有攻击性、利他性、传统性或创新性的可能性，实际上是表现出任何行为的可能性（参见综述 Bandura, 1973, 1977a, 1977b, 1986）。毫不奇怪，许多研究表明，社会模仿的程度受到榜样特征（例如，高或低的地位、吸引力、权力）和榜样行为结果性质的影响（例如，表扬或批评，实现目标时是成功的还是失败的）。最值得注意的是，即使当社会榜样没有特别明显的特征，而且他们的行为几乎没有包含任何关于其后果的信息时，榜样也能产生影响。

存在突显的社会榜样是一个特别有效的渠道因素，它促使人们的行为达到社会期望，也就是说，它能加强积极态度和积极行动之间的联系。效应量虽然各不相同，但无论是从绝对值还是从大多数人的直觉来说，它们通常都非常大。例如，拉什顿和坎贝尔（Rushton & Campbell, 1977）的研究表明，在没有任何榜样存在的情况下，面对面的献血请求有 25% 的成功率，而当一个友好的同伴同意了实验者的请求时，一时间研究者可以获得67% 的积极响应。更令人印象深刻的是关于后续实际献血行为的结果：无榜样组没有女性去献血，榜样组有 33% 的女性去献血。布赖恩和特斯特（1967）也发现了利他同谋存在类似的榜样效应：如果开车的人看到研究者的一个同谋在 400 码⊖远的地方靠边停车并帮助别人，被试就更有可能帮助一个汽车轮胎漏气的女人。

阿伦森和奥利里（Aronson & O'Leary, 1983）在 20 世纪 80 年代早期能源危机最严重的时候证实了一种特别强大的社会榜样效应（social modeling effect）。他们设置的情境是一间运动场的淋浴室，里面贴着标识，敦促学生们在擦肥皂的时候关掉淋浴，只在冲洗自己的时候打开淋浴以节

⊖　1 码 ≈ 91.44 厘米。

约能源。尽管几乎所有的学生都知道这个标识的存在，并意识到推荐的程序能够节省能源，但很少有学生遵守。在为期一周的基线测试期间，只有6%的人在擦肥皂时真的把水关掉了。通过在三脚架上贴一个带有相同说明的较大标识，并将其放置在淋浴区域的中央以使信息更加引人注目，研究者成功地将依从率提高到了20%。如果引入适当的社会榜样（实验者的同谋），让他们擦肥皂时关掉淋浴（但不对其他淋浴者说任何话）来传递标识上的信息，这种做法产生了戏剧化的效应。当一个这样的榜样出现时，依从率几乎达到50%，当两个榜样出现时，依从率跃升到67%。这是社会心理学中最重要的启示之一。当我们希望人们将积极意图转化为同样积极的行动时，规劝和理由充分的呼吁似乎效果有限，而一点点社会示范可能作用重大。

激励少数族裔学生取得成就的干预项目

美国目前面临的最引人关注的社会问题之一是某些少数族裔（包括非裔美国人、西班牙裔美国人和印第安人）在教育和职业上成就较低。从第一次接触教育系统（在那里他们很容易被"分流"到没有前途的"特殊教育"项目），到小学和中学（在那里他们更有可能考试不及格或辍学），甚至到大学与研究生院，这些群体遇到了显而易见的困难。在工作领域中，类似的困难也明显存在，少数族裔失业和就业不充分的现象普遍存在，在管理岗与专业职位上的人数也严重不足。本书作者们知道，即使是自由主义者在思考这些事实时也会摇头，抱怨问题难以解决，结构性障碍难以逾越，文化差异无法消弭，而当代人在有生之年似乎都无法让这些问题有所改观。令人振奋的是，各级教育系统在改变少数族裔成就方面都取得了一些突出进展，这些进展是从相对"小"且极具成本效益的干预中取得的，这一结果令人振奋。

我们讨论的第一个项目来自加州大学伯克利分校的数学家乌列·特雷斯曼（Urie Treisman, 1989）。20世纪70年代，特雷斯曼注意到，在伯克利，黑人学习数学入门课程的不及格率很高。大多数学生在这门课上的分数都很低，因此他们无法在物理学或医学领域继续深造和就职。更糟糕的是，上了数学入门课的黑人学生中有2/3未能从伯克利毕业。特雷斯曼没有悲叹这些学生准备上的不足，或思考他们可能存在的动机缺失问题，而是让自己如同一名人类学家那样，密切追踪黑人学生的生活。他还对另一个在伯克利大学数学和科学方面取得成功的群体，即亚洲学生做了同样的事情。特雷斯曼指出，黑人学生和亚洲学生之间最显著的区别是，黑人学生是单独学习，而亚洲学生是小组学习。从反馈上看，小组学习对数学学习的好处似乎是显而易见的。学生们不必在一个又一个问题上受到打击，因为小组中的某个人可能找到了解决方案。此外，小组学习让每个学生都有机会看到并吸收他人的技巧和策略，更不用说当学生与其他需要类似帮助的组员互动时所提供的社会支持和参照机会了。

后来，特雷斯曼如同一名社会心理学家那样说服了一大批刚入学的黑人学生报名参加一个以数学小组学习为特色的特殊"荣誉"项目。（他能做到这一点并非易事，因为学生往往会抵制任何听起来具有矫正性的帮助，而对小组学习程序尤其陌生。）特雷斯曼显然也给了学生一些系统的监督和鼓励。无论如何，结果令人瞩目。参加特殊小组学习项目的黑人学生在数学入门课上的平均成绩与白人和亚洲学生相同。更重要的是，他们的大学辍学率骤降到与另外这两个传统意义上成绩优异的群体相同的水平。我们很难确定到底是哪些特征对项目取得显著成功至关重要，例如特殊项目的声望、小组学习程序，还是特雷斯曼的监督和鼓励。但是，用如此有限的资源为这么多人的生活带来这样巨大的改变，怎么赞扬这一干预都不为过。

密歇根大学的生物学家刘易斯·克莱因史密斯（Lewis Kleinsmith）也

得到了相似的结果（Johnston & Kleinsmith, 1987）。克莱因史密斯首创了一种交互式计算机程序，旨在为生物学入门的学生提供教学指导。参加标准课程的黑人学生的成绩远低于白人学生，成绩差到无法在科学领域有所发展，甚至面临大学辍学的危机。克莱因史密斯的交互式计算机程序极大地提高了所有学生的成绩，对黑人学生的影响尤为显著。在新程序中，他们的成绩直线上升到白人学生能达到的一般水平，并超过了旧程序中白人的水平。同样，从实用的角度来看，新程序的效应量非常惊人。对许多学生来说，这意味着发展路线之间的差异，意味着是能够充分利用自己苦苦追寻的上大学机会，还是离开大学换一条道路使自己未来的发展受到极大限制。

针对弱势群体学生所取得的巨大教育效果并不仅限于黑人或高等教育环境。雅伊梅·埃斯卡兰特（Jaime Escalante）是一位以电影《为人师表》（*Stand and Deliver*）闻名的高中数学名师，[⊖]他在一所学生主要为工人阶级西班牙裔的高中里创建了一个全方位的项目，提高了学生的大学录取率，使其与美国许多颇富声望的高中升学率不相上下。其他教育工作者也同样开发了成功的、低成本的方法，来帮助市中心的黑人和西班牙裔小学儿童，将他们的成绩提高到或超过全国平均水平（Schorr, 1988）。总之，在学校里，相对简短的情境操纵是可以取得成功的，这挑战了那些认为弱势少数族裔学生注定是失败者的直觉，这种直觉可能是源于个人局限性，抑或是源于他们所面临的社会障碍和不平等。

远端与近端干预

我们有必要暂停一下，将这些教育干预的巨大成功与 20 世纪 60 年代

⊖ 埃斯卡兰特是电影《为人师表》的原型。——译者注

开端计划那类项目的结果进行对比。开端计划在市区学龄前儿童的早期发展方面取得了可观的成效（儿童在幼儿园里智商分数较高，一年级时转入特殊教育项目的可能性较小等）。但在高年级，智商分数对学习成绩几乎不存在长期影响（Consortium for Longitudinal Studies, 1978）。虽然我们现在知道（Royce, Darlington, & Murray, 1983; Woodhead, 1988），开端计划在高中辍学率、失业率和监禁率方面有一些非常重要的长期收益，自由派和保守派的政治领导人现在都将这些收益视为支持这些项目的充分理由，但是在开端计划对长期学业表现的收益未被发现之前，对该项目的批评意见已是非常深入又具有破坏性。来自各个政治派别的许多评论家开始相信眼前的教育问题是棘手的。左翼评论家认为，如果不对美国社会和教育进行重大的结构性变革，低社会经济地位儿童的劣势将不可避免。右翼评论家坚持认为，儿童的智力局限或他们所受教养方式的缺陷使得昂贵的补救项目毫无用处，只能浪费金钱。

然而，很少有评论家认识到，我们只需重新审视一些关于早期或晚期干预（远端干预（distal intervention）或近端干预（proximal intervention））重要性的基本假设。特别是美国的行为学家，他们和弗洛伊德学派一样，在强调早期学习经验的重要性时，极度夸大了"预防为主，治疗为辅"（an ounce of prevention is worth a pound of cure）这句格言的智慧。我们认为，弗洛伊德学派尤其具有说服力和误导性的地方，莫过于他们低估了与形成早期童年因素相关的直接情境力量和限制因素的影响。作为弗洛伊德同时代的年轻人和思想上的对手，库尔特·勒温强烈抨击了精神分析的诊断和治疗过于强调历史这一点。对此，勒温进行了一个著名的类比，考虑阁楼地板是否坚固到可以承受特定重量。勒温观察到，人们可以确定建筑材料的性质和质量，考查建筑师和建造者的方案与声誉，然后尝试预测最终的建筑将如何经受住时间流逝的严峻考验。或者更有益的是，人们可以设计适当的程序来测试地板目前的强度。

当然，勒温并没有否认历史事实在影响当前情境方面可能具有的重要性。他只是强调一个事实，即由于外部和内部力量的共同作用，大多数系统都极易发生不可预测的变化。他还强调，在当前的情境影响足够强大且"目标明确"时，它们往往能够超越最强历史因素的影响。因此，早期教育干预令人失望的小效应和后期干预中令人鼓舞的大效应之间的明显矛盾，再次提醒我们社会心理学的两个主要原则与本书的两个主题。后来，当近端干预改变了当下情境的重要特征，尤其是改变了促进积极意图和建设性行动之间联系的渠道因素时，更近端的干预显得更为有效。相比之下，由于人类社会（和人类心理）是处于不断变化状态的动态紧张系统，远端干预的效果可能不够好，至少它们产生的效果可能难以预测。

站在社会干预的实用主义支持者的立场来看，我们想不出比这更乐观的信息了。历史不应成为命运。虽然大规模且昂贵的"早期"干预产生的长期效应可能既令人失望又微不足道（特别是当我们探索的结果测量范围太窄时），但规模更小、更便宜且更有针对性的"晚期"干预可能非常强大，足以恢复情境主义者的信心。

教室中的贴标签和归因效应

正如本书一直强调的那样，社会心理学最重要和最持久的贡献之一，是它对主观解释在人类事务中所起深远作用的理论解释和实验论证。现在是时候呈现一些这方面的应用性贡献了，我们会特别关注社会标签（social label）、自我知觉和归因过程在教育成果中的作用。

社会标签和自我实现期望

几十年前，罗伯特·默顿（1948）提出了著名的自我实现预言（self-fulfilling prophecy）概念（另见 Snyder, 1984）。这一概念背后的基本理念是，某人对一个人或一个群体所持的看法可能会创造一种证实该看法的现实。如果没有这些看法，现实可能会大不相同。这种现象可以由多种途径产生（参见 Darley & Fazio, 1980），在本书前面的内容中我们已经提到过一些。但或许最能说明这一现象的例证是由罗伯特·罗森塔尔（Robert Rosenthal）和他的同事莉诺·雅各布森（Lenore Jacobson）于 1968 年所提供。这些研究者对几所小学班级里的孩子进行了智商测试，然后将测试结果与这些孩子的老师分享。与此同时，研究者向老师们指出了每个教室里的几个孩子，并声称这些孩子的智商有望在本学年表现出显著提升。事实上，这些孩子是研究者随机挑选的，研究者完全不知道这些孩子是否有提升智商的潜力。

现在，这个微小的干预产生的结果广为人知，目标儿童往往出现预期的智商提升。在一年级和二年级的孩子中，这种提升足够明显和一致，具有实际及统计意义。大量的后续研究已经证实了罗森塔尔和雅各布森的基本发现（Rosenthal & Rubin, 1978），并开始阐释产生这种标签效应（labeling effect）的一些机制。最值得注意的是，老师们对待被贴上积极标签的孩子与其他孩子的方式似乎是不同的，例如，他们更关注被贴上积极标签的孩子们的行为，给孩子不同的言语和非言语反馈，或只是付出更多的努力（Harris & Rosenthal, 1985; Meichenbaum, Bowers, & R. Ross, 1969; Rosenthal, 1976, 1985; Zanna, Sheras, Cooper & Shaw, 1975）。教师的期望会影响孩子的智力发育，对于那些关注少数族裔教育的人来说，这一发现也很重要。事实上，有证据表明，教育工作者普遍认为少数族裔儿童的表现较差（Brophy & Good, 1974），而有力的间接证据表明，这些期望可能是导致他们学习表现较差的一个因素（Dreeben & Barr, 1983）。

用标签或劝诫来实现行为改变

大多数心理学家都至少能说出几篇他们心目中没能得到应有重视的研究论文。我们认为，其中一篇这样的论文是由理查德·米勒（Richard Miller）、菲利普·布里克曼（Phillip Brickman）和黛安娜·博伦（Diana Bolen）于 1975 年撰写的。研究表明，比起积极的社会标签以及暗示儿童他们已经拥有相应的优点，儿童对敦促他们改变行为的交流响应较差。第一项研究中，米勒及其同事考察的具体行为是在教室里乱扔垃圾。第一间教室为控制条件，在这种条件下，研究者只计算了扔在教室废纸篓里的垃圾百分比。第二间教室为"说服"条件，持续 8 天时间，孩子们会从他们的老师、校长，甚至学校门卫处收到各种书面和口头劝诫：要求他们保持教室整洁，将所有废纸扔在适当的容器中，并且捡起在地板上看到的任何垃圾。第三间为"积极标签"条件，在同样的 8 天时间内，同样的沟通者从未敦促孩子们以任何方式改变行为，而是称赞他们已经保持得很整洁了。也就是说，每条信息都以某种形式向学生传达出他们所在的教室（与学校的其他教室相比）非常干净，并称赞他们保洁意识很强。

然后在三个不同的时间段内，研究者简单地测量了每个教室的垃圾桶里有多少垃圾（包括研究者故意扔的一些垃圾）。第一次是进行所有操纵前的前测阶段；第二次是 8 天操纵之后的立即后测阶段；第三次也是最后一次，是间隔两周之后的延迟后测阶段，在这两周内，任何教室都没有提到乱扔垃圾。结果非常明确。在前测阶段的三种条件下，扔进废纸篓里的垃圾比例都一样低（不到20%）。在立即后测阶段，"说服"条件下的教室里乱扔垃圾的比例有中等程度的下降（废纸篓里的垃圾比例为45%），"积极标签"条件下的教室里乱扔垃圾的比例大幅下降（废纸篓里的垃圾比例约为80%）。延迟后测的结果最具意义，尤其是考虑到人们难以保持行为上的积极改变。"说服"条件下的学生很快开始重新乱扔垃圾，行为水平类似于他们前测阶段的表现，也类似于控制组在研究全部三个阶段中的表现。相比之下，那些被贴上"积极标签"的学生为了保持住与标签相一致的行为模式，会继续把大部分垃圾扔进废纸篓。

在一项后续研究中，米勒及其同事发现，归因或标签操纵同样会引起数学成绩及其带来的相应自尊的变化，而从长远来看，说服和其他更传统的操纵不会产生这种变化。因此，无论是表扬学生目前的高水平能力，还是表扬他们目前的高水平动机，都会使他们的考试成绩获得实质性的提高，并且这种进步能够随着时间的推移继续保持。相比之下，说服性的劝诫和简单的强化技巧都没有产生类似大小与持续时间的效果。该研究和扔垃圾的研究一样，都强调了归因和贴标签过程的重要性，当目标个体被诱导不再将积极的行为归因于短暂的外部力量，而归因于其自身的（应该是持久的）价值观和能力时，行为的积极改变是最明显且最持久的。

多余诱因的动机性后果

第 2 章描述了莱珀及其同事（1973）的一个关于额外甚至多余奖励的归因和动机性后果的实验。这项实验得出的关键结果是，相比于最初没有任何预期回报就使用了水彩笔的孩子，幼儿园中那些期望在实验结束时因使用水彩笔而获得"优秀奖"的孩子，在两周后进行的一次自发性自由游戏中会更少使用水彩笔。

许多不同的研究者在不同的实验室中，利用多样化的年龄组、任务和外部诱因所进行的实验都已经很清晰地证实了这一基本现象（例如，Deci, 1971, 1972; Karniol & M. Ross, 1977; Kruglanski, Friedman, & Zeevi, 1971; Kruglanski et al., 1975 ；参见综述 Deci & Ryan, 1985; Kassin & Lepper, 1984; Lepper & Greene, 1978）。消极后果所涉及的范围也大大增加。事实上，引

入多余奖励似乎会导致许多方面的表现变差，包括偶发性学习[⊖]、尝试更有挑战性问题的意愿，甚至成果本身的整体质量和创造性。也有证据表明，得到额外奖励会导致问题解决者坚持无效或低效的生搬硬套策略，而不去尝试新事物以"打破常规"。进一步证据表明，一旦奖励或其他诱导不再存在，反应泛化（response generalization）和长期后果将随之而来：孩子们不仅对最初任务的兴趣和喜爱程度下降，而且还偏好与该任务类似的简单任务，而非更有挑战性的任务。

根据归因理论，我们很容易推导这些研究的应用意义。我们应避免额外引入强烈、突出的诱因，让人们去做那些在完全没有外部诱因（或者外部诱因很不明显，更能让他们相信自己的反应反映了个人的选择和偏好）时他们也会心甘情愿去做的事情。这些研究与学校里存在的许多令人遗憾的动机性问题之间的关联似乎同样明显。正如教育改革者和父母经常注意到的那样，对于一个天生具有求知欲而渴望学习，但还未接受正式教育的孩子而言，一旦他们必须在美国课堂的特定奖励与社会控制下进行学习，这个孩子就失去了学习的热情。

但是，关于过度社会控制负面后果的研究和理论的发表引发了激烈的争论与批评。这种敌意反应缘于莱珀及其同事似乎在质疑一种非常流行且显然相当成功的行为矫正工具，即使用有形奖励和代币制（在代币制中，个体可以赚取"积分"以换取各种奖品与特权）。正如莱珀所强调的，问题不在于这种强化技术的即时效果。研究结果并未对此提出质疑。更值得质疑的问题在于有形奖励对行为改变的长期效应，以及行为泛化到相关外部诱因并不存在的新情境中的可能性。

至今，各种学派的研究者已经进行了许多关于强化长期效应的相关

⊖ 一种隐性、无意识的学习活动。在此过程中，个体可以捕获一个瞬间的洞察，并由此展开探究，获得知识。——译者注

研究。其中绝大多数要么表明过度使用奖励或其他诱因可能会产生不良后果，就像归因理论家警告我们的那样（Condry, 1977; Lepper, 1988; Morgan, 1984）；要么表明合理地使用强化可以产生教育效益，且不会带来这些不良后果（Bandura & Schunk, 1981）。在这里，我们不会试图总结或整理那些复杂的，有时甚至是矛盾的现有证据和解释，但我们会尽力提供个人认为经过理论和实证交锋后留下来的重要内容，也就是说，给实施者（家长和老师）提供一套原则和注意事项指南，以最大化潜在的教育效益，并最小化干预尝试的归因与动机代价（Lepper & Hodell, 1989; Harackiewicz, Abrahams, & Wageman, 1987）。

当个体的初始兴趣程度高，外在限制多余且明显，并且个体在心理上能够合理地解释为何参与活动时，简而言之，当奖励可以很容易地被视为"贿赂"时，外部限制因素的不利影响最有可能出现。相比之下，当任何有形的奖励都取决于任务完成情况时（Harackiewicz, 1979），也就是说，在一项内在动机驱动的任务中，若奖励主要是提供反馈和认可能力，不利影响就不太可能出现。例如，如果一个孩子成功地在1分钟内完成了20道简单的乘法运算，那么他会获得一个漂亮的奖杯，或者是一颗金星。当所涉及的奖励与活动存在某种不可分割的关系时，不利影响也不太可能出现，例如，为了完成一个重要项目而熬夜的员工可以休息一天。简而言之，只要奖励活动不被视为"贿赂"，而是用于承认一个人的成就，就将无损于内在的兴趣和动机。

科多瓦和莱珀（Cordova & Lepper, 1989）证明了一项旨在提高内在兴趣并强化动机的技术的优势。在这项研究中，孩子们要完成一个问题解决任务，这个任务类似于流行的棋盘游戏"线索"（Clue）中的任务。研究设计有两大特点，一是外部奖励（有机会从研究者的"神秘盒子"中选择一个玩具）的存在与否只取决于任务的完成度，二是以一系列幼教式的言辞修饰（从本质上来说，是以漫画书开场白的风格描述了一次"犯罪事件"，并邀请孩子们成为侦探来解开谜团）来提高孩子们对任务的兴趣。科多瓦和莱珀报告的最令人印象深刻的结果是，当孩子面对这两种刺激时，智力表现和乐趣程度存在差异。不仅在最初的任务表现测试中存在差异，在两周后进行的后续测试中也存在差异，这一后续测试使用了相关但不同的任务，且不提供内、外部的动机强化物。奖励导致孩子使用猜测和缺乏想象力的生搬硬套策略，取得的成绩也相对较差。这也导致他们对个人表现和能力做出较为消极的评价，并在未来更偏好容易解决的问题。相比之下，通过言辞修饰来提高孩子的内在兴趣能使他们形成更复杂且有效的问题解决策略，并取得优异的成绩。这也让孩子对任务和个人能力有了更加积极的评价，并对未来的任务更加野心勃勃。

课堂成败的归因

所有学生都经历过学业上的挫败。然而，此类事件的后果在很大程度上可能取决于老师和学生对它们的解释方式（Nicholls, 1984, 1988; Weiner, 1974, 1979, 1985）。一方面，如果老师把学生的表现不佳归因于能力低下，那么老师可能会安慰学生，今后给他们布置更简单的作业，或者直接忽视他们。认同这一归因的学生很可能会回避相关的作业，并且在无法回避时表现出较少的努力或坚持。另一方面，如果老师和学生将一次表现不佳归因于可以改变的因素，例如缺乏努力或不适当的教学或学习策略，就很可能会产生截然不同的结果。学生可能会更加努力，尝试一些不同的东西，或者认为在这种特殊情况下，成功带来的这点回报根本不值得付出这么多努力。然而在这种情况下，学生不太可能认为成功是不可能的，并据此做出学业和职业选择；老师也不太可能建议学生采纳更"现实"的目标和计划。

研究者已经从几个具有启发性的角度对归因方式进行了研究。卡罗尔·德韦克（Carol Dweck）及其同事证实了在面对任务难度和失败经历增加时，不同孩子反应方式的个体差异。（研究者通过向之前曾解过可解决字谜的孩子展示一些不可解决的字谜来完成这一操纵。）研究者发现了两种反应模式：一种被称为"掌控"（mastery），它的特征是在面对失败时更加努力，当不可解决的问题之后紧随着出现可解决的问题时，个体又能重新获得成功；另一种被称为"无助感"（helplessness），它的特征是面对失败时减少努力，甚至当问题不再无解后，个体仍然无法成功（参见 Diener & Dweck, 1978, 1980; Dweck, 1975; Dweck & Leggett, 1988; Dweck & Wortman, 1982）。马丁·塞利格曼和同事的相关研究表明，解释风格和学业成就（Nolen-Hoeksema, Girgus, & Seligman, 1986; Kamen & Seligman, 1987）及销售业绩（Seligman & Shulman, 1986）之间都存在类似的联系。

德韦克接着将她的特殊发现与文献中早已提到的一对令人费解的性别差异关联起来。首先，女孩更倾向于将她们的失败归因于能力差而非缺乏动机或努力；其次，女孩面对失败（或失败的威胁，甚或是更大的评价压力）更容易出现动机减少和表现水平下降，这似乎反映了"习得性无助"（learned helplessness）。之所以存在这些令人困惑的性别差异，是因为平均而言，女孩会比男孩得到更多的表扬、更少的批评和更高的小学成绩。事实上，在几乎所有类型的个人评估中，老师等成年人对女孩的评价都更高（Dweck & Goetz, 1978; McCandless, Roberts, & Starnes, 1972）。

为了弄清这一看似矛盾的现象，德韦克及其同事在课堂上仔细观察了四年级和五年级学生与老师之间的互动（Dweck, Davidson, Nelson, & Enna, 1978）。研究者首先注意到，尽管最常得到老师正面反馈的是女孩，但相比于男孩，她们得到的正面反馈更可能来自非智力因素，如整洁（21% 的女孩和仅 7% 的男孩）。负面反馈上的差异甚至更显著。当女孩得到负面反馈时，88% 涉及她们的智力品质，只有 12% 涉及马虎或格式不正确；当男孩得到负面反馈时，只有 54% 涉及智力因素，46% 涉及整洁或格式。简而言之，总体的反馈模式使得男孩比女孩更容易认为成功反映的是自己的学业能力，失败则与能力无关。

在一系列相关工作中，德韦克和其他研究者们试图操纵，而不是仅仅测量提供给学生的反馈类型。虽然还难以判断孩子或成年人有多容易被诱导采用新的归因方式，但研究者已经报告了一些有趣的结果，特别是有证据表明，"无助"的男女学生都可能从"归因再训练"而非一系列持续的成功经验中获益更多（参见 Dweck, 1975; Dweck et al., 1978；另见综述 Forsterling, 1985）。

威尔逊和林维尔（Wilson & Linville, 1982；另见 Wilson & Stone, 1985）的一系列非常简单的研究也提供了进一步的证据，表明可以通过改变学生的主观解释和归因来操纵学业失望的后果。研究者告诉成绩处于班上后半部分的大一新生，低分的原因是"不稳定的"；也就是说，告诉学生们相对较低的分数在第一年是很常见的（而且随着学生们越来越熟悉他们的学习环境，成绩可能会提高）。在一项研究中，实验组的新生收到了相关的统计信息，并且观看了四名高年级学生的视频访谈，在访谈中，这些学生具体地描述了自己成绩的提高。在另一项研究中，研究者要求新生写一篇小短文（表面上是为了全州高中生的利益），并要求他们在文中提到一些与学生的学业能力无关，但可能会降低新生成绩的具体而不稳定的因素（例如，选课失误、生活条件不佳等）。当然，每项研究中的控制组并没有收到这种令人安心的提示，即新生成绩普遍较差，或者在随后几年中很可能有所提高。

研究表明，威尔逊和林维尔提出的归因干预方法可以有效提高学生在美国研究生入学考试（GRE）模拟测试中的即时成绩和他们下一学期的成绩。(有趣的是，根据德韦克的研究结果，男生比女生的成绩提高得更多。)尽管上述学业获益没有一项是特别巨大的（即使在男性中，长期绩点的均差只有标准差的一半，大约是一个正态分布的 40% 和 60% 之间的差异），但再次看到如此简单、廉价的一次性干预可以明显改变学业成绩的客观测量结果，这仍是令人欢欣鼓舞的。

主观知觉和客观健康结果

在教育领域的研究者逐渐认识到主观标签、期望和归因重要性的同时，医学与健康心理学领域的研究者也越来越意识到这些因素在疾病及健康方面的重要性。事实上，随着社会对医疗保健的关注点越来越多地从寻找治疗传染病的"灵丹妙药"转到帮助人们避开不利于健康的行为、应对慢性疾病和年老体衰的策略上，社会和心理过程在这一转变中逐渐得到重视（参见 Taylor, 1986）。在下面的简短讨论中，我们无法绝对公正地论述这一重要的应用领域，但至少可以向读者提供一些本领域重要问题和贡献的相关启发性例证。

安慰剂效应和反安慰剂效应

医生们早就意识到了安慰剂效应，即痛苦的减轻不是由于某些特定的、明显有效的治疗药物，而是因为患者相信自己已经接受了某种治标或治本的疗法。偶然读过医学和心理学文献的人可能会认为安慰剂效应仅仅是一种幻觉，抑或是心怀感激或受到恐吓的患者为了取悦不辞辛苦地治疗他们的令人尊敬的医生而做出的努力。因此，重要的是要记住，许多研究表明，安慰剂不仅对疼痛的主观评估有效（典型的结果是对大约 1/3 的患者有显著的镇痛效果），而且对更客观的器质性疾病症状也可以产生实质性的、可测量的效果。此外，有证据表明，即使麻醉剂和镇静剂确实具有特定的疗效，但如果患者没有意识到自己已经接受了此类药物治疗（Beecher, 1959），或当患者从一个怀疑药物有效性的医生那里接受药物治疗时（Feldman, 1956），药物的有效性就会大大降低。

诸如此类的结果使得心理学家和医生对安慰剂效应的作用机制越来越感兴趣。据估计（Shapiro, 1978），65% 的常见症状都出于心理原因。在一定程度上，安慰剂能带来乐观情绪、减轻焦虑，或仅仅满足患者对关注和护理的需要，它能改变患者的主观幸福感，从而减轻心因性症状。

过去几十年的研究已经揭示了焦虑、压力和无助感对内分泌与免疫系统的大量负面影响，因此，安慰剂的心理益处似乎有客观的生理学基础。事实上，现在看来，安慰剂效应至少有一种特定的机制，即释放 β - 内啡肽（beta-endorphin），内啡肽是一种天然的镇痛剂和情绪提振剂，其作用方式类似于外用的阿片类药物（opiate）。这种机制的证据来自一系列引发热议的研究（例如，Levine, Gordon, & Fields, 1978），这些研究表明，当使用纳洛酮（naloxone，一种据我们所知可以抑制阿片类药物，包括人体自身的 β - 内啡肽起作用的药物）对安慰剂效应产生拮抗作用时，安慰剂可能丧失减轻疼痛的效果。在揭示了这种机制后，我们便能够看到那些纯粹的主观事件得以影响，甚至支配客观物质环境的实际机制。

在评价新的药物或疗法时，安慰剂效应带来的问题如今已得到广泛认可，而且随着社会越来越多地关注长期退行性疾病，以及对生物反馈、针灸、维生素、严格饮食和其他非西方传统疗法的争议性主张，这个问题变得越来越重要。对安慰剂效应背后具体生理机制的仔细研究有望带来越来越重要的医学效益。然而，重要的是要从更广泛、更具历史性和社会性的角度来考虑安慰剂效应的相关现象（Shapiro, 1960, 1964）。3000 多年来，或者说直到 17 世纪开始用奎宁治疗疟疾前，大多数药物（从早期埃及人偏爱的蜥蜴血和鳄鱼粪便，到独角兽角、埃及木乃伊、毒蛇肉和中世纪医生使用的其他奇特混合物）与医学治疗（包括通便、放血、起水疱和冷冻）可能都得益于非特异性的心理调节过程，我们现在称之为安慰剂效应。事实上，安慰剂和安慰剂疗法可能已经足够有效了，足以维持所有社会中治疗师的良好声誉。随着研究者不断打破真实效应和安慰剂效应之间的隔阂，医学科学家和执业医师肯定会越来越了解主观过程在疾病和治疗过程中所扮演的角色。我们希望，这种不断深入的认识能够鼓励医学界努力改善医患关系（增强由这种关系所带来的安慰剂效益），帮助他们更好地满足患者的社会情感等心理上的需求。

虽然安慰剂效应或者对治疗的积极预期带来的好处显而易见，但社会心理学家的研究表明，反安慰剂效应（reverse placebo effect）同样存在。也就是说，错误地认为一个人正在服用或接受一种有效的药物或治疗会加重而不是减轻患者的症状。归因理论可以解释这一矛盾的结果，尤其是当反安慰剂效应出现在情感体验和自我贴标签中时（Ross, Rodin, & Zimbardo, 1969; Valins & Nisbett, 1972）。当面对"应该"带来缓解的治疗时，如果消极症状仍然存在，那么个体可能倾向于将这种持续存在的症状归因于病症的严重性和难治性。如果这种"内部归因"产生的忧虑和思维反刍加重了他的症状，那它可能就是有害的。事实上，一个人最好对自己的症状有一些良性的"外部"归因，即使这种归因是错误的。

斯托姆斯和尼斯贝特（Storms & Nisbett, 1970）在一项研究中也证实了这一推理思路。在这项研究中，他们给失眠症被试（睡觉时躺在床上无法入睡，反复思考自己问题的学生）在临睡前服用糖丸安慰剂。一组被试被告知这些药丸会让他们"平静"，另一组被试则被告知这些药丸会让他们"更兴奋"。和预测的一样，"镇静型安慰剂"没有起到镇静的效果。也就是说，被试报告的入睡时间比平时长了40%左右。研究者认为，出现这种反安慰剂效应是因为被试发现自己正体验到的焦躁不安水平跟他们平时一样，然后推断自己的失眠（以及让他们无法入睡的忧虑）一定"比平时更严重"。相比之下，正如研究者进一步预测的那样，"兴奋型安慰剂"具有一种矛盾的镇定效果。被试报告自己比平时更快入睡，可能是因为他们现在可以把兴奋归因于"药丸"而非自身问题，而且可以从"即使服用兴奋药丸后"体验到的焦躁不安感也不比平时多的事实中得到一些安慰。

斯托姆斯和麦克考尔（Storms & McCaul, 1976）也得到了类似的结果，他们发现，如果告诉口吃者他们服用了兴奋剂，他们口吃的情况就得到缓解；如果告诉他们服用了镇静剂，他们口吃的情况就会变得更糟。目前研究者还不清楚什么时候会出现反安慰剂效应，什么时候"错误归因操纵"可以缓解症状。布罗克纳和斯瓦普（Brockner & Swap, 1983）的一项研究表明，只有相对内省与深思熟虑的人才会出现斯托姆斯和尼斯贝特发现的归因效应，其他人可能不会有，甚至表现出相反的效应。正如本章的其余部分将要阐述的那样，在决定患者对他们的"客观"状况产生何种反应方面，主观期望和归因所起的重要作用正变得越来越清晰（参见 Pennebaker, 1982）。

预警和应对信息的益处

虽然安慰剂和反安慰剂效应依赖于错误信息，但通常获得正确的信息（医生有时不愿提供的信息）决定了患者的健康状况和康复速度。1958 年，欧文·贾尼斯报告了一项关于手术患者压力和应对的有趣调查结果，该结果为医学思想及患者护理的重大变革奠定了基础。那时，在许多医疗环境中，标准的做法是尽可能少地告诉患者他们将要经历的确切程序，以及可能会感受到的厌恶感和症状。在某些情况下，这种不愿提供信息的态度可能反映了医生的冷漠或不愿"浪费手头的时间"；但这也是一种合理的做法，鉴于患者"很快"就会发现伴随治疗而来或治疗后的不适，医生没有必要过早地让他们担心。事实上，医生有时会用安慰剂效应概念的一种形式来证明隐瞒信息的合理性。有人声称，如果告诉患者太多可能出现的并发症或副作用，患者就真的可能经历这些，从而给自己和医生带来麻烦。贾尼斯的调查结果反驳了这种说法。他发现，那些相对了解术后感觉和反应的患者（可能是因为医生提供了更多且更清晰的信息，也可能是因为患者更好地理解并记住了这些信息）比不知情患者的术后适应更好。

虽然这样的结果可能会让一些医生感到惊讶，但对当代心理学家来说不足为奇。已经有相当多的实验文献表明，当动物或人类反复遭受电击或其他有害刺激时，如果一个独特的信号事先向其发出预警，这些动物或人类就更少遭受痛苦，并且能更有效地进行应对（Glass & Levy, 1982; Reim, Glass, & Singer, 1971）。由于预警能够至少帮助一些患者"修通"⊖（working through）整个手术过程中的恐惧、焦虑和无助感，让他们做好准备，贾尼斯本人依据这一推理已预料到其基本发现。其他理论家受到第 2 章讨论的沙赫特情绪归因研究（由于其他认知因素而对情绪进行错误归因）的影响，认为预警减少了患者对症状含义的担心，以及对是否"哪里出了问题"的怀疑。甚至有些患者会想象无法解释的身体症状背后的可怕原因，从而形成一个典型的恶性循环，在这个恶性循环中，不确定性和焦虑滋生并加重了身体症状，但预警阻止了恶性循环的形成。还有一些理论家强调，术前信息可以刺激患者思考处理令人厌恶或尴尬的症状（腹泻、呕吐、排尿时疼痛）的具体方法，并做好与医生或护士讨论症状的准备，也准备好其他可能的应对策略。

在随后的几十年里涌现出大量有关预警的文献，但并不能真正让人们厘清对这一确凿现象的不同解释。虽然不断有研究显示，管理并减轻不

⊖ 当事人克服阻抗与移情，得到并加深领悟的过程。——译者注

适的具体技术建议和预警都可以让患者受益，但对于哪种类型的信息最重要，哪种类型的信息最适合提供给哪种类型的患者，甚至最有可能得到哪种益处的问题，这些研究并没能达成共识。文献明确指出的是，这些潜在的益处对患者和医疗服务提供者都有重要意义。在贾尼斯的相关性结果发表后不久，一项评估性研究表明了这些益处可以有多大。

这是一项异常谨慎且精心设计的研究，由四名医生（Egbert, Battit, Welch, & Bartlett, 1964）来实施，他们探索了择期腹部手术后患者的康复情况。患者被随机分为两组，控制组患者没有收到关于手术后遗症的具体信息（只收到了通常提供给所有患者的极少信息），特殊护理组患者在手术前从麻醉师那里收到两种不同类型的信息。第一种信息与术后疼痛有关。特殊护理组患者得到保证，腹部手术后的疼痛是完全正常的，他们被告知会在哪里感觉到疼痛，疼痛会有多严重，以及疼痛会持续多久。第二种信息与应对策略有关。特殊护理组患者了解到，术后疼痛是由切口下肌肉痉挛引起的，他们可以通过放松这些肌肉来缓解疼痛。这些患者还接受了深呼吸放松技术的培训，并得到了如何在不绷紧腹肌的情况下改变身体姿势的具体指导。此外，当麻醉师在手术后的下午和之后探视他们时，还向他们重申了这两种信息。

这项研究的一个重要结果是关于患者所需的麻醉剂量，以及在外科住院医生的授权下，病房护士所使用的麻醉剂量。（顺便说一句，护士和外科医生都不知道患者是被分配到特殊护理组还是控制组，患者也不知道他们是该实验的被试。）手术当天，两组患者所需要和接受的吗啡剂量大致相同。然而第二天，控制组比特殊护理组需要的剂量多大约50%。此后，两组需要的剂量均有所下降，但在接下来四天中的每一天里，控制组需要的剂量都高出特殊护理组至少两倍。此外，研究者表明，这种差异的产生并不仅是因为特殊护理组患者愿意忍受更多疼痛。对疼痛的主观自我报告，以及不了解分组情况的观察者对患者的表面舒适度及其身体和情绪状况的评分都表明，特殊护理组忍受的疼痛少于控制组。

这些研究的另一个重要结果强调了两组患者术后功能的差异。据回忆，这些外科医生当时并不知道患者处于特殊护理组或控制组，但他们允许特殊护理组患者出院的时间比控制组患者平均早了近三天。一点点信息就能减轻人类的痛苦并节省开支，这真是意义非凡（另见 Healy, 1968; Johnson & Leventhal, 1974; Leventhal, Brown, Shacham, & Engquist, 1979）。

与大多数常见的现象一样，预警和应对信息产生的影响可能是由多重因素决定的。埃格伯特（Egbert）及其同事认为，这些术前信息程序试图产生"积极的安慰剂效应"，但并非仅仅将安慰剂效应的存在归因为患者满意于有人注意到并试图帮助他们，或者是他们对缓解当前疼痛更加乐观，而是让患者相信他们不再无助，他们拥有可以帮助自己的信息和技术。医护人员可以提供更多信息以减少患者的依赖性、脆弱性和没来由的恐惧，并改变患者的预期；也可以教患者用特定的方法减轻疼痛、在接受治疗时放松自己或更舒适地控制自己的身体来改变患者的预期。另外，归因过程也可能起到了一定作用。在经受疼痛或陌生的身体症状时，一个知道将要发生什么的患者不太可能认为自己出了问题。

效能感和控制感对健康的影响

我们对安慰剂效应和为患者提供应对信息益处的讨论揭示了当代健康心理学与心理治疗的一个主题：归因过程及控制感的重要性。和教育问题一样，在健康问题上个人效能感，甚至个人责任感，通常似乎比无效能感或无能为力的感觉更能让人产生适应性反应。无论是感知到的还是实际的控制都能对健康产生积极影响（参见 Rodin, 1986），包括减少主观威胁或压力、改变症状标签、愿意养成良好的健康习惯，以及在必要时寻求诊断并遵循规定的治疗方案。越来越多的证据还表明，控制的效果，包括实际控制（actual control）和控制感（perceived control），都可能受到与内分泌和免疫系统功能相关的生理因素的影响。

在过去几十年中，研究文献量急速增长（参见 Bandura, 1989; Michela & Wood, 1986; Rodin & Salovey, 1989; Seligman, Kamen, & Nolen-Hoeksema, 1989），研究结果五花八门，以至于我们无法进行简单总结，更谈不上得出关于理论和应用启示的最终结论。但是，很容易理解的是为什么研究者和实践者越来越相信心理因素，特别是归因或应对方式因素在影响健康、疾病与康复方面所起的作用。

这种信念的来源之一是马丁·塞利格曼、克里斯托弗·彼得森（Christopher Peterson）和他们的同事进行的开创性工作（Abramson, Garber, & Seligman, 1978; C. Peterson & Seligman, 1984; Seligman, 1975），他们将抑郁与无助感和绝望感联系起来，并与一种特定的归因方式相关联，具有这种归因方式的人会将消极情绪、结果和生活环境归因于无法控制的个人或情境因素。此外，个人的无效能感和缺乏命运控制的感觉不仅与长期的消极情绪状态有关，还与工作压力和倦怠（burnout）（Maslach, 1982），以及较差的健康状况和高死亡率（C. Peterson, Vaillant, & Seligman, 1985）有关。

现在有成百上千的论文表明了人们对疾病原因的主观看法与死亡率、康复率和残疾适应性等客观指标之间的联系。不同类型的疾病（如癌症与心脏病）或创伤（如强奸与脊髓损伤），患者的归因方式与预后之间也具有不同程度的相关性。此外，我们有必要仔细区分因果性归因（如归咎于疾病或创伤的心理与对后续处理的责任感，潜在治疗的预期疗效与个人效能感）。但是似乎越来越明显的是，受折磨的人会在痛苦中寻求意义或至少是秩序（Taylor, 1983），他们能够从个人效能感的重建和受害感及脆弱感的减轻中获益。

在应用心理学这一领域，现有的大多数证据都是相关性的，这在解释因果关系的方向和预测相关干预的影响方面存在明显问题（参见 Rodin, 1986）。特定的归因方式可能直接或间接地带来更好的健康状况和适应能力。但也有可能，良好的健康状况和适应能力有助于产生效能感，或者关于个人能力、社会经济因素或其他生活环境的第三个变量可能同时影响归因方式和健康状况。在试图建立从归因方式到健康结果的因果关系方面，研究者表现出相当大的决心和独创性（参见 Michela & Wood, 1986）。他们已经使用复杂的统计分析来区分原因与结果（参见 C. Peterson & Seligman, 1987）。此外，许多生理中介因素（包括神经内分泌和免疫系统功能）都与归因或应对方式以及医疗结果有关（参见 Ader, 1981; Cohen & Williamson, 1991）。

与得出相关性结果的观察相比，操纵归因过程的实验研究进展缓慢，不过还是有一些有趣的线索和进展的。关注养老院老年人（极易受到丧失个人自主性和效能感威胁的群体）的研究者报告，他们运用简单但有理论指导的干预措施，成功改善了老年人的主观与客观健康指标。舒尔茨（Schulz, 1976）将一个可预测的积极事件，即本科生一系列的私人到访，引入养老院患者的日常生活，患者的主观和客观健康状况由此得到了改善。兰格和罗丁（Langer & Rodin, 1976; Rodin & Langer, 1977）仅仅通过突显患者已有的选择和控制机会，也得到了同样的结果。

研究者还充分利用了"自助"团体，在转变癌症患者、强奸幸存者、事故受害者等被迫面对灾难性问题或损失的人群的潜在破坏性归因方面，这些团体可以发挥重要作用（参见 Rodin, 1985）。也就是说，患者看到自己的问题和消极反应与他人具有相似之处，从而将这些反应理解为正常的，甚至是对压倒性情境挑战的合理反应，而不是反映了个人不足（Cohen & McKay, 1984; Gottlieb, 1983; Lieberman et al., 1979; Singer & Lord, 1984; Wortman, 1983）。事实证明，这种来自同伴的共识信息比善意的朋友和家人给出的流行心理学解释与建议（"你不能压抑愤怒""你必须与这种疾病做斗争""你必须停止哀悼并继续生活"）要有价值得多。现有证据表明，癌症患者的支持团体在很大程度上延长了他们的寿命，也许是因为这种团体能够减轻压力，并且让患者有更多的资源来应对身体创伤（Spiegel, Bloom, Kraemer, & Gottheil, 1988）。

虽然归因理论相对较新，但值得注意的是，它的影响现在遍布整个美国心理治疗界。认知导向和行为导向的治疗师都认识到激发患者个人效能感的重要性。事实上，精神病学文献呼吁治疗师在确定治疗过程和面对治疗成功时，要淡化自己的角色并强调患者的责任。

社会心理学的日常应用

尽管本章篇幅较长，但我们清楚，社会心理学中许多有趣且有价值的应用，本书还没有讨论过，这不仅存在于我们谈到过的工业心理学、教育和医学领域，还存在于法律、商业、冲突解决与国际关系领域（参见 Fisher, 1982; Oskamp, 1984）。我们相信，本书选用的例证强调了所讨论的更普适的理论洞见和贡献的效用。本书的最后，我们将为读者展现这些思想在日常生活中的应用。

我们认为，社会心理学的核心原则及其在紧迫的现实问题中的应用实例，能激发一种明智的自问自答，指导我们对所目睹社会事件（甚至是对间接听到事件的陈述）的反应。这种自问自答提醒我们，不要对人及其行为的意义妄下结论。相反，即使当我们遇到乍一看极度愚蠢、极其唯利是图（或具有非凡美德）的言行时，事实上，当我们面对的行为似乎暗示着任何一种异常的个人特征时，我们要告诉自己停下来仔细考虑一下这种情况。行动的当下环境有哪些细节？行动者是如何解释这种情境的？行动者所处的更广泛的社会环境或社会体系是什么？更确切地说，是什么样的客观情境特征、主观解释或紧张系统考量会使这些看似异常的行为变得不那么异常，且更符合我们从经验中了解到的普通人（包括我们自己）的行为方式？当看到我们所爱的人在工作或人际关系上做出看似愚蠢的选择时，我们就不得不问这些问题；当看到我们鄙视的人似乎以其特有的卑鄙方式行事时，我们也不得不问这些问题。

从社会心理学的视角来看，我们不仅要提出尖锐且有时不受欢迎的问题，还要接纳试探性的、有时相互矛盾的工作假设（working hypotheses）。当个人或团体对激励措施和其他看似有效的情境因素毫无反应时，我们不得不强烈怀疑目前所掌握的关于情境的信息是错误或不完整的，或我们没能认识到自己对情境的看法和行动者的看法之间的差异。当人们面对似乎有充分说服力的证据却没有改变旧的行为方式时，我们就必须抵制内心的诱惑，不要将他们的毫不妥协归因于性格上的固执、愚蠢或不可告人的动机。相反，我们必须更深入地思考维持现状的动力。我们需要考虑现有行为模式是否产生了某种不明显的功能，以及是否有某种不可见的力量在制约着行为改变。同样，当看似微小的事件引发行为上的重大变化时，我们不应过于快速或过于轻率地用性格因素解释这种变化。相反，我们应该重新审视我们熟悉的三大基石、未看到的情境细节、未被意识到的解释或主观意义上的差异，以及社会力量之间的动态关系扰动。尽管尚未得到充分了解，但这些因素仍有助于维持现有的行为模式。⊖

⊖ 此句有不可见不代表不存在的意味，这里作者可能是提醒人们，思考这类问题时一定要审慎严谨。——译者注

本书所阐述的具体结果和理论提供了进一步的建议。勒温学派不断提醒我们，当难以实现个人或集体行为的积极变化时，我们应该思考既存的群体标准和其他抑制力量的作用，也应该思考可以促使积极的态度或价值观转化为积极行动的渠道因素。认知失调和自我知觉理论家不断提醒我们，当目标是让他人"内化"而非"顺从"时，我们就必须克制且聪明，有时甚至要迂回地使用社会控制。这些理论告诉我们，在低年级学生提出要求之后给他们上钢琴课有什么好处，以及使用"刚刚好"的威胁和诱惑来引导员工完成工作的优点。这些理论还告诉我们，不要强迫人们改变他们的行为，而要激励他们，给他们挑战自我的机会，让他们按照个人信念、价值观和自我定义中最积极的方式行事。社会学习理论家提醒我们，向那些我们希望影响到的人表现具体社会榜样的潜在价值（或代价）有助于我们达到目的。也许最重要的是，归因理论家鼓励我们给需要帮助的人带来掌控感，以一种增强而非削弱他们个人效能感和自尊的方式提供帮助，这将促使他们为自己的命运承担责任。

在过去几十年里，社会心理学教给我们的原则具有广泛的社会、政治以及个人意义。经济学家和政治理论家托马斯·索厄尔（1987）认为，几个世纪以来，两种对立的人性观和社会观一直在相互斗争。他将这些观点分为"受制约的"和"不受制约的"。"受制约的"观点是，人性和社会生活的大轮廓是相对固定且很难改变的，而蓄意干预的效果不可预测，通常会产生无法预见的消极效果，这些消极效果会抵消甚至超过任何积极效果。"不受制约的"观点是，人性具有高度的可塑性，而且我们对个人心理和社会系统的规律有足够的了解，能够制订将可靠改善人类状况的干预方案。我们认为，社会心理学对相关问题有着明确的态度：部分支持"受制约的"观点，也部分支持"不受制约的"观点。

持"受制约的"观点的一方认为，干预的效果很难预测，这一点无疑是正确的，他们这样认为的原因也是正确的：我们的社会科学还不足以（事实上，我们可以进一步认为可能永远不足以）预见新的干预方案所产生的效果。社会心理学家经常亲身经历一些在 20 世纪以前罕见的事情，即他们有机会以一种系统的方式来证实自己对某一特定社会情境影响的预测是错误的。实验研究者提出的假设，完全错误要比完全正确更常见，并且有一半正确就好于一般情况了。当从实验室转移到应用情境时，成功预测的记录并没有得到改善，如果真有什么变化的话，那就是变得更糟了。

另外，到目前为止，已经有足够的证据支持"不受制约的"观点，即能否让干预产生良性结果的问题。本章引用的只是社会科学家成功干预的一小部分例证。尽管难以预知任何特定干预方案的成败乃至干预的方向，但我们现在知道，有效干预不幸福的生活或扭曲的社会过程往往是可以实现的。社会心理学课程中来之不易的认识，即关于渠道因素、参照群体、个人效能感和责任感的归因，以及认知与社会系统中平衡力量的微妙动态性的重要性，共同构成了社会心理学的全套经验，可对指导干预时的常识进行补充。正如唐纳德·坎贝尔在其 1969 年发表的题为《实验式改革》（*Reforms as Experiments*）的论文中有说服力地指出的那样，只要最初的干预是本着实验精神进行的，并认真尝试以一种系统的方式衡量其有效性，我们社会工程师的工作就始终是有益的。公众舆论的钟摆肯定已经偏离这种实验法太远了。正因为我们面临着 20 世纪最后十年以及之后的挑战，社会对社会科学家有着前所未有的需求。也许经过适当的磨炼，更少做出轻率的预测和承诺，我们的学科所掌握的理论和方法才能真正让生活变得更加丰富和充实。

后　记

如果我们晚 20 年写这本书，那么得益于本领域的后续发展，我们会更少强调人与情境的相对重要性，而将重点放在二者的互动方式上。我们将向读者介绍表观遗传学（epigenetics，经历和环境因素对基因表达与否的影响）这一引人注目的新领域，它使遗传与环境或者先天与后天的争论成了过去。我们更关注累积效应概念，这一概念我们在介绍阿夫沙洛姆·卡斯皮（Avshalom Caspi）和达里尔·贝姆的研究时简单提过，但当时并没有深入地探讨它的理论意义和应用价值。和其他同时代的社会心理学家一样，我们过去过于关注那些激动人心的"单次"实验以及当下情境的影响，忽略了更大效应随时间而逐渐显现的动态过程。

尤其是人们越来越清楚地认识到，人或情境在某一时刻的特征会改变后来的经历以及人对事件的解释，进而改变行动者本身以及他们将会遇到的机会或挑战。格拉德威尔在《异类》（*Outliers*）一书中列举了很多惊人的例子，来展示这种螺旋上升或螺旋下降的过程。例如，绝大部分职业冰球

⊖ Masterpasqua, F. (2009) Psychology and Epigenetics, *Review of General Psychology*, 13, (3) September 2009, Pages 194-201. 在这里以及这篇后记的其他部分，我们将多次引用这个领域的观点并提到该领域中的领军人物。不过在互联网时代，读者可以自己搜索相关概念，也可以搜索相关研究者或者其他能从网上获得的有关信息。

运动员的生日都在一年中开头几个月里，相比在同年较晚日期出生的同龄人，他们在进入联盟赛时年龄更大。格拉德威尔解释说，平均而言，那些备受青睐的球员比他们的队友更高大强壮，球技也更好，从而有更多的上场时间，赢得更多的比赛，更有机会得到教练和父母等人的热切关注，因而更渴望进一步提高技能，并认同自己"冰球运动员"的身份。

当然，只有那些有天赋且有极大动力的人才能继续职业运动生涯。但是由幸运或不幸运的出生日期所带来的情境优势或劣势，会成倍地放大个体在初始天赋和决心上的差异。对于天赋相对较差的晚出生者来说，这种情境差异可能决定了他们的命运：要么表现得平淡无奇，要么显得愚不可及。

虽然格拉德威尔指出，出生日期也可能产生学前教育上的初始差异以及早期成败经历的差异，并可预见地会影响社会定义和自我知觉，但对于这种上升或下降的教育螺旋来说，更重要的动力源自个体对成功和失败的主观解释。特别是卡罗尔·德韦克发现，视能力为"固定不变"的"思维定式"（mindset）会导致个体在面对可以带来成长机会的挑战时表现出逃避，并在面对失败时放弃努力；认为能力"可塑"并且相信通过努力和学习可以获得成长的思维定式，会使个体接受挑战，并最终掌握新技能或新知识。[⊖] 此外，她还指出，对受到不利于成长心态限制的学生来说（即相信能力"固定不变"），简单的教育干预可以使他们充分理解能力具有可塑性，促使他们在面对困难时把握方向并坚持不懈。

更具实质性的情境优势和劣势的影响也变得越来越明显。没有人会怀疑社会经济优势或劣势所带来的持续影响。经济学家拉杰·切蒂（Raj Chetty）及其同事进行的一项研究表明，在其他条件相同的情况下，以经

⊖　Dweck, C. S. (1999). *Self-theories: Their role in motivation, personality, and development.* Philadelphia, PA: The Psychology Press.

济学家的严格度量标准，上幼儿园时遇到一位优秀教师可能意味着 27 岁时每年多达 1000 美元的收入差异。[1]我们猜想，就那些不太容易量化的生活技能、对学习的热爱以及对自我的感受而言，其价值可能更高。

有趣的是，还有一位记录个体差异累积效应的研究者沃尔特·米歇尔，却是展现经典人格特质的行为表现缺乏跨情境一致性方面早期最具影响力的心理学家。最具戏剧性的是，就在我们报告那篇经典著作时，米歇尔及其同事发现，在实验控制条件下，幼儿园儿童在延迟满足能力上的个体差异对随后的学业成绩有显著的预测作用。[2]

今天，我们关于基础观点三大基石的讨论也会与 1991 年有所不同。这个三大基石的第一个原理是情境主义，它无疑会继续占据"头牌"位置，我们现在可以为其提供更有说服力的现实例证。其中，也许最令人信服的证据是西欧国家间的比较：在发生致命车祸时，公民向器官移植手术捐献遗体所需的步骤在国家间有一些看似微小的差异。[3]一些国家（包括美国）要求愿意捐献者在驾照背面规定处签名，以确认他们的意愿。另一些国家则不需要这样的意愿确认，不愿捐献器官的司机必须在驾照背面指定处签名。

在前面那些制度为"选择性加入"的国家，"默认选项"是"不捐献"，愿意捐献者的比例在这些国家普遍低于 25%。在后面那些制度为"选择性退出"的国家，"默认选项"是"捐献"，愿意捐献者的比例在这些国家普遍高于 80%。例如，在制度为"选择性加入"的德国，有 17% 的司机自愿捐献器官；在制度为"选择性退出"的澳大利亚，这一比例实际上是85%。事实上，对两个斯堪的纳维亚国家的比较显示，"选择性加入"制的

[1] Leonhardt, D. (2010). The case for $320 000 kindergarten teachers. *New York Times*.

[2] Mischel, W., Shoda, Y., & Rodriguez, M. L. (1989). Delay of gratification in children, *Science*, New Series, Vol. 244, No. 4907, 933-938.

[3] Johnson, E. J., & Goldstein, D. (2003). Do defaults save lives? *Science*, 302, 1338-1339.

丹麦和"选择性退出"制的瑞典，器官捐献比例分别为 5% 和 85%。我们猜想，一般读者会严重低估这种渠道因素的力量，并因此做出错误归因，认为捐献器官的瑞典司机具有普遍利他性，拒绝捐献器官的丹麦司机则缺乏这种利他性。我们还认为，不只是"自愿捐献"难易程度上的细微差异制造了这一戏剧性结果。"默认选项"示意了行为规范，因此代表着参与或不参与此类项目的含义。在"选择性加入"的情况下，默认和感知到的规范是不参与，因此，"选择性加入"有可能是特定个体的利他行为，也可能反映了对身体亵渎的毫不在意；在"选择性退出"的情况下，默认和感知到的规范是参与，因此，"选择性退出"很可能被视为厌世、缺乏公民责任感，或是古怪宗教信仰的产物。

三大基石的第二个原理是有关主观解释或建构的重要性，关于它的研究尤其富有成效并极具启发性。最值得注意的是关于"框架"和"启动"（priming）对决策影响的研究。事实上，早在本书出版之前，芭芭拉·麦克尼尔（Barbara McNeil）及其同事就已经表明，即使是经验丰富的医生，也容易受治疗风险和收益"框架"变化的影响。尤其是，当使用直接死亡率描述风险时（10% 对 0%），参加会议的医生明显倾向于选择风险较小但可能效果较差的放射疗法，而不是手术疗法；当以生存率描述风险时（90% 对 100%），这种选择偏好就消失了。$^{\ominus}$

在一项旨在挑战传统经济学家观念的研究中，利伯曼（Liberman）及其同事发现，在囚徒困境中，博弈（game）的名字比玩家（player）的声誉更能预测玩家选择背叛还是合作。确实，在博弈中被他们辅导员提名为最可能或最不可能合作的玩家，在合作的可能性上并无差异。一般来说，当博弈被称为"社区游戏"时，玩家合作的可能性是游戏名字为"华

⊖ McNeil, B. J., Pauker, S. G., Sox, H. C., & Tversky, A. (1982). On the elicitation of preferences for alternative therapies. *New England Journal of Medicine, 306*, 1259-1262.

尔街游戏"时的两倍（66% 对 33%）。[一]以约翰·巴奇（John Bargh）及其同事为首的其他研究者已经表明，更微妙、更内隐的框架操纵方式（看似无关的句子整理任务中所列的单词，甚至是在屏幕上一闪而过、令人来不及进行有意识加工和记忆的单词与图片），也可以改变表现出的态度和行为。[二]

在描述社会心理学中的情境主义传统时，我们提到了基本归因错误，它指的是人们普遍倾向于低估情境因素的影响，并高估经典人格特质的作用。如果在今天写这本书，我们会强调影响推论和判断的偏见来源，并认为这些推论和判断可能更"基础"，即确信一个人自己的感知、推论、判断等是对客观现实的反映。这种被罗斯和沃德称为朴素现实主义（naive realism）的认识论观点，导致我们期望其他理性和客观的人会与我们持相同的观点。这也导致我们将判断上的分歧归咎于他人身上的某些东西，例如性格、特殊的环境和经历，以及其他扭曲的认知、动机，甚或是文化上的偏见。[三]

三大基石的第三个原理，即认识到"紧张系统"的重要性，也已显而易见，尤其对于应用性领域。在应用性领域中，库尔特·勒温建议人们不仅要关注产生所需改变所能采取的步骤，还要关注为实现这种改变而必须克服的限制或障碍。心理障碍，包括参照群体态度、自我防御、损失厌

[一] Liberman, V., Samuels, S. M., & Ross, L. (2004). The name of the game: Predictive power of reputations versus situational labels in determining Prisoner's Dilemma game moves. *Personality and Social Psychology Bulletin, 30,* 1175-1185.

[二] Bargh, J. A. (1997). The automaticity of everyday life. In R. A. S. Wyer, Jr. (ed.). *Advances in social cognition.* (Vol. 10, pp.1-61). Mahwah, NJ: Erlbaum. Also, Bargh, J. A. (Ed.) *Social psychology and the unconscious: The automaticity of higher mental processes.* Philadelphia, Psychology Press.

[三] Ross, L., & Ward, A. (1996). Naive realism in everyday life: Implications for social conflict and misunderstanding. In E. S. Reed, E. Turiel, & T. Brown (Eds.), *Values and knowledge* (pp. 103-135). Hillsdale, NJ Erlbaum.

恶、失调以及阻抗，都阻碍着当前许多热点领域的发展，从改变饮食和锻炼习惯，到对抗全球变暖，再到解决世界各地的群际冲突。处理并克服这些障碍（而不是增加激励、提供新的有说服力的论据，或采取强制措施）不仅会促进改变，而且还会以更低水平紧张和更少冲突的方式完成改变。当我们试图制定明智的社会政策时，处理这些障碍将是下一代社会心理学家面临的一个重要挑战和机遇。

当思考这个领域自 1991 年以来最重要的发展时，我们认为现在是时候为这个三大基石再加一条原理，从而让它成为一个更为坚固的平台。这第四个原理是认识到自我在日常社会功能中占据的中心地位。这种认识将超越人们熟悉的观念（人们会捍卫自我使积极自我评价不受威胁，或者寻求认知一致性（cognitive consistency）以及自身信念与行为的连续和完整）。关于自我的一个重要的新观点是自我理论所扮演的角色，自我理论指导着人们的行为，决定着人们会付出多少努力以及冒险的意愿是否强烈，从而影响着人们的成就和成长。如前所述，在这一方面，卡罗尔·德韦克有关智力和学业能力可塑性信念的研究尤其重要，且意义重大，因为有越来越多的证据表明，智力可塑性信念不仅具有适应性，而且事实上是正确的，正如尼斯贝特在《认知升级》（*Intelligence and How to Get it*）中所讲的那样。[⊖]

本书中的两章，一章关于文化，一章关于应用，都展现了那些刚刚开始发挥潜力的领域。只要瞟一眼任何一本当代期刊的作者名单，你就会发现投稿者的种族和文化多样性有了极大的提升。这一提升反映出我们这一领域的狭隘性正在减少。到目前为止，最引人注目的发展是人们越来越多地意识到并确认一个事实：尽管美国文化本身具有多样性，但就其个人主

⊖ Nisbett, R. E. (2009). *Intelligence and how to get it: Why schools and cultures count.* New York: Norton.

义规范、价值观和实践而言，它还是只反映了一个连续体的其中一端。⊖
更多的集体主义文化，尤其是东亚的集体主义文化，不仅更少关注自我，
更多关注家庭和其他内群体成员，而且其世界观中特质主义的部分更少，
事实上他们也更不容易犯基本归因错误。他们更少关注行为主体，而更多
关注行为主体周围的社会环境。

多年来，对文化差异的研究主要是为了记录思维、情绪和行为特征的
全球差异。在过去的十几年中，学界已经实现了对研究的两次重要整合。
一次是，世界各地许多实验室的研究者已经证明，文化本身可以被"启
动"，也就是说，对前面呈现单词或图片的微妙操纵，可以更容易提高文
化的认知可得性，从而对被试的反应产生更大的影响。另一次是对情绪和
"积极心理学"研究的整合，正如蔡珍妮（Jeanne Tsai）及其同事所发现的，
认同美国文化价值的人会寻求最大化的"高唤醒的"积极情绪体验（如激
动），认同东亚文化的人更倾向于看重并寻求最大化的"低唤醒的"积极情
绪体验（如安静的满足感）。⊖

当思考心理学应用这一章时，我们惊讶地发现，认为实用理论触手可
及的乐观态度，以及用这些理论学习由来已久的社交技能的美好前景，并
非无稽之谈。这一点在开发大大小小的教育干预措施方面表现得最为明
显，这些干预措施旨在帮助少数族裔和处于社会或经济劣势的群体成员更
好地发挥学业潜力。克劳德·斯蒂尔（Claude Steele）及其同事证实了刻板
印象威胁（stereotype threat）的腐蚀作用，它会使少数族裔学生面对学业
挑战时望而却步（也会阻碍女性接受许多技术和科学领域所必需的数学教

⊖ Henrich, J., Heine, S. J., & Norenzayan, A. (2010). The weirdest people in the world? *Behavioral and Brain Sciences*, *33*, 61-135.

⊖ Tsai, J. L. Knutson, B., & Fung, H. H. (2006). Cultural variation in affect valuation. *Journal of Personality and Social Psychology*, *2*, 288-307.

育），并使接受挑战的个体在测试中表现更差。⊖

斯蒂尔和美国众多其他研究者也证明，消除刻板印象威胁的明智政策和做法可以显著地提高学业表现。如前所述，德韦克取得了同样令人印象深刻的研究成果，她改变学生的思维定式，使他们看到了学业能力和综合智力是可塑而非固定不变的，是可以通过努力得到提升的。此外，新一代的年轻研究者，包括乔舒亚·阿伦森（Joshua Aronson）、杰夫·科恩（Geoff Cohen）、格雷格·沃尔顿（Greg Walton）及其同事已经证明，那些涉及"可塑性训练""肯定"或"归属感"的干预措施不仅在实验室环境下有效，还可以"扩大规模"，应用于普通的教室和学校，缩小学生的成绩差距。⊖在没有研究者帮助的情况下，普通的任课教师能否成功地自行实施这些干预措施还有待观察。

在这里，我们无法充分评价现在正蓬勃发展的应用社会心理学领域，它的影响不仅体现在教育上，还体现在努力促进健康、鼓励个体节约能源和控制二氧化碳排放等领域。但是，我们确实想谈谈本书中所描述的社会心理学核心观点，在多大程度上被行为经济学的领军人物，例如丹·阿

⊖ Steele, C. M. (1997). A threat in the air: How stereotypes shape intellectual identity and performance. *American Psychologist*, 52, 613-629.

⊖ Aronson, J., Cohen, G., & McColskey, W. (2009). *Reducing stereotype threat in classrooms: A review of social-psychological intervention studies on improving the achievement of Black students*. U.S. Department of Education, Institute of Education Sciences (IES), National Center for Education Evaluation and Regional Assistance, Regional Educational Laboratory Program, Regional Educational Laboratory at SERVE Center UNC, Greensboro, No. 076 (July). Aronson, J., Fried, C. B., & Good, C. (2002). Reducing the effect of stereotype threat on African American college students by shaping theories of intelligence. *Journal of Experimental Social Psychology*, 38, 113-125. Cohen, G. L., Garcia, J., Apfel, N., & Master, A. (2006). Reducing the racial achievement gap: A social-psychological intervention. *Science*, 313, 1307-1310. Cohen, G. L., Garcia, J., Purdie-Vaughns, V., Apfel, N., & Brzustoski, P. (2009). Recursive processes in self-affirmation: Intervening to close the minority achievement gap. *Science*, 324, 400-403. Walton, G. M. & Cohen, G. L. (2007). A question of belonging: Race, social fit, and achievement. *Journal of Personality and Social Psychology*, 92, 82-96.

里利（Dan Arieli）、乔治·勒文施泰因（George Loewenstein），以及经验丰富的记者，包括其中最著名的、本书推荐序的作者——马尔科姆·格拉德威尔，合理地运用、扩充、完善和传播。《助推》正是这样一个特别值得注意的例证，这本书极具可读性和启发性，由著名行为经济学家理查德·塞勒（Richard Thaler）和著名法律学者卡斯·桑斯坦（Cass Sunstein）合著。⊖

塞勒和桑斯坦主张一种他们称之为"家长式自由意志主义"（paternalistic libertarianism）的方针，一种看似矛盾，但具有政治吸引力的方针组合。在人们选择如何投入时间、精力和金钱，以及如何确保个人与社会的长期福祉方面，这些方针将给他们带来很大限度的自由，同时，这些方针也将利用学界对人类动机和决策的了解（例如，"损失厌恶""参照点""框架"，以及在卡尼曼获得诺贝尔奖后，学界进一步探索出的其他影响和偏见）来建构并描述决策选择点。

尽管尚存争议，但越来越多的证据表明，心理学，尤其是社会心理学的影响与日俱增，我们对此欢欣鼓舞。同时我们认为，这些贡献者应该谨记其所持观点的本源。我们特别推荐人们带一位社会心理学家去吃午饭或喝杯冰啤酒。虽然要花一些小钱，但这会提醒人们考虑自己试图影响的行动者会持何种观点，并且思考相关压力和限制因素的平衡。对于社会政策的设计者和实施者来说，对自我呈现与自我知觉的考虑尤为重要。他们有必要仔细思考这些政策传达了什么样的方针以及意味着何种潜在反应——什么样的行为可能会被视为规范的、值得称赞的，并让人满怀自豪，而什么样的行为将被视为违反社会规范的、应受谴责的，并让人感到尴尬和羞愧。

⊖ Thaler, R. H. & Sunstein, C. S. (2008). *Nudge: Improving decisions about health, wealth, and happiness*. New Haven: Yale University Press.

致　谢

　　本书献给我们的导师斯坦利·沙赫特。正是投于老师门下时，我们开始学习本书力图阐明的知识，即关于结构性影响的力量和微妙性，关于主观解释的关键作用，以及关于存在于个体思想、社会团体与机构中的紧张系统的动力性等知识。

　　他又把从库尔特·勒温、利昂·费斯廷格等大师（社会心理学领域众多学者都非常感谢这些大师）那里获得的真知灼见经过适当提炼和充实后传授给我们。当然，我们当前提供的这些知识的形式，以及讨论这些知识时的焦点，与过去不尽相同，因为经过本领域几十年的发展，在我们珍爱的斯坦福大学和密歇根大学的同事与学生们的共同努力下，这些知识都得到了进一步的丰富。

　　特别感谢在本书的策划、写作和修改方面做出了贡献的人们。他们是 Paul B. Andreassen、Daryl Bern、Lisa Brown、Judith Harakiewicz、Mark Lepper、Walter Mischel、Michael Morris、David G. Myers、Claude Steele 和 Timothy Wilson。同样十分感谢秘书 Fiona Anderson 和 Dorothy Walker，不仅因为她们的辛勤工作，还因为她们的耐心和乐观精神。特别感谢在很多方面改进了本书的 Andrea Lawrence。还要感谢 Christopher Rogers 和

McGraw-Hill 的 Curt Berkowitz，他们以精湛的专业技能和极强的洞察力共同监制了本书的出版。

下列同行们应邀审阅了本书最初的 McGraw-Hill 版本，并提供了有益的意见和建议：Colgate University 的 John Dovidio、Pennsylvania State University 的 Melvin Mark，以及 University of North Carolina 的 Vaida Thompson。

最后，怀着爱和感激之情，感谢我们生活中而非工作中的最重要的伙伴：Judy、Joshua、Tim、Rebecca 和 Katie Ross，以及 Susan、Matthew 和 Sarah Nisbett。正是这些人（people）让我们的个人情境（personal situation）显得如此丰富多彩和令人满意。

李·罗斯和理查德·E.尼斯贝特

参考文献

Abbey, A. (1982). Sex differences in attributions for friendly behavior: Do males misperceive females' friendliness? *Journal of Personality and Social Psychology, 42,* 830-838.

Abelson, R. P. (1981). The psychological status of the script concept. *American Psychologist, 36,* 715-729.

Abelson, R. P. (1985). A variance explanation paradox: When a little is a lot. *Psychological Bulletin, 97,* 129-133.

Abramson, L. Y., Garber, J., & Seligman, M. E. P. (1980). Learned helplessness in humans: An attributional analysis. In J. Garber & M. E. P. Seligman (Eds.), *Human helplessness: Theory and applications.* New York: Academic.

Abt, C. C. (Ed.). (1976). *The evaluation of social programs.* Beverly Hills, CA: Sage.

Ader, R. (1981). *Psychoneuroimmunology.* New York: Academic.

Adorno, T. W., Frenkel-Brunswik, E., Levinson, D. J., & Sanford, R. N. (1950). *The authoritarian personality.* New York: Harper.

Albright, L., Kenny, D. A., & Malloy, T. E. (1988). Consensus in personality judgments at zero acquaintance. *Journal of Personality and Social Psychology, 55,* 337-348.

Alker, H. A. (1972). Is personality situationally consistent or intrapsychically consistent? *Journal of Personality, 40,* 1-16.

Allport, C. W. (1937). *Personality: A psychological interpretation.* New York: Holt.

Allport, C. W. (1954). The historical background of modern social psychology. In G. Lindzey (Ed.), *Handbook of social psychology* (Vol. 1). Cambridge, MA: Addison-Wesley.

Allport, G. W., & Odbert, H. S. (1936). Trait-names: A psycholexical study. *Psychological Monographs, 27* (Whole No. 211).

Andersen, S. M. (1984). Self-knowledge and social inference: II. The diagnosticity of cognitive/ affective and behavioral data. *Journal of Personality and Social Psychology, 46,* 294-307.

Andersen, S. M., & Ross, L. (1984). Self-knowledge and social inference: I. The impact of cognitive/affective and behavioral data. *Journal of Personality and Social Psychology, 46,* 280-293.

Anderson, C. A. (1987). Temperature and aggression: Effects on quarterly, yearly, and city rates of violent and nonviolent crime. *Journal of Personality and Social Psychology, 52,* 1161-1173.

Anderson, C. A., & Anderson, D. C. (1984). Ambient temperature and violent crime: Tests of the linear and curvilinear hypotheses. *Journal of Personality and Social Psychology, 46,*

91-97.

Anderson, N. H. (1965). Averaging versus adding as a stimulus combination rule in impression formation. *Journal of Experimental Psychology, 70*, 394-400.

Anderson, N. H. (1974). Cognitive algebra: Integration theory applied to social attribution. In L. Berkowitz (Ed.), *Advances in experimental social psychology* (Vol. 7). New York: Academic.

Ares, C. E., Rankin, A., & Sturz, H. (1963). The Manhattan bail project: An interim report on the use of pretrial parole. *New York University Law Review, 38*, 67-95.

Arkin, R., & Duval, S. (1975). Focus of attention and causal attributions of actors and observers. *Journal of Experimental Social Psychology, 11*, 427-438.

Aronson, E. (1969). The theory of cognitive dissonance: A current perspective. In L. Berkowitz (Ed.), *Advances in experimental social psychology* (Vol. 4). New York: Academic.

Aronson, E., & Carlsmith, J. M. (1963). Effect of the severity of threat on the devaluation of forbidden behavior. *Journal of Abnormal and Social Psychology, 66*, 584-588.

Aronson, E., & O'Leary, M. (1983). The relative effectiveness of models and prompts on energy conservation: A field experiment in a shower room. *Journal of Environmental Systems, 12*, 219-224.

Asch, S. E. (1940). Studies in the principles of judgments and attitudes: II. Determination of judgments by group and by ego standards. *Journal of Social Psychology, 12*, 433-465.

Asch, S. E. (1948). The doctrine of suggestion, prestige, and imitation in social psychology. *Psychological Review, 55*, 250-277.

Asch, S. E. (1951). Effects of group pressures upon the modification and distortion of judgment. In H. Guetzkow (Ed.), *Groups, leadership, and men*. Pittsburgh: Carnegie Press.

Asch, S. E. (1952). *Social psychology*. New York: Prentice-Hall.

Asch, S. E. (1955, November). Opinions and social pressure. *Scientific American*, 31-35.

Asch, S. E. (1956). Studies of independence and conformity: A minority of one against a unanimous majority. *Psychological Monographs, 70* (9, Whole No. 416).

Back, K. (1951). The exertion of influence through social communication. *Journal of Abnormal and Social Psychology, 46*, 9-23.

Back, K. (1972). *Beyond words: The story of sensitivity training and the encounter movement*. Russell Sage Foundation.

Bahr, H. M., & Harvey, C. D. (1979). *The social psychology of religion*. London: Routledge & Kegan Paul.

Ball, D. W. (1972). The definition of the situation: Some theoretical and methodological consequences of taking W. I. Thomas seriously. *Journal of Theory in Social Behavior, 2*, 61-82.

Bandura, A. (1973). *Aggression: A social learning analysis*. Englewood Cliffs, NJ: Prentice-Hall.

Bandura, A. (1977a). Self-efficacy mechanism in human agency. *American Psychologist, 37*, 122-147.

Bandura, A. (1977b). Self-efficacy: Toward a unifying theory of behavioral change. *Psychological Review, 84*, 191-215.

Bandura, A. (1986). *Social foundations of thought and action: A social cognitive theory*. Englewood Cliffs, NJ: Prentice-Hall.

Bandura, A. (1989). Self-efficacy mechanisms in psychological activation and health promoting behavior. In J. Madden, IV, S. Matthysse, & J. Barchas (Eds.), *Adaptation, learning, and affect*. New York: Raven.

Bandura, A., & Schunk, D. H. (1981). Cultivating competence, self-efficacy, and intrinsic interest through proximal self-instruction. *Journal of Personality and Social Psychology, 41*, 586-598.

Barker, R. G. (1968). *Ecological psychology*. Stanford, CA: Stanford.

Barry, H., Child, I., & Bacon, M. (1959). Relation of child training to subsistence economy. *American Anthropologist, 61,* 51-63.

Barsalou, L. W. (1987). The instability of graded structure: Implications for the nature of concepts. In U. Neisser (Ed.), *Concepts and conceptual development: Ecological and intellectual factors in categorization.* New York: Cambridge.

Bartlett, F. C. (1932). *Remembering.* Cambridge: Cambridge.

Beecher, H. K. (1959). *Measurement of subjective responses.* New York: Oxford.

Bellah, R. N., Madsen, R., Sullivan, N. M., Swidler, A., & Tipton, S. M. (1985). *Habits of the heart. Individualism and commitment in American life.* Berkeley, CA: University of California Press.

Bem, D. J. (1967). Self-perception: An alternative interpretation of cognitive dissonance phenomena. *Psychological Review, 74,* 183-200.

Bem, D. J. (1972). Self-perception theory. In L. Berkowitz (Ed.), *Advances in experimental social psychology* (Vol. 6). New York: Academic.

Bem, D. J., & Allen, A. (1974). On predicting some of the people some of the time: The search for cross-situational consistencies in behavior. *Psychological Review, 81,* 506-520.

Bem, D. J., & Funder, D. C. (1978). Predicting more of the people more of the time: Assessing the personality of situations. *Psychological Review, 85,* 485-501.

Bem, S. L. (1981). Gender schema theory: A cognitive account of sex typing. *Psychological Review, 88,* 354-364.

Bem, S. L. (1985). Androgyny and gender schema theory: A conceptual and empirical integration. In T. B. Sonderegger (Ed.), *Nebraska symposium on motivation: Psychology and gender* (Vol. 32). Lincoln, Nebraska: University of Nebraska Press.

Bennett, E. (1955). Discussion, decision, commitment and consensus in "group decision." *Human Relations, 21,* 251-273.

Berelson, B. R., Lazarsfeld, P. R., & McPhee, W. N. (1954). *Voting.* Chicago: University of Chicago Press.

Berkowitz, L., & Frodi, A. (1979). Reactions to a child's mistakes as affected by her/his looks and speech. *Social Psychology Quarterly, 42,* 420-425.

Block, J. H. (1971). *Lives through time.* Berkeley, CA: Bancroft Books.

Block, J. H. (1977). Advancing the psychology of personality: Paradigmatic shift or improving the quality of research? In D. Magnusson & N. S. Endler (Eds.), *Personality at the crossroads: Current issues in interactional psychology.* Hillsdale, NJ: Erlbaum.

Borgida, E., & Nisbett, R. E. (1977). The differential impact of abstract versus concrete information on decisions. *Journal of Applied Social Psychology, 7,* 258-271.

Bornstein, P. E., Clayton, P. J., Hlikas, J. A., Maurice, W. L., & Robins, E. (1973). The depression of widowhood after thirteen months. *British Journal of Psychiatry, 12,* 561-566.

Boykin, W. A. (1986). The triple quandary and the schooling of Afro-American children. In U. Neisser (Ed.), *The school achievement of minority children.* Hillsdale, NJ: Erlbaum.

Bramel, D., & Friend, R. (1981). Hawthorne, the myth of the docile worker, and class bias in psychology. *American Psychologist, 36,* 867-878.

Brandon, E., Lawrence, A., Griffin, D. W., & Ross, L. (1991). *Lay views of crosssituational consistency and predictability for "simple" versus "aggregated" measures.* Unpublished manuscript. Stanford University.

Brickman, P., Coates, D., & Janoff-Bulman, R. J. (1978). Lottery winners and accident victims: Is happiness relative? *Journal of Personality and Social Psychology, 36,* 917-927.

Brockner, J., & Swap, W. C. (1983). Resolving the relationships between placebos, misattribution, and insomnia: An individual-differences perspective. *Journal of Personality and Social Psychology, 45,* 32-42.

Brooks, C. (1985). *Language of the American South*. Athens, GA: University of Georgia.

Brophy, J. E., & Good, T. L. (1974). *Teacher-student relationships: Causes and consequences*. NY: Holt.

Brown, R. (1965). *Social psychology*. Glencoe, IL: Free Press.

Brown, R. (1986). *Social psychology: The second edition*. New York: Free Press.

Bruner, J. (1957). *Contemporary approaches to cognition*. Cambridge, MA: Harvard.

Brunswik, E. (1956). *Perception and the representative design of psychological experiments* (2nd ed.). Berkeley: University of California Press.

Bryan, J. H., & Test, M. A. (1967). Models and helping: Naturalistic studies in aiding behavior. *Journal of Personality and Social Psychology, 6*, 400-407.

Buss, D. M., & Craik, K. H. (1983). The act frequency approach to personality. *Psychological Review, 90*, 105-126.

Buss, D. M., & Craik, K. H. (1984). Acts, dispositions, and personality. *Progress in Experimental Personality Research, 13*, 241-301.

Calder, B. J., Ross, M., & Insko, C. A. (1973). Attitude change and attitude attribution: Effects of incentive, choice, and consequences. *Journal of Personality and Social Psychology, 25*, 84-99.

Campbell, D. T. (1969). Reforms as experiments. *American Psychologist, 24*, 409-429.

Campbell, D. T., & Stanley, J. C. (1963). Experimental and quasi-experimental designs for research on teaching. In N. I. Gage (Ed.), *Handbook of research on teaching*. Chicago: Rand McNally.

Campbell, D. T., & Stanley, J. C. (1966). *Experimental and quasi-experimental designs for research*. Chicago: Rand McNally.

Cann, A., Sherman, S. J., & Elkes, R. (1975). Effects of initial request size and timing of a second request on compliance: The foot in the door and the door in the face. *Journal of Personality and Social Psychology, 22*, 774-782.

Cantor, N., & Kihlstrom, J. F. (1987). Personality and social intelligence. Englewood Cliffs, NJ: Prentice-Hall.

Cantor, N., & Mischel, W. (1979). Prototypes in person perception. In L. Berkowitz (Ed.), *Advances in experimental social psychology* (Vol. 12). New York: Academic.

Cantor, N., Mischel, W., & Schwartz, J. (1982). A prototype analysis of psychological situations. *Cognitive Psychology, 14*, 45-77.

Cantor, N., Norem, J. K., Niedenthal, P. M., Langston, C. A., & Brower, A. M. (1987). Life tasks, self-concept ideals, and cognitive strategies in a life transition. *Journal of Personality and Social Psychology, 53*, 1178-1191.

Carlsmith, J. M., & Gross, A. E. (1968). Some effects of guilt on compliance. *Journal of Personality and Social Psychology, 11*, 232-239.

Cartwright, D. (1949). Some principles of mass persuasion: Selected findings of research on the sale of U.S. War Bonds. *Human Relations, 2*, 253-267.

Cartwright, D. (Ed.). (1951). *Field theory in social science*, by Kurt Lewin. New York: Harper.

Cartwright, P., & Zander, A. (1953). *Group dynamics*. (First Edition). Evanston, IL: Row, Peterson and Company.

Caspi, A., Bem, D. J., & Elder, G. H., Jr. (1989). Continuities and consequences of interactional styles across the life course. *Journal of Personality, 57*, 375-406.

Caspi, A., Elder, G. H., Jr., & Bem, D. J. (1987). Moving against the world: Lifecourse patterns of explosive children. *Developmental Psychology, 22*, 303-308.

Caspi, A., Elder, G. H., Jr., & Bem, P. J. (1988). Moving away from the world: Life-course patterns of shy children. *Developmental Psychology, 24*, 824-831.

Chaiken, S. (1979). Communicator physical attractiveness and persuasion. *Journal of Personality and Social Psychology, 37*, 1387-1397.

Champagne, A. B., Klopfer, L. E., & Anderson, J. H. (1980). Factors influencing the learning of classical mechanics. *American Journal of Physics, 8*, 1074-1079.

Chaplin, W. F., & Goldberg, L. R. (1985). A failure to replicate the Bem and Allen study of individual differences in cross-situational consistency. *Journal of Personality and Social Psychology, 47*, 1074-1090.

Chapman, L. J., & Chapman, J. P. (1967). Genesis of popular but erroneous diagnostic observations. *Journal of Abnormal Psychology, 72*, 193-204.

Chapman, L. J., & Chapman, J. P. (1969). Illusory correlation as an obstacle to the use of valid psychodiagnostic signs. *Journal of Abnormal Psychology, 74*, 271-280.

Cialdini, R. B. (1988). *Influence: Science and practice*. (2nd Edition). Glenview, IL: Scott, Foresman/Little, Brown.

Cialdini, R. B., Vincent, J. E., Lewis, S. K., Catalan, J., Wheeler, P., & Darby, B. L. (1975). A reciprocal concessions procedure for inducing compliance: The door-in-the-face technique. *Journal of Personality and Social Psychology, 21*, 206-215.

Citation World Atlas. (1980). Maplewood, NJ: Hammond.

Clifford, M. M., & Walster, E. H. (1973). The effect of physical attractiveness on teacher expectations. *Sociology of Education, 46*, 248-258.

Coch, L., & French, J. R. P., Jr. (1948). Overcoming resistance to change. *Human Relations, 1*, 512-532.

Cohen, J. (1965). Some statistical issues in psychological research. In B. B. Wolman (Ed.), *Handbook of clinical psychology*. New York: McGraw-Hill.

Cohen, J. (1977). *Statistical power analysis for the behavioral sciences*. (Rev. ed). New York: Academic.

Cohen, S., & McKay, C. (1984). Social support, stress, and the buffering hypothesis: A theoretical analysis. In A. Baum, J. E. Singer, & S. E. Taylor (Eds.), *Handbook of psychology and health* (Vol. 4). Hillsdale, NJ: Erlbaum.

Cohen, S., & Williamson, G. M. (1991). Stress and infectious diseases in humans. *Psychological Bulletin, 109*, 5-24.

Collins, B. E. (1974). Four components of the Rotter internal-external scale: Belief in a difficult world, a just world, a predictable world, and a politically responsive world. *Journal of Personality and Social Psychology, 29*, 381-391.

Condry, J. (1977). Enemies of exploration: Self-initiated versus other-initiated learning. *Journal of Personality and Social Psychology, 35*, 459-477.

Conley, J. J. (1984). Relation of temporal stability and cross-situational consistency in personality: Comment on the Mischel-Epstein debate. *Psychological Review, 91*, 491-496.

Consortium for Longitudinal Studies. (1978). *Lasting effects after pre-school*. Washington, D.C.: Department of Health, Education, and Welfare.

Cook, S. W. (1957). Desegregation: A psychological analysis. *American Psychologist, 12*, 1-13.

Cook, S. W. (1979). Social science and school desegregation: Did we mislead the Supreme Court? *Personality and Social Psychology Bulletin, 5*, 420-437.

Cook, S. W. (1985). Experimenting on social issues: The case of school desegregation. *American Psychologist, 40*, 452-460.

Cook, T. D., & Campbell, D. T. (1979). *Quasi-experimentation: Design and analysis issues for field settings*. Chicago: Rand McNally.

Cooper, J., & Fazio, R. H. (1979). The formation and persistence of attitudes that support intergroup conflict. In W. G. Austin & S. Worchel (Eds.), *The psychology of intergroup relations*. Monterey, CA: Brooks/Cole.

Cooper, J., Zanna, M. P., & Taves, P. A. (1978). Arousal as a necessary condition for attitude change following induced compliance. *Journal of Personality and Social Psychology, 36*,

1101-1106.

Cordova, D., & Lepper, M. R. (1991). *The effects of intrinsic versus extrinsic rewards on the concept attainment process: An attributional approach.* Unpublished manuscript, Stanford University.

Cousins, S. D. (1989). Culture and self-perception in Japan and the U. S. *Journal of Personality and Social Psychology, 56,* 124-131.

Crandall, V. C., Katkovsky, W., & Crandall, V. C. (1965). Children's beliefs in their own control of reinforcements in intellectual-academic achievement situations. *Child Development, 36,* 91-109.

Cronbach, L. J. (1982). *Designing evaluations of educational and social programs.* San Francisco: Jossey-Bass.

Crutchfield, R. A. (1955). Conformity and character. *American Psychologist, 10,* 191-198.

D'Andrade, R. G. (1981). The cultural part of cognition. *Cognitive Science, 5,* 179-195.

Darley, J. M., & Batson, C. D. (1973). From Jerusalem to Jericho: A study of situational and dispositional variables in helping behavior. *Journal of Personality and Social Psychology, 27,* 100-119.

Darley, J. M., & Fazio, R. H. (1980). Expectancy confirmation processes arising in the social interaction sequence. *American Psychologist, 35,* 867-881.

Darley, J. M., & Latané, B. (1968). Bystander intervention in emergencies: Diffusion of responsibility. *Journal of Personality and Social Psychology, 8,* 377-383.

Dawes, R. M. (1988a). *Rational choice in an uncertain world.* New York: Harcourt, Brace, Jovanovich.

Dawes, R. M. (1988b). *The potential non-falsity of the false consensus effect.* Unpublished manuscript, Carnegie-Mellon University, Pittsburgh.

de Charms, R. (1968). *Personal causation: The internal affective determinants of behavior.* New York: Academic.

Deci, E. L. (1971). Effects of externally mediated rewards on intrinsic motivation. *Journal of Personality and Social Psychology, 18,* 105-111.

Deci, E. L. (1972). Effects of contingent and noncontingent rewards and controls on intrinsic motivation. *Organizational Behavior and Human Performance, 8,* 217-229.

Deci, E. L., & Ryan, R. M. (1980). The empirical exploration of intrinsic motivational processes. In L. Berkowitz (Ed.), *Advances in experimental social psychology* (Vol. 13). New York: Academic.

Deci, E. L., & Ryan, R. M. (1985). *Intrinsic motivation and self-determination in human behavior.* New York: Plenum.

Deutsch, M. (1982). Interdependence and psychological orientation. In V. J. Derlega and J. Grzelad (Eds.), *Cooperation and helping behavior.* New York: Academic.

Deutsch, M., & Collins, M. E. (1951). *Inter-racial housing: A psychological evaluation of a social experiment.* Minneapolis: University of Minnesota Press.

Deutsch, M., & Gerard, H. B. (1955). A study of normative and informational social influence upon individual judgment. *Journal of Abnormal and Social Psychology, 51,* 629-636.

De Vos, G. (1985). Dimensions of the self in Japanese culture. In A. Marsella, C. De Vos, & F. Hsu (Eds.), *Culture and self.* London: Tavistock.

Diener, D. I., & Dweck, C. S. (1978). An analysis of learned helplessness: Continuous changes in performance, strategy, and achievement conditions following failure. *Journal of Personality and Social Psychology, 36,* 451-462.

Diener, D. I., & Dweck, C. S. (1980). An analysis of learned helplessness: II. The processing of success. *Journal of Personality and Social Psychology, 39,* 940-952.

Dienstbier, R. A., & Munter, P. O. (1971). Cheating as a function of the labeling of natural arousal. *Journal of Personality and Social Psychology, 17,* 208-213.

Digman, I. M., & Inouye, J. (1986). Further specification of the five robust factors of personality. *Journal of Personality and Social Psychology, 50,* 116-123.

Dion, K. K. (1972). Physical attractiveness and evaluations of children's transgressions. *Journal of Personality and Social Psychology, 24,* 207-213.

Dion, K. K., Berscheid, E., & Walster, E. (1972). What is beautiful is good. *Journal of Personality and Social Psychology, 24,* 285-290.

Dodge, K. A. (1986). A social information processing model of social competence in children. In M. Permutter (Ed.), *Minnesota symposium on child psychology* (Vol. 18). Hillsdale, NJ: Erlbaum.

Doi, T. L. (1971). *Amae no kozo: The anatomy of dependency.* Tokyo: Kobunsho.

Dreeben, R., & Barr, R. (1983). *How schools work.* Chicago, IL: University of Chicago Press.

Dunning, D., Griffin, D. W., Miojkovic, J., & Ross, L. (1990). The overconfidence effect in social prediction. *Journal of Personality and Social Psychology, 58,* 568-581.

Dweck, C. S. (1975). The role of expectations and attributions in the alleviation of learned helplessness. *Journal of Personality and Social Psychology, 31,* 674-685.

Dweck, C. S., Davidson, W., Nelson, S., & Enna, B. (1978). Sex differences in learned helplessness: II. The contingencies of evaluative feedback in the classroom and III. An experimental analysis. *Developmental Psychology, 14,* 268-276.

Dweck, C. S., & Goetz, T. E. (1978). Attributions and learned helplessness. In J. H. Harvey, W. Ickes, & R. F. Kidd (Eds.), *New directions in attribution theory* (Vol. 2). Hillsdale, NJ: Erlbaum.

Dweck, C. S., & Leggett, E. L. (1988). A social-cognitive approach to motivation and personality. *Psychological Review, 95,* 256-273.

Dweck, C. S., & Wortman, C. B. (1982). Learned helplessness, anxiety, and achievement motivation. In H. W. Krohne & L. Laux (Eds.), *Achievement, stress, and anxiety.* New York: Hemisphere.

Egbert, L. D., Battit, G. E., Welch, C. E., & Bartlett, M. K. (1964). Reduction of postoperative pain by encouragement and instruction of patients: A study of doctor-patient rapport. *New England Journal of Medicine, 270,* 825-827.

Einhorn, H. J., & Hogarth, R. M. (1978). Confidence in judgment: Persistence of the illusion of validity. *Psychological Review, 85,* 395-416.

Elder, G. H., Jr. (1969). Appearance and education in marriage mobility. *American Sociological Review, 34,* 519-533.

Ellsworth, P. (1985, July). Juries on trial. *Psychology Today,* 44-46.

Endler, N. S. (1983). Interactionism: A personality model, but not yet a theory. In M. M. Page (Ed.), Nebraska symposium on motivation, 1982: *Personality - current theory and research.* Lincoln, Nebraska: University of Nebraska Press.

Epstein, S. (1979). The stability of behavior: I. On predicting most of the people much of the time. *Journal of Personality and Social Psychology, 37,* 1097-1126.

Epstein, S. (1983). Aggregation and beyond: Some basic issues in the prediction of behavior. *Journal of Personality, 51,* 360-391.

Esman, M. J., & Uphoff, N. T. (1984). *Local organizations: Intermediaries in rural development.* Ithaca, NY: Cornell.

Evans, R. I. (1982). Determining smoking in adolescents: A case study from a social psychological research program. In A. W. Johnson, O. Grusky, & B. H. Raven (Eds.), *Contemporary health services: Social science perspectives.* Boston: Auburn House.

Eysenck, H. J. (1967). *The biological basis of personality.* Springfield, IL: Thomas.

Farr, R. M., & Moscovici, S. (Eds.). (1984). *Social representations.* Cambridge: Cambridge.

Feldman, P. E. (1956). The personal element in psychiatric research. *American Journal of Psychiatry, 11,* 52-54.

Festinger, L. (1954). A theory of social comparison processes. *Human Relations, 7,* 117-140.

Festinger, L. (1957). *A theory of cognitive dissonance.* Stanford, CA: Stanford.

Festinger, L., & Carlsmith, J. M. (1959). Cognitive consequences of forced compliance. *Journal of Abnormal and Social Psychology, 58,* 203-210.

Festinger, L., Pepitone, A., & Newcomb, T. (1952). Some consequences of deindividuation in a group. *Journal of Abnormal and Social Psychology, 47,* 382-389.

Festinger, L., Schachter, S., & Back, K. (1950). *Social pressures in informal groups: A study of human factors in housing.* New York: Harper.

Fischhoff, B., & Beyth, R. (1975). "I knew it would happen" - remembered probabilities of once-future things. *Organizational Behavior and Human Performance, 13,* 1-16.

Fischhoff, B., Slovic, P., & Lichtenstein, S. (1977). Knowing with certainty: The appropriateness of extreme confidence. *Journal of Experimental Psychology: Human Perception and Performance, 3,* 552-564.

Fisher, R. J. (1982). *Social Psychology: An applied approach.* New York: St. Martin's.

Fiske, S. T., & Taylor, S. E. (1990). *Social cognition.* (2nd Edition). Reading, MA: Addison-Wesley.

Forgas, J. P. (1976). The perception of social episodes: Categorical and dimensional representations in two different social milieus. *Journal of Personality and Social Psychology, 33,* 199-209.

Forgas, J. P. (1982). Episode cognition: Internal representations of interaction routines. In L. Berkowitz (Ed.), *Advances in experimental social psychology* (Vol. 15). New York: Academic.

Försterling, F. (1985). Attributional retraining: A review. *Psychological Bulletin, 98,* 495-512.

Frager, R. (1970). Conformity and anti-conformity in Japan. *Journal of Personality and Social Psychology, 15,* 203-210.

Franke, R. H., & Kaul, J. D. (1978). The Hawthorne experiment: First statistical interpretation. *American Sociological Review, 43,* 623-643.

Freedman, J. L., & Fraser, S. C. (1966). Compliance without pressure: The foot-in-the-door technique. *Journal of Personality and Social Psychology, 4,* 195-202.

Freeman, D., Pisani, R., & Purves, R. (1978). *Statistics.* New York: Norton.

Freud, S. (1901/1960). *Psychopathology of everyday life.* Standard Edition (Vol. 6). London: Hogarth.

Furstenberg, F. F., Jr., Brooks-Gunn, J., & Morgan, P. S. (1987). *Adolescent mothers in later life.* Cambridge: Cambridge.

Gastil, R. D. (1971). Homicide and regional culture of violence. *American Sociological Review, 36,* 412-427.

Gerard, H., & Miller, N. (1975). *School desegregation.* New York: Plenum.

Gilbert, D. T., & Jones, E. E. (1986). Perceiver-induced constraints: Interpretation of self-generated reality. *Journal of Personality and Social Psychology, 50,* 269-280.

Glass, C. R., & Levy, L. H. (1982). Perceived psychophysiological control: The effects of power versus powerlessness. *Cognitive Therapy and Research, 6,* 91-103.

Gleick, J. (1987). *Chaos: Making a new science.* New York: Viking.

Goffman, E. (1959). *The presentation of self in everyday life.* Garden City, NY: Doubleday-Anchor.

Gottlieb, B. H. (1983). *Social support strategies: Guidelines for mental health practice.* Beverly Hills, CA: Sage.

Grace, N. D., Muench, H., & Chalmers, T. C. (1966). The present status of shunts for portal hypertension in cirrhosis. *Gastroenterology, 50,* 684-691.

Greeley, A. (1976). *Ethnicity, denomination, and inequality.* Beverly Hills, CA: Sage.

Greeley, A. (1989). *Ethnic groups in the U.S.: Religious change in America.* Cambridge, MA:

Harvard University Press.

Griffin, D. W., Dunning D., & Ross, L. (1990). The role of construal processes in overconfident predictions about the self and others. *Journal of Personality and Social Psychology, 59,* 1128-1139.

Gurin, P., Gurin, G., & Morrison, B. M. (1978). Personal and ideological aspects of internal and external control. *Social Psychology, 41,* 275-296.

Hamilton, D. L., Dugan, P. M., & Trolier, T. K. (1985). The formation of stereotypic beliefs: Further evidence for distinctiveness-based illusory correlations. *Journal of Personality and Social Psychology, 48,* 5-17.

Hannan, M. T., Tuma, N. B., & Groeneveld, L. P. (1977). Income and marital events: Evidence from an income maintenance experiment. *American Journal of Sociology, 82,* 1186-1211.

Harackiewicz, J. M. (1979). The effects of reward contingency and performance feedback on intrinsic motivation. *Journal of Personality and Social Psychology, 37,* 1352-1361.

Harackiewicz, J. M., Abrahams, S., & Wageman, R. (1987). Performance evaluation and intrinsic motivation: The effects of evaluative focus, rewards, and achievement orientation. *Journal of Personality and Social Psychology, 53,* 1015-1023.

Harré, R., & Secord, P. F. (1973). *The explanation of social behaviour.* Oxford: Blackwell.

Harris, M. J., & Rosenthal, R. (1985). The mediation of interpersonal expectancy effects: 31 meta-analyses. *Psychological Bulletin, 97,* 363-386.

Hartshorne, H., & May, M. A. (1928). *Studies in the nature of character, I: Studies in deceit.* New York: Macmillan.

Hastie, R., Penrod, S. D., & Pennington, N. (1983). *Inside the jury.* Cambridge, MA: Harvard.

Hastorf, A., & Cantril, H. (1954). They saw a game: A case study. *Journal of Abnormal and Social Psychology, 49,* 129-134.

Hatfield, E., & Sprecher, 5. (1986). *Mirror, mirror: The importance of looks in everyday life.* Albany, NY: SUNY Press.

Healey, K. M. (1986). Does preoperative instruction make a difference? *American Journal of Nursing, 68,* 62-67.

Heath, S. B. (1983). *Ways with words: Language, life, and work in communities and classrooms.* New York: Cambridge.

Heider, F. (1958). *The psychology of interpersonal relations.* New York: Wiley.

Helson, H. (1964). *Adaptation level theory: An experimental and systematic approach to behavior.* New York: Harper & Row.

Hess, R. D. (1970). Social class and ethnic influences upon socialization. In P. H. Mussen (Ed.), *Carmichael's manual of child psychology* (Vol. 2). New York: Wiley.

Higgins, E. T., Kline, R., & Strauman T. (1985). Self-concept discrepancy theory: A psychological model for distinguishing among different aspects of depression and anxiety. *Social Cognition, 3,* 51-76.

Higgins, E. T., Strauman, T., & Kline R. (1986). Standards and the process of self-evaluation: Multiple affects from multiple stages. In R. Sorrentino & E. Higgins (Eds.), *Handbook of motivation and cognition: Foundations of social behavior.* New York: Guilford.

Hofstede, C. (1980). *Culture's consequences.* Beverly Hills, CA: Sage.

Holland, J. H., Holyoak, K. J., Nisbett, R. F., & Thagard, P. R. (1986). *Induction: Processes of inference, learning and discovery.* Cambridge, MA: Bradford Books/M.I.T.

Holmes, D. S. (1968). Dimensions of projection. *Psychological Bulletin, 69,* 248-268.

Holyoak, K. J., & Gordon, P. C. (1979). Social reference points. *Journal of Personality and Social Psychology, 44,* 881-887.

Homans, G. C. (1952). *Group factors in worker productivity.* In G. E. Swanson, T. E. Newcombe, & E. L. Hartley (Eds.), *Readings in social psychology.* New York: Holt.

Hovland, C. I., Janis, I. L., & Kelley, H. H. (1953). *Communication and persuasion.* New

Haven, CT: Yale.

Hui, C. H. (1984). *Individualism-collectivism: Theory measurement and its relation to reward allocation*. Unpublished doctoral dissertation, University of Illinois, Urbana.

Humphrey, R. (1985). How work roles influence perception: Structural-cognitive processes and organizational behavior. *American Sociological Review, 50,* 242-252.

Hunter, J. E., & Hunter, R. F. (1984). Validity and utility of alternative predictors of job performance. *Psychological Bulletin, 96,* 72-98.

Hyman, H., & Sheatsley, P. B. (1947). Some reasons why information campaigns fail. *Public Opinion Quarterly.* II, 413-423.

Isen, A. M., Clark, M., & Schwartz, M. F. (1976). Duration of the effect of good mood on helping: Footprints on the sands of time. *Journal of Personality and Social Psychology, 34,* 385-393.

Isen, A. M., Shalker, T. E., Clark, M., & Karp, L. (1978). Affect, accessibility of material in memory, and behavior: A cognitive loop. *Journal of Personality and Social Psychology, 36,* 1-12.

Jacobs, R. C., & Campbell, D. T. (1961). The perpetuation of an arbitrary tradition through several generations of a laboratory microculture. *Journal of Abnormal and Social Psychology, 62,* 649-658.

James, W. (1890/1948). *Psychology*. Cleveland: World Publishing.

Janis, I. L. (1958). *Psychological stress*. New York: Wiley.

Janis, I. L. (1982). *Groupthink* (2nd ed.). Boston: Houghton Mifflin.

Jennings, D., Amabile, T. M., & Ross, L. (1982). Informal covariation assessment: Data-based vs. theory-based judgments. In A. Tversky, D. Kahneman, & P. Slovic (Eds.), *Judgment under uncertainty: Heuristics and biases*. New York: Cambridge.

Johnson, J. E. (1984). Psychological interventions and coping with surgery. In A. Baum, S. E. Taylor, & J. E. Singer (Eds.), *Handbook of psychology and health* (Vol. 4). Hillsdale, NJ: Erlbaum.

Johnson, J. E., & Leventhal, H. (1974). Effects of accurate expectations and behavioral instructions on reactions during anxious medical examination. *Journal of Personality and Social Psychology, 29,* 710-718.

Johnston, J., & Kleinsmith, L. (1987). *Computers in higher education: Computer-based tutorials in introductory biology*. Ann Arbor: Institute for Social Research.

Jones, E. E. (1979). The rocky road from acts to dispositions. *American Psychologist, 34,* 107-117.

Jones, E. E., & Davis, K. E. (1965). From acts to dispositions: The attribution process in person perception. In L. Berkowitz (Ed.), *Advances in experimental social psychology* (Vol. 2). New York: Academic.

Jones, E. E., & Harris, V. A. (1967). The attribution of attitudes. *Journal of Experimental Social Psychology, 3,* 1-2.

Jones, E. E., & Nisbett, R. E. (1972). The actor and the observer: Divergent perceptions of the causes of behavior. In E. E. Jones, D. E. Kanouse, H. H. Kelley, R. E. Nisbett, S. Valins, & B. Weiner (Eds.), *Attribution: Perceiving the causes of behavior*. Morristown, NJ: General Learning Press.

Jones, J. M. (1983). The concept of race in social psychology. In L. Wheeler & P. Shaver (Eds.), *Review of personality and social psychology* (Vol. 4). Beverly Hills, CA: Sage.

Kagan, J. (1984). *The nature of the child*. New York: Basic Books.

Kahneman, D., & Miller, D. T. (1986). Norm theory: Comparing reality to its alternatives. *Psychological Review, 93,* 136-153.

Kahneman, D., Slovic, P., & Tversky, A. (Eds.). (1982). *Judgment under uncertainty: Heuristics and biases*. New York: Cambridge.

Kahneman, D., & Tversky, A. (1973). On the psychology of prediction. *Psychological Review, 80*, 237-251.

Kahneman, D., & Tversky, A. (1979). Prospect theory: An analysis of decision under risk. *Econometrica, 47*, 263-291.

Kamen, L. P., & Seligman, M. E. P. (1987). *Explanatory style predicts college grade point average*. Unpublished manuscript, University of Pennsylvania.

Karniol, R., & Ross, M. (1977). The effect of performance-relevant and performance-irrelevant rewards on children's intrinsic motivation. *Child Development, 48*, 482-487.

Kassin, S. M., & Lepper, M. R. (1984). Oversufficient and insufficient justification effects: Cognitive and behavioral development. In J. Nicholls (Ed.), *Advances in motivation and achievement* (Vol. 3). Greenwich, CT: Jai Press.

Katz, D. (1931). *Students' attitudes: A report of the Syracuse University reaction study*. Syracuse, NY: Craftsman Press.

Kazin, A. (1983, January). Anti-semitism: The banality of evil. *The Economist*, 286-291.

Kelley, H. H. (1967). Attribution theory in social psychology. In D. Levine (Ed.), *Nebraska symposium on motivation* (Vol. 15). Lincoln: University of Nebraska Press.

Kelley, H. H. (1972). Causal schemata and the attribution process. In E. E. Jones, D. E. Kanouse, H. H. Kelley, R. E. Nisbett, S. Valins, & B. Weiner (Eds.), *Attribution: Perceiving the causes of behavior*. Morristown, NJ: General Learning Press.

Kelley, H. H., & Staheiski, A. J. (1970). The social interaction basis of cooperators' and competitors' beliefs about others. *Journal of Personality and Social Psychology, 16*, 66-91.

Kelly, G. A. (1955). *The psychology of personal constructs* (2 Vols.). New York: Norton.

Kenrick, D. T., & Funder, D. C. (1988). Profiting from controversy: Lessons from the person-situation debate. *American Psychologist, 43*, 23-34.

Kiesler, C. A. (1980). Mental health policy as a field of inquiry for psychology. *American Psychologist, 35*, 1066-1080.

Kitayama, S., Markus, H., Tummula, P., Kurokawa, M., & Kato, K. (1989). *Culture and self-cognition*. Unpublished manuscript, University of Oregon.

Klitgaard, R. (1985). *Choosing elites*. New York: Basic Books.

Koffka, K. (1935). *Principles of gestalt psychology*. New York: Harcourt Brace Jovanovich.

Kohn, M. L., & Schooler, C. (1969). Class, occupation, and orientation. *American Sociological Review, 34*, 657-678.

Kruglanski, A. W., Friedman, I., & Zeevi, G. (1971). The effects of extrinsic incentive on some qualitative aspects of task performance. *Journal of Personality, 39*, 606-617.

Kruglanski, A. W., Riter, A., Amatai, A., Margolin, B., Shabati, L., & Zaksh, D. (1975). Can money enhance intrinsic motivation: A test of the contentconsequence hypothesis. *Journal of Personality and Social Psychology, 31*, 744-750.

Kunda, Z. (1990). The case for motivated reasoning. *Psychological Bulletin, 108(3)*,480-498.

Kunda, Z., & Nisbett, R. E. (1986). The psychometrics of everyday life. *Cognitive Psychology, 18*, 195-224.

Landy, D., & Sigall, H. (1974). Beauty is talent: Task evaluation as a function of the performer's physical attractiveness. *Journal of Personality and Social Psychology, 29*, 299-304.

Langer, F. J. (1989). *Mindfulness*. Reading, MA: Addison-Wesley.

Langer, E. J., & Rodin, J. (1976). The effects of choice and enhanced personal responsibility for the aged: A field experiment in an institutional setting. *Journal of Personality and Social Psychology, 34*, 191-198.

Laosa, L. M. (1981). Maternal behavior: Sociocultural diversity in modes of family interaction. In R. W. Henderson (Ed.), *Parent-child interaction: Theory, research, and prospects*. Orlando. FL: Academic Press.

Latané, B., & Darley, J. M. (1968). Group inhibition of bystander intervention in emergencies. *Journal of Personality and Social Psychology, 10*, 215-221.

Latané, B., & Nida, S. (1981). Ten years of research on group size and helping. *Psychological Bulletin, 89*, 308-324.

Latané, B., & Rodin, J. (1969). A lady in distress: Inhibiting effects of friends and strangers on bystander intervention. *Journal of Personality and Social Psychology, 5*, 189-202.

LeBon, G. (1896). *The crowd.* London: Unwin. (Translated from *Psychologies des foules.* Paris: Oleon, 1895.)

Lefcourt, H. M. (1972). Internal versus external control of reinforcement revisited: Recent developments. In B. A. Maher (Ed.), *Progress in experimental personality research* (Vol. 6). New York: Academic.

Lepper, M. R. (1988). Motivational considerations in the study of instruction. *Cognition and Instruction, 5*, 289-309.

Lepper, M. R., & Greene, D. (1978). Overjustification research and beyond: Toward a means-end analysis of intrinsic and extrinsic motivation. In M. R. Lepper & D. Greene (Eds.), *The hidden costs of reward: New perspectives on the psychology of human motivation.* Hillsdale, NJ: Erlbaum.

Lepper, M. R., & Greene, D., (Eds.). (1979). *The hidden costs of reward.* Hillsdale, NJ: Erlbaum.

Lepper, M. R., Greene, D., & Nisbett, R. E. (1973). Undermining children's intrinsic interest with extrinsic reward: A test of the overjustification hypothesis. *Journal of Personality and Social Psychology, 28*, 129-137.

Lepper, M. R., & Hodell, M. (1989). Intrinsic motivation in the classroom. In G. Ames & R. E. Ames (Eds.), *Research on motivation in education* (Vol. 3). New York: Academic.

Leventhal, H., Brown, D., Shacham, S., & Engquist, C. (1979). Effects of preparatory information about sensations, threat of pain, and attention on cold pressor distress. *Journal of Personality and Social Psychology, 37*, 688-714.

Leventhal, H., Singer, R. P., & Jones, S. H. (1965). The effects of fear and specificity of recommendation. *Journal of Abnormal and Social Psychology, 64*, 385-388.

Levine, J. D., Cordon, N. C., & Fields, H. L. (1978). The mechanism of placebo analgesia. *Lancet, 2*, 654-657.

LeVine, R. A. (1982). *Culture, behavior and personality: An introduction to the comparative study of psychosocial adaptation.* New York: Aldine.

Lewicki, p. (1986). *Nonconscious social information processing.* Orlando, FL: Academic.

Lewin, K. (1935). *Dynamic theory of personality.* New York: McGraw-Hill.

Lewin, K. (1951). *Field theory in social science.* (Edited by D. Cartwright.) New York: Harper.

Lewin, K. (1952). Group decision and social change. In G. E. Swanson, T. M. Newcomb & E. L. Hartley (Eds.), *Readings in social psychology.* New York: Henry Holt.

Lewin, K., Lippitt, R., & White, R. K. (1939). Patterns of aggressive behavior in experimentally created "social climates." *Journal of Social Psychology, 10*, 271-299.

Lieberman, M. A., Borman, L. D., & Associates. (1979). *Self-help groups for coping with crisis: Origins, members, processes, and impact.* San Francisco: Jossey-Bass.

Linder, D. C., Cooper, J., & Jones, E. E. (1967). Decision freedom as a determinant of the role of incentive magnitude in attitude change. *Journal of Personality and Social Psychology, 6*, 245-254.

Livesley, W. J., & Bromley, D. B. (1973). *Person perception in childhood and adolescence.* London: Wiley.

Loftin, C., & Hill, R. H. (1974). Regional subculture and homicide: An empirical examination of the Gastil-Hackney thesis. *American Sociological Review, 39*, 714-724.

Long, J. V. F., & Vaillant, C. E. (1984). Natural history of male psychological health, XI: Escape from the underclass. *American Journal of Psychiatry, 14*, 341-346.

Lord, C. C., Lepper, M. R., & Ross, L. (1979). Biased assimilation and attitude polarization: The effects of prior theories on subsequently considered evidence. *Journal of Personality and Social Psychology, 37*, 2098-2109.

Lowie, R. H. (1954). *Indians of the plains*. New York: McGraw-Hill.

Magnusson, E., & Ekehammar, B. (1973). An analysis of situational dimensions: A replication. *Multivariate Behavioral Research, 8*, 331-339.

Markus, H. (1977). Self-schemata and processing information about the self. *Journal of Personality and Social Psychology, 35*, 63-78.

Markus, H., & Kitayama, S. (1991). Culture and the self: Implications for cognition, emotion, and motivation. *Psychological Review, 98*, 224-253.

Markus, H., & Nurius, P. (1986). Possible selves. *American Psychologist, 41*, 954-969.

Markus, H., Smith, J., & Moreland, R. L. (1985). Role of the self-concept in the perception of others. *Journal of Personality and Social Psychology, 49*, 1495-1512.

Markus, H., & Zajonc, R. B. (1985). The cognitive perspective in social psychology. In G. Lindzey & E. Aronson (Eds.), *The handbook of social psychology: Vol. 1. Theory and methods*. New York: Random House.

Marmet, M. C., & Syme, S. L. (1976). Acculturation and coronary heart disease in Japanese children. *American Journal of Epidemiology, 104*, 225-247.

Marx, K. (1859/1904). *A contribution to the critique of political economy*. Chicago: Charles H. Kerr (translated).

Maslach, C. (1982). *Burn out: The cost of caring*. New Jersey: Prentice-Hall.

Mayfield, E. C. (1964). The selection interview: A re-evaluation of published research. *Personnel Psychology, 17*, 239-260.

Mayo, E. (1933). *The human problems of an industrial civilization*. New York: Macmillan.

Mayo, E. (1945). *The social problems of an industrial civilization*. Cambridge, MA: Harvard.

McArthur, L. Z. (1972). The how and what of why: Some determinants and consequences of causal attribution. *Journal of Personality and Social Psychology, 22*, 171-193.

McArthur, L. Z., & Post, D. (1977). Figural emphasis and person perception. *Journal of Experimental Social Psychology, 13*, 733-742.

McCandless, B., Roberts, A., & Starnes, T. (1972). Teachers' marks, achievement test scores, and aptitude relations with respect to social class, race, and sex. *Journal of Educational Psychology, 63*, 153-159.

McClelland, D. C., Atkinson, J. W., Clark, R. A., & Lowell, E. L. (1953). *The achievement motive*. New York: Appleton-Century-Crofts.

McCloskey, M. (1983, April). Intuitive physics. *Scientific American, 248*, 122-130.

McCord, J. (1978). A thirty-year follow-up of treatment effects. *American Psychologist, 33*, 284-289.

McCord, J., & McCord, W. (1959). A followup report on the Cambridge-Somerville youth study. *Annals of the American Academy of Political and Social Science, 32*, 89-96.

McCord, W., & McCord, J. (1959). *Origins of crime*. New York: Columbia.

McGuire, A. (1989). *Mistaken reliance on individual difference variables in predicting social behavior*. Unpublished manuscript, University of Michigan, Ann Arbor.

McGuire, W. J. (1986). The myth of massive media impact: Savagings and salvagings. In C. Comstock (Ed.), *Public communication and behavior*. Orlando, FL: Academic Press.

McIntosh, D. N., Silver, R. C., & Wortman, C. B. (1989, August). *Adjustment in bereavement: Religion, social support and cognitive processing*. Paper presented at the meeting of American Psychological Association, New Orleans, LA.

Mead, C. H. (1934). *Mind, self, and society*. Chicago: University of Chicago Press.

Meichenbaum, D. H., Bowers, K. S., & Ross, R. R. (1969). A behavioral analysis of teacher expectancy effect. *Journal of Personality and Social Psychology, 13*, 306-316.

Merton, R. (1948). The self-fulfilling prophecy. *The Antioch Review, Summer*, 193-210.

Meyer, A. J., Maccoby, N., & Farquhuar, J. W. (1980). Cardiovascular risk modification by community-based programs for life-style. *Journal of Consulting Psychology, 48*, 159-163.

Michela, J. L., & Wood, J. V. (1986). Causal attributions in health and illness. In P. C. Kendall (Ed.), *Advances in cognitive-behavior research and therapy* (Vol. 5). New York: Academic.

Milgram, S. (1961, December). Nationality and conformity. *Scientific American*, 45-51.

Milgram, S. (1963). Behavioral study of obedience. *Journal of Abnormal and Social Psychology, 67*, 371-378.

Miller, J. (1984). Culture and the development of everyday social explanation. *Journal of Personality and Social Psychology, 46*, 961-978.

Miller, R. L., Brickman, P., & Bolen, D. (1975). Attribution versus persuasion as a means for modifying behavior. *Journal of Personality and Social Psychology, 3*, 430-441.

Mischel, W. (1968). *Personality and assessment*. New York: Wiley.

Mischel, W. (1973). Toward a cognitive social learning reconceptualization of personality. *Psychological Review, 80*, 252-283.

Mischel, W. (1974). Processes in delay of gratification. In L. Berkowitz (Ed.), *Advances in experimental social psychology* (Vol 7). New York: Academic.

Mischel, W. (1984). Convergences and challenges in the search for consistency. *American Psychologist, 39*, 351-364.

Mischel, W. (1990, April). *Searching for personality: Toward a conditional analysis of dispositions*. Katz-Newcomb Lecture, Ann Arbor, MI.

Mischel, W., & Ebbesen, E. (1970). Attention in delay of gratification. *Journal of Personality and Social Psychology, 16*, 329-337.

Mischel, W., & Peake, P. K. (1982a). Beyond déjà vu in the search for cross-situational consistency. *Psychological Review, 89*, 730-755.

Mischel, W., & Peake, P. K. (1982b). In search of consistency: Measure for measure. In M. P. Zanna, E. T. Higgins, & C. P. Herman (Eds.), *Consistency in social behavior: The Ontario Symposium* (Vol. 2). Hillsdale, NJ: Erlbaum.

Mischel, W., Shoda, Y., & Rodriguez, M. L. (1989). Delay of gratification in children. *Science, 24*, 933-938.

Moffitt, R. A. (1980). The negative income tax: Would it discourage work? *Monthly Labor Review, 104*, 23-27.

Moos, R. H. (1968). Situational analysis of the therapeutic milieu. *Journal of Abnormal Psychology, 73*, 49-61

Moos, R. H. (1973). Conceptualizations of human environments. *American Psychologist, 28*, 652-665.

Morgan, M. (1984). Reward-induced decrements and increments in intrinsic motivation. *Review of Educational Research, 54*, 683-692.

Moscovici, S., Lage, S., & Naffrechoux, M. (1969). Influence of a consistent minority on the responses of a majority in a color perception task. *Sociometry, 32*, 365-380.

Moscovici, S., & Personnaz, B. (1980). Studies in social influence: V. Minority influence and conversion behavior in a perceptual task. *Journal of Experimental Social Psychology, 76*, 270-282.

Murray, H. A. (1938). *Explorations in personality*. New York: Oxford.

Nemeth, C. (1986). Differential contributions of majority and minority influence. *Psychological Review, 93*, 23-32.

Newcomb, T. M. (1929). *The consistency of certain extrovert-introvert behavior patterns in 51 problem boys*. New York: Columbia University, Teachers College, Bureau of Publications.

Newcomb, T. M. (1943). *Personality and social change*. New York: Dryden.

Newcomb, T. M., Koenig, K. E., Flacks, R., & Warwick, D. P. (1967). *Persistence and change: Bennington College and its students after twenty-five years.* New York: Wiley.

Newton, F., Griffin, D. W., & Ross, L. (1988). *Actual versus estimated impact of person and situation in determining pro-social behavior.* Unpublished manuscript. Stanford University.

Nicholls, J. C. (1984). Achievement motivation: Conceptions of ability, subjective experience, task choice, and performance. *Psychological Review, 91,* 328-346.

Nicholls, J. G. (1988). *Competence, accomplishment, and motivation: A perspective on development and education.* Cambridge, MA: Harvard.

Nisbett, R. E. (1980). The trait construct in lay and professional psychology. In L. Festinger (Ed.), *Retrospections on social psychology.* New York: Oxford.

Nisbett, R. E. (1987). Lay personality theory: Its nature, origin and utility. In N. E. Grunberg, R. E. Nisbett, Judith Rodin, & J. E. Singer (Eds.), *A distinctive approach to psychological research: The influence of Stanley Schachter.* Hillsdale, NJ: Erlbaum.

Nisbett, R. E., & Borgida, E. (1975). Attribution and the psychology of prediction. *Journal of Personality and Social Psychology, 32,* 932-943.

Nisbett, R. F., Caputo, C., Legant, P., & Maracek, J. (1973). Behavior as seen by the actor and as seen by the observer. *Journal of Personality and Social Psychology, 27,* 154-164.

Nisbett, R. E., & Henderson, E. (1991). *Economic change and cultural achievements.* Unpublished manuscript, University of Michigan.

Nisbett, R. E., & Polly, G. (1991). *Homicide as a culturally-preferred form of conflict resolution.* Unpublished manuscript, University of Michigan.

Nisbett, R. E., & Ross, L. (1980). *Human inference: Strategies and shortcomings of social judgment.* Englewood Cliffs, NJ: Prentice-Hall.

Nisbett, R. E., & Schachter, S. (1966). Cognitive manipulation of pain. *Journal of Experimental Social Psychology, 2,* 227-236.

Nisbett, R. E., & Wilson, T. D. (1977). Telling more than we can know: Verbal reports on mental processes. *Psychological Review, 8,* 231-259.

Nolen-Hoeksema, S., Girgus, J. S., & Seligman, M. E. P. (1986). Learned helplessness in children: A longitudinal study of depression, achievement, and explanatory style. *Journal of Personality and Social Psychology, 51,* 435-442.

Norman, W. T. (1963). Toward an adequate taxonomy of personal attributes: Replicated factor structures in peer nomination personality ratings. *Journal of Abnormal and Social Psychology, 66,* 574-583.

Norman, W. T., & Goldberg, L. R. (1966). Raters, ratees, and randomness in personality structure. *Journal of Personality and Social Psychology, 4,* 681-691.

Ogbu, J. (1978). *Minority education and caste: The American system in cross-cultural perspective.* Hillsdale, NJ: Erlbaum.

Olweus, D. (1977). A critical analysis of the "modern" interactionist position. In D. Magnusson & N. S. Endler (Eds.), *Personality at the crossroads: Current issues in interactional psychology.* Hillsdale, NJ: Erlbaum.

Orvis, B. R., Cunningham, J. D., & Kelley, H. H. (1975). A closer examination of causal inference: The roles of consensus, distinctiveness, and consistency information. *Journal of Personality and Social Psychology, 32,* 605-616.

Oskamp, S. (1984). *Applied social psychology.* Englewood Cliffs, NJ: Prentice-Hall.

Ostrom, T. M. (1975, August). *Cognitive representation of impressions.* Paper presented at the meeting of the American Psychological Association.

Park, B. (1986). A method for studying the development of impressions of real people. *Journal of Personality and Social Psychology, 51,* 907-917.

Park, B. (1989). Trait attributes as on-line organizers in person impressions. In J. N. Bassili (Ed.),

On-line cognition in person perception. Hillsdale, NJ: Erlbaum.

Parsons, H. M. (1974). What happened at Hawthorne. *Science, 183,* 922-932.

Patterson, C. R. (1982). *Coercive family process.* Eugene, OR: Catallia.

Pennebaker, J. W. (1982) *The psychology of symptoms.* New York: Springer-Verlag.

Penrod, S., & Hastie, R. (1980). A computer simulation of jury decision making. *Psychological Review, 87,* 133-159.

Pervin, L. A. (1976). A free-response description approach to the analysis of person-situation interaction. *Journal of Personality and Social Psychology, 34,* 465-474.

Pervin, L. A. (1977). The representative design of person-situation research. In D. Magnusson & N. S. Endler (Eds.), *Personality at the crossroads: Current issues in interactional psychology.* Hillsdale, NJ: Erlbaum.

Pervin, L. A. (1985). *Personality: Current controversies, issues and directions.* In M. Rosenzweig & L. W. Porter (Eds.), *Annual Review of Psychology* (Vol. 36). Palo Alto: Annual Reviews.

Peterson, C., & Seligman, M. E. P. (1984). Causal explanations as a risk factor for depression: Theory and evidence. *Psychological Review, 91,* 347-374.

Peterson, C., & Seligman, M. E. P. (1987). Explanatory style and illness. *Journal of Personality, 55,* 237-265.

Peterson, C., Vaillant, G. E., & Seligman, M. E. P. (1988). Pessimistic exploratory style as a risk factor in physical illness: A thirty-five-year longitudinal study. *Journal of Personality and Social Psychology, 55,* 23-27.

Peterson, D. R. (1968). The clinical study of social behavior. New York: Appleton. Pettigrew, T. F. (1986). *Racially separate or together?* New York: McGraw-Hill.

Pettigrew, T. F. (1986). The intergroup contact hypothesis reconsidered. In M. Hewstone & R. Brown (Eds.), *Contact and conflict in intergroup encounters.* Oxford: Blackwell.

Petty, E., & Cacioppo, J. T. (1985). The elaboration likelihood model of persuasion. In L. Berkowitz (Ed.), *Advances in experimental social psychology* (Vol. 19). New York: Academic.

Piaget, J. (1930). *The child's conception of physical causality.* London: Kegan Paul.

Pietromonaco, P., & Nisbett, R. E. (1982). Swimming upstream against the fundamental attribution error: Subjects' weak generalizations from the Darley and Batson study. *Social Behavior and Personality, 10,* 1-4.

Pliner, P., Hart, H., Kohl, J., & Saari, D. (1974). Compliance without pressure: Some further data on the foot-in-the-door technique. *Journal of Experimental Social Psychology, 10,* 17-22.

Powers, E., & Whitmer, H. (1951). *An experiment in the prevention of delinquency: The Cambridge-Somerville youth study.* New York: Columbia.

Putnam, R. D. (1987). Institutional performance and political culture: Some puzzles about the power of the past. Paper presented at the meeting of the American Political Science Association, Chicago.

Putnam, R. D., Leonardi, R., Nanetti, R. Y., & Pavoncello, F. (1983). Explaining institutional success: The case of Italian regional government. *American Political Science Review, 77,* 55-74.

Reim, B., Glass, D. C., & Singer, J. E. (1971). Behavioral consequences of exposure to uncontrollable and unpredictable noise. *Journal of Applied Social Psychology, 17,* 44-66.

Riecken, H. W., & Boruch, R. F. (Eds.) (1974). *Social experimentation.* New York: Academic.

Roberts, D., & Maccoby, N. (1985). Effects of mass communication. In G. Lindzey & E. Aronson (Eds.), *The handbook of social psychology: Vol. II. Special fields and applications.* New York: Random House.

Robertson, K., Kelley, A., O'Neill, B., Wixom, C., Eisworth, R., & Haddon, W., Jr. (1974). A controlled study of the effect of television messages on safety belt use. *American Journal of Public Health, 64,* 1071-1080.

Robins, P. K., & West, R. W. (1980). Labor supply response over time. *Journal of Human Resources, 15,* 524.

Rodin, J. (1985). The application of social psychology. In G. Lindzey & E. Aronson (Eds.), *The handbook of social psychology: Vol. II. Special fields and applications.* New York: Random House.

Rodin, J. (1986). Aging and health: Effects of the sense of control. *Science, 233,* 1271-1276.

Rodin, J., & Langer, E. J. (1977). Long-term effects of a control-relevant intervention with the institutionalized aged. *Journal of Personality and Social Psychology, 35,* 897-902.

Rodin, J., & Salovey, P. (1989). Health psychology. *Annual Review of Psychology,* 533-579.

Roethlisberger, F. J. (1941). *Management and morale.* Cambridge, MA: Harvard.

Roethlisberger, F. J., & Dickson, W. J. (1939). *Management and the worker.* Cambridge, MA: Harvard.

Rohrer, J. H., Baron, S. H., Hoffman, E. L., & Swinder, D. V. (1954). The stability of autokinetic judgment. *Journal of Abnormal and Social Psychology, 49,* 595-597.

Rosen, B. C. (1959). Race, ethnicity, and the achievement syndrome. *American Sociological Review, 24,* 47-60.

Rosenthal, R. (1976). *Experimenter effects in behavioral research* (enlarged ed.). New York: Irvington.

Rosenthal, R. (1985). From unconscious experimenter bias to teacher expectancy effects. In J. B. Dusek, V. C. Hall, & W. J. Meyer (Eds.), *Teacher expectancies.* Hillsdale, NJ: Erlbaum.

Rosenthal, R., & Jacobson, L. (1968). *Pygmalion in the classroom: Teacher expectation and pupils' intellectual development.* New York: Holt.

Rosenthal, R., & Rubin, D. B. (1978). Interpersonal expectancy effects: The first 345 studies. *The Behavioral and Brain Sciences, 3,* 377-386.

Ross, L. (1977). The intuitive psychologist and his shortcomings. In L. Berkowitz (Ed.), *Advances in experimental social psychology* (Vol. 10). New York: Academic.

Ross, L. (1988). Situationist perspectives on the obedience experiments. *Contemporary Psychology, 33,* 101-104.

Ross, L. (1990). Recognizing the role of construal processes. In I. Rock (Ed.), *The legacy of Solomon Asch.* Hillsdale, NJ: Erlbaum.

Ross, L., Amabile, T. M., & Steinmetz, J. L. (1977). Social roles, social control, and biases in social-perception processes. *Journal of Personality and Social Psychology, 35,* 485-494.

Ross, L., Bierbrauer, G., & Hoffman, S. (1976). The role of attribution processes in conformity and dissent: Revisiting the Asch situation. *American Psychologist, 31,* 148-157.

Ross, L., Greene, D., & House, P. (1977). The false consensus effect: An egocentric bias in social perception and attribution processes. *Journal of Experimental Social Psychology, 13,* 279-301.

Ross, L., Griffin, D. W., & Thomas, E. (1989). *Statistical considerations relevant to "simple" and "aggregated" cross-situational consistency: Computations from a thought experiment.* Unpublished manuscript, Stanford University.

Ross, L., & Lepper, M. R. (1980). The perseverance of beliefs: Empirical and normative considerations. In R. A. Shweder (Ed.), *New directions for methodology of behavioral science: Fallible judgment in behavioral research.* San Francisco: Jossey-Bass.

Ross, L., Lepper, M. R., & Hubbard, M. (1975). Perseverance in self-perception and social perception: Biased attributional processes in the debriefing paradigm. *Journal of Personality and Social Psychology, 32,* 880-892.

Ross, L., & Penning, P. (1985). *The dispositionist bias in accounting for behavioral disconfirmation*. Unpublished manuscript, Stanford University.

Ross, L., Rodin, J., & Zimbardo, P. (1969). Toward an attribution therapy: The reduction of fear through induced cognitive emotional misattribution. *Journal of Personality and Social Psychology, 12*, 279-288.

Ross, L., & Stillinger, C. (1991). Barriers to conflict resolution. *Negotiation Journal, 8*, 389-404.

Rotter, J. B. (1966). Generalized expectancies for internal versus external control of reinforcement. *Psychological Monographs, 80* (Whole number 609).

Royce, J. M., Darlington, R. B., & Murray, H. W. (1983). Pooled analysis: Findings across studies. In Consortium for Longitudinal Studies, *As the twig is bent*. London: Erlbaum.

Rumelhart, D. (1980). Schemata: The building blocks of cognition. In R. Spiro, B. Bruce & W. Brewer (Eds.), *Theoretical issues in reading comprehension*. Hillsdale, NJ: Erlbaum.

Rushton, J. P., & Campbell, A. C. (1977). Modelling vicarious reinforcement and extroversion on blood donating in adults: Immediate and long term effects. *European Journal of Social Psychology, 7*, 297-306.

Safer, M. A. (1980). Attributing evil to the subject, not the situation: Student reaction to Milgram's film on obedience. *Personality and Social Psychology Bulletin, 6*, 205-209.

Sanders, C. M. (1980). A comparison of adult bereavement in the death of a spouse. *Omega, 10*, 303-319.

Schachter, S. (1951). Deviation, rejection and communication. *Journal of Abnormal and Social Psychology, 46*, 190-207.

Schachter, S., & Singer, J. E. (1962). Cognitive, social and physiological determinants of emotional state. *Psychological Review, 69*, 379-399.

Schank, R., & Abelson, R. P. (1977). *Scripts, plans, goals, and understanding: An inquiry into human knowledge structures*. Hillsdale, NJ: Erlbaum.

Schorr, L. B. (1988). *Within our reach: Breaking the cycle of disadvantage*. New York: Doubleday.

Schulz, R. (1976). Effects of control and predictability on the physical and psychological well-being of the institutionalized aged. *Journal of Personality and Social Psychology, 33*, 563-573.

Schutz, A. (1970). *On phenomenology and social relations*. Chicago: University of Chicago Press.

Sears, R. R. (1963). Dependency motivation. In M. R. Jones (Ed.), *Nebraska symposium on motivation* (Vol. 11). Lincoln: University of Nebraska Press.

Seligman, M. E. P. (1970). On the generality of the laws of learning. *Psychological Review, 77*, 406-418.

Seligman, M. E. P. (1975). *Helplessness: On depression, development, and death*. San Francisco: Freeman.

Seligman, M. E. P., Kamen, L. P., & Nolen-Hoeksema, S. (1988). Explanatory style across the life span: Achievement and health. In E. M. Hetherington & O. C. Brim (Eds.), *Child development in a lifespan perspective*. Hillsdale, NJ: Erlbaum.

Seligman, M. E. P., & Shulman, P. (1986). Explanatory style as a predictor of productivity and quitting among life insurance sales agents. *Journal of Personality and Social Psychology, 50*, 832-838.

Sewell, W. H., & Hauser, R. M. (1976). Causes and consequences of higher education: Models of the status attainment process. In W. H. Sewell, R. M. Hauser, & C. Featherman (Eds.), *Schooling and achievement in American society*.

Shapiro, A. K. (1960). A contribution to a history of the placebo effect. *Behavioral Science, 5*, 109-135.

Shapiro, A. K. (1964). Factors contributing to the placebo effect: Their implications for psychotherapy. *American Journal of Psychotherapy, 18*, 73-87.

Shapiro, A. K. (1978). Placebo effects in medical and psychological therapies. In S. L. Garfield & A. E. Bergen (Eds.), *Handbook of psychotherapy and behavior change: An empirical analysis*. New York: Wiley.

Sherif, M. (1937). An experimental approach to the study of attitudes. *Sociometry, 1*, 90-98.

Sherif, M. (1966). *In common predicament: Social psychology of intergroup conflict and cooperation*. Boston: Houghton Mifflin.

Sherif, M., Harvey, O. J., White, B. J., Hood, W. R., & Sherif, C. W. (1961). *Intergroup conflict and cooperation: The robbers cave experiment*. Norman: University of Oklahoma Book Exchange.

Sherif, M., & Sherif, C. W. (1953). *Groups in harmony and tension*. New York: Harper & Row.

Sherif, M., White, B. J., & Harvey, O. J. (1955). Status in experimentally produced groups. *American Journal of Sociology, 60*, 370-379.

Shweder, R. A. (1991). *Thinking through cultures: Expeditions in cultural psychology*. Cambridge, MA: Harvard.

Shweder, R. A., & LeVine, R. A. (Eds.). (1984). *Culture theory: Essays on mind, self, and emotion*. New York: Cambridge.

Siegal, A. E., & Siegal, S. (1957). Reference groups, membership groups, and attitude change. *Journal of Abnormal and Social Psychology, 55*, 364-366.

Sims, J. H., & Baumann, D. D. (1972). The tornado threat: Coping styles of the North and South. *Science, 17*, 1386-1392.

Singer, J. E., Brush, C. A. & Lublin, S. C. (1965). Some aspects of deindividuation: Identification and conformity. *Journal of Experimental Social Psychology, 1*, 356-378.

Singer, J. F., & Lord, D. (1984). The role of social support in coping with chronic life-threatening illness. In A. Baum, S. E. Taylor, & J. E. Singer (Eds.), *Handbook of psychology and health* (Vol. 4). Hillsdale, NJ: Erlbaum.

Snyder, M. (1974). The self-monitoring of expressive behavior. *Journal of Personality and Social Psychology, 30*, 526-537.

Snyder, M. (1979). Self-monitoring processes. In L. Berkowitz (Ed.), *Advances in experimental social psychology* (Vol. 12). New York: Academic.

Snyder, M. (1981). On the influence of individuals on situations. In N. Cantor & J. F. Kihlstrom (Eds.), *Personality and social interaction*. Hillsdale, NJ: Erlbaum.

Snyder, M. (1983). The influence of individuals on situations: Implications for understanding the links between personality and social behavior. *Journal of Personality, 51*, 497-516.

Snyder, M. (1984). When belief creates reality. In L. Berkowitz (Ed.), *Advances in experimental social psychology* (Vol. 18). New York: Academic.

Snyder, M., & Cunningham, M. R. (1975). To comply or not to comply: testing the self-perception explanation of the "foot-in-the-door" phenomenon. *Journal of Personality and Social Psychology, 31,* 64-67.

Snyder, M., & Ickes, W. (1985). Personality and social behavior. In G. Lindzey & E. Aronson (Eds.), *The handbook of social psychology: Vol. II: Special fields and applications*. New York: Random House.

Snyder, M., Tanke, E. D., & Berscheid, E. (1977). Social perception and interpersonal behavior: On the self-fulfilling nature of social stereotypes. *Journal of Personality and Social Psychology, 35*, 656-666.

Sobel, M. (1987). *The world they made together: Black and white values in eighteenth-century Virginia*. Princeton, NJ: Princeton.

Sowell, T. (1981). *Ethnic America*. New York: Basic Books.

Sowell, T. (1983). *The economics and politics of race*. New York: Morrow.

Sowell, T. (1987). *A conflict of visions*. New York: William Morrow.

Spence, J. T. (1985). Achievement American style: The rewards and costs of individualism. *American Psychologist, 40*, 1285-1295.

Spence, J. T. (1985). Gender identity and its implications for the concepts of masculinity and femininity. In T. B. Sonderegger (Ed.), *Nebraska symposium on motivation: Psychology and gender* (Vol. 32). Lincoln: University of Nebraska Press.

Spence, J. T., & Helmreich, R. L. (1978). *Masculinity & femininity: Their psychological dimensions, correlates, and antecedents*. Austin: University of Texas Press.

Spiegel, D., Bloom, J., Kraemer, H., & Gottheil, E. (1988). Effects of psychosocial treatment on survival of patients with metastic breast cancer. *Lancet, 2*, 889-891.

Steele, C. M. (1988). The psychology of self-affirmation: Sustaining the integrity of the self. In L. Berkowitz (Ed.), *Advances in experimental social psychology* (Vol. 21). New York: Academic.

Stein, M. I. (1966). *Volunteers for peace*. New York: Wiley.

Steiner, J. (1980) The SS yesterday and today: A sociopsychological view. In J. E. Dimsdale (Ed.), *Survivors, victims, and perpetrators: Essays on the Nazi holocaust*. Washington, DC: Hemisphere Publishing.

Stigler, J. W., Shweder, R. A. & Herdt, G. (1990). *Cultural psychology: Essays on comparative human development*. New York: Cambridge.

Stillinger, C., Epelbaum, M., Keltner, D., & Ross, L. (1990). *The reactive devaluation barrier to conflict resolution*. Unpublished manuscript, Stanford University.

Storms, M. D. (1973). Videotape and the attribution process: Reversing actors' and observers' points of view. *Journal of Personality and Social Psychology, 27*, 165-175.

Storms, M. D., & McCaul, K. D. (1976). Attribution processes and emotional exacerbation of dysfunctional behavior. In J. H. Harvey, W. J. Ickes, & R. F. Kidd (Eds.). *New directions in attribution research* (Vol. 1). Hillsdale, NJ: Erlbaum.

Storms, M. D. & Nisbett, R. E. (1970). Insomnia and the attribution process. *Journal of Personality and Social Psychology, 16*, 319-328.

Stouffer, S. A. (Ed.). (1950). *Studies in social psychology in World War II: Vol. 4. Measurement and prediction*. Princeton, NJ: Princeton.

Strack, F., Martin, L. L., & Schwarz, N. (1988). Priming and communication: Social determinants of information use in judgments of life satisfaction. *European Journal of Social Psychology, 18*, 429-442.

Swann, W. B., Jr. (1984). Quest for accuracy in person perception: A matter of pragmatics. *Psychological Review, 91*, 457-477.

Tajfel, H. (1970, November). Experiments in intergroup discrimination. *Scientific American, 223*, 96-102.

Tajfel, H. (Ed.) (1981). *Human groups and social categories*. Cambridge: Cambridge.

Tajfel, H., Billig, M. G., Bundy, R. P., & Flament, C. (1971). Social categorization and inter-group behavior. *European Journal of Social Psychology, 1*, 149-178.

Tarde, G. (1903). *The laws of imitation* (translated). New York: Holt.

Taylor, S. E. (1983). Adjustment to threatening events: A theory of cognitive adaptation. *American Psychologist, 41*, 1161-1173.

Taylor, S. E. (1986). *Health psychology*. New York: Random House.

Taylor, S. E., & Crocker, J. (1986). *Is the social perceiver a behaviorist or a trait theorist?* Unpublished manuscript, University of California, Los Angeles.

Taylor, S. E., & Fiske, S. T. (1975). Point of view and perceptions of causality. *Journal of Personality and Social Psychology, 32*, 439-445.

Taylor, S. E., & Fiske, S. T. (1978). Salience, attention and attribution: Top of the head phenomena. In L. Berkowitz (Ed.), *Advances in experimental social psychology* (Vol. 11).

New York: Academic.

Tesser, A. (1980). Self-esteem maintenance in family dynamics. *Journal of Personality and Social Psychology, 39,* 77-91.

Thomas, W. I., & Znaniecki, F. (1918). *The Polish peasant in Europe and America.* Chicago: University of Chicago Press.

Tocqueville, A. (1835/1969). *Democracy in America.* J. P. Mayer (Ed.), George Lawrence, trans. Garden City, NY: Anchor Books.

Treisman, U. (1989). *A study of the mathematics performance of black students at the University of California, Berkeley.* Unpublished manuscript, University of California, Berkeley.

Triandis, H. C. (1972). *The analysis of subjective culture.* New York: Wiley.

Triandis, H. C. (1987). *Collectivism and development.* Paper presented at International Union of Psychological Sciences Conference.

Triandis, H. C., Bontempo, R., Villareal, M. J., Asai, M., & Lucca, N. (1988). Individualism and collectivism: Cross-cultural perspectives on self-ingroup relationships. *Journal of Personality and Social Psychology, 54,* 323-338.

Tversky, A. (1977). Features of similarity. *Psychological Review, 84,* 327-352.

Tversky, A., & Kahneman, D. (1981). The framing of decisions and the psychology of choice. *Science, 21,* 453-458.

Ulrich, L., & Trumbo, D. (1965). The selection interview since 1949. *Psychological Bulletin, 63,* 100-116.

U.S. Bureau of the Census. (1981). *Current population reports* (Series P-20, No. 366). Washington, DC: U.S. Government Printing Office.

Useem, M., Setti, L., & Kanchanabucha, K. (1988). Predictors of success in a participatory project in Thailand. *Public Administration and Development, 8,* 289-303.

Valins, S., & Nisbett, R. E. (1972). Attribution processes in the development and treatment of emotional disorders. In E. E. Jones, D. E. Kanouse, H. H. Kelley, R. E. Nisbett, S. Valins, & B. Weiner (Eds.), *Attribution: Perceiving the causes of behavior.* Morristown, NJ: General Learning Press.

Vallone, R. P., Griffin, D. W., Lin S., & Ross, L. (1990). Overconfident prediction of future actions and outcomes by self and others. *Journal of Personality and Social Psychology, 58,* 582-592.

Vallone, R. P., Ross, L., & Lepper, M. R. (1985). The hostile media phenomenon: Biased perception and perceptions of media bias in coverage of the "Beirut Massacre." *Journal of Personality and Social Psychology, 49,* 577-585.

Van den Berghe, P. L. (1981). *The ethnic phenomenon.* New York: Praeger.

Van Dort, B. E., & Moos, R. H. (1976). Distance and the utilization of a student health center. *Journal of the American College Health Association, 24,* 159-162.

Veroff, J., Feld, S., & Gurin, G. (1962). Achievement motivation and religious background. *American Sociological Review, 27,* 205-21.

Wachtel, p. (1973). Psychodynamics, behavior therapy and the implacable experimenter: An inquiry into the consistency of personality. *Journal of Abnormal Psychology, 82,* 324-334.

Waller, W. (1961). *The sociology of teaching.* New York: Wiley.

Watson, J. B. (1930). *Behaviorism.* New York: Norton.

Weber, M. (1905/1984). *The Protestant ethic and the spirit of capitalism.* London: Unwin (translated).

Weiner, B. (Ed.). (1974). *Achievement motivation and attribution theory.* Morristown, NJ: General Learning Press.

Weiner, B. (1979). A theory of motivation for some classroom experiences. *Journal of Personality and Social Psychology, 71,* 3-25.

Weiner, B. (1985). Attributional theory of achievement motivation and emotion. *Psychological Review, 92,* 548-573.

Weiner, B., Frieze, I., Kukla, A., Rest, S., & Rosenbaum, R. M. (1972). Perceiving the causes of success and failure. In E. E. Jones (Ed.), *Attribution: Perceiving the causes of behavior.* Morristown, NJ: General Learning Press.

Weiss, J., & Brown, P. (1977). *Self-insight error in the explanation of mood.* Unpublished manuscript, Harvard University.

White, C. M. (1980). Conceptual universals in interpersonal language. *American Anthropology, 82,* 759-781.

Whiting, B. B., & Whiting, J. W. M. (1975). *Children of six cultures.* Cambridge, MA: Harvard.

Wholey, J.S. (1979). *Evaluation: Promise and performance.* Washington, DC: Urban Institute.

Widom, C. S. (1989). The cycle of violence. *Science, 24,* 160-166.

Wilson, T. D., & Linville, P. W. (1982). Improving the academic performance of college freshmen: Attribution therapy revisited. *Journal of Personality and Social Psychology, 42,* 367-376.

Wilson, T. D., & Stone, J. I. (1985). Limitations of self-knowledge: More on telling more than you can know. In P. Shaver (Ed.), *Self, situations, and social behavior: Review of personality and social psychology.* Beverly Hills, CA: Sage.

Wilson, W. J. (1987). *The truly disadvantaged.* Chicago: University of Chicago Press.

Winter, L., & Uleman, J.S. (1984). When are social judgments made? Evidence for the spontaneousness of trait inferences. *Journal of Personality and Social Psychology, 47,* 237-252.

Winter, L., Uleman, J. S., & Cunniff, C. (1985). How automatic are social judgments? *Journal of Personality and Social Psychology, 49,* 904-917.

Wishner, J. (1960). Reanalysis of "impressions of personality." *Psychological Review, 67,* 96-112.

Woodhead, M. (1988). When psychology informs public policy: The case of early childhood intervention. *American Psychologist, 43,* 443-454.

Word, C. O., Zanna, M. P., & Cooper, J. (1974). The nonverbal mediation of self-fulfilling prophecies in interracial interaction. *Journal of Experimental Social Psychology, 10,* 109-120.

Wortman, C. B. (1983). Coping with victimization: Conclusions and implications for future research. *Journal of Social Issues, 39,* 195-221.

Wright, J. C., & Mischel, W. (1987). A conditional approach to dispositional constructs: The local predictability of social behavior. *Journal of Personality and Social Psychology, 53,* 1159-1177.

Zajonc, R. B. (1965). Social facilitation. *Science, 149,* 269-274.

Zanna, M. P., Sheras, P., Cooper, J., & Shaw, C. (1975). Pygmalion and Galatea: The interactive effect of teacher and student expectancies. *Journal of Experimental Social Psychology, 11,* 279-287.

Zimbardo, P. C. (1970). The human choice: Individuation, reason, and order versus deindividuation, impulse, and chaos. In W. J. Arnold & D. Levine (Eds.), *Nebraska symposium on motivation, 1969* (Vol. 17). Lincoln: University of Nebraska Press.

社会与人格心理学

《感性理性系统分化说：情理关系的重构》
作者：程乐华

一种创新的人格理论，四种互补的人格类型，助你认识自我、预测他人、改善关系，可应用于家庭教育、职业选择、企业招聘、创业、自闭症改善

《谣言心理学：人们为何相信谣言，以及如何控制谣言》
作者：[美]尼古拉斯·迪方佐 等 译者：何凌南 赖凯声

谣言无处不在，它们引人注意、唤起情感、煽动参与、影响行为。一本讲透谣言的产生、传播和控制的心理学著作，任何身份的读者都会从本书中获得很多关于谣言的洞见

《元认知：改变大脑的顽固思维》
作者：[美]大卫·迪绍夫 译者：陈舒

元认知是一种人类独有的思维能力，帮助你从问题中抽离出来，以旁观者的角度重新审视事件本身，问题往往迎刃而解。

每个人的元认知能力是不同的，这影响了他们的学习效率、人际关系、工作成绩等。

借助本书中提供的心理学知识和自助技巧，你可以获得高水平的元认知能力

《大脑是台时光机》
作者：[美]迪恩·博南诺 译者：闫佳

关于时间感知的脑洞大开之作，横跨神经科学、心理学、哲学、数学、物理、生物等领域，打开你对世界的崭新认知。神经现实、酷炫脑、远读重洋、科幻世界、未来事务管理局、赛凡科幻空间、国家天文台屈艳博士联袂推荐

《思维转变：社交网络、游戏、搜索引擎如何影响大脑认知》
作者：[英]苏珊·格林菲尔德 译者：张璐

数字技术如何影响我们的大脑和心智？怎样才能驾驭它们，而非成为它们的奴隶？很少有人能够像本书作者一样，从神经科学家的视角出发，给出一份兼具科学和智慧洞见的答案

更多>>>

《潜入大脑：认知与思维升级的100个奥秘》 作者：[英]汤姆·斯塔福德 等 译者：陈能顺
《上脑与下脑：找到你的认知模式》 作者：[美]斯蒂芬·M.科斯林 等 译者：方一雲
《唤醒大脑：神经可塑性如何帮助大脑自我疗愈》 作者：[美]诺曼·道伊奇 译者：闫佳

理性决策

《超越智商：为什么聪明人也会做蠢事》

作者：[加] 基思·斯坦诺维奇　译者：张斌

如果说《思考，快与慢》让你发现自己思维的非理性，那么《超越智商》将告诉你提升理性的方法

诺贝尔奖获得者、《思考，快与慢》作者丹尼尔·卡尼曼强烈推荐

《理商：如何评估理性思维》

作者：[加] 基思·斯坦诺维奇 等　译者：肖玮 等

《超越智商》作者基思·斯坦诺维奇新作，诺贝尔奖得主丹尼尔·卡尼曼力荐！

介绍了一种有开创意义的理性评估工具——理性思维综合评估测验。

颠覆传统智商观念，引领人类迈入理性时代

《机器人叛乱：在达尔文时代找到意义》

作者：[加] 基思·斯坦诺维奇　译者：吴宝沛

你是载体，是机器人，是不朽的基因和肮脏的模因复制自身的工具。

如果《自私的基因》击碎了你的心和尊严，《机器人叛乱》将帮你找回自身存在的价值和意义。

美国心理学会终身成就奖获得者基思·斯坦诺维奇经典作品。用认知科学和决策科学铸成一把理性思维之剑，引领全人类，开启一场反抗基因和模因的叛乱

《诠释人性：如何用自然科学理解生命、爱与关系》

作者：[英] 卡米拉·庞　译者：姜帆

荣获第33届英国皇家学会科学图书大奖；一本脑洞大开的生活指南；带你用自然科学理解自身的决策和行为、关系和冲突等难题

《进击的心智：优化思维和明智行动的心理学新知》

作者：魏知超 王晓微

如何在信息不完备时做出高明的决策？如何用游戏思维激发学习动力？如何通过科学睡眠等手段提升学习能力？升级大脑程序，获得心理学新知，阳志平、陈海贤、陈章鱼、吴宝沛、周欣悦、高地清风诚挚推荐

更多>>>　　《决策的艺术》 作者：[美] 约翰·S. 哈蒙德 等　译者：王正林